U1013238

贵州省2014年省级重点支持学科（中国语言文学）建设成果
贵州省2013年“专业综合改革试点”项目（汉语言文学专业）成果

文化论丛

（第2辑）

吴　俊　夏德靠　周　江　主编

知识产权出版社
全国百佳图书出版单位

图书在版编目（CIP）数据

文化论丛．第2辑／吴俊，夏德靠，周江主编．—北京：知识产权出版社，2015.9

ISBN 978－7－5130－3815－7

Ⅰ．①文…　Ⅱ．①吴…②夏…③周…　Ⅲ．①文化—文集　Ⅳ．①G—53

中国版本图书馆CIP数据核字（2015）第228484号

责任编辑：徐　浩　　**责任校对：**董志英

封面设计：Sun工作室　　**责任出版：**孙婷婷

文化论丛（第2辑）

Wenhua Luncong（Dierji）

吴　俊　夏德靠　周　江　主编

出版发行：知识产权出版社有限责任公司　　**网　　址：**http：//www.ipph.cn

社　　址：北京市海淀区马甸南村1号　　**天猫旗舰店：**http：//zscqcbs.tmall.com

责编电话：010－82000860转8343　　**责编邮箱：**xuhao@cnipr.com

发行电话：010－82000860转8101/8102　　**发行传真：**010－82000893/82005070/82000270

印　　刷：北京中献拓方科技发展有限公司　　**经　　销：**各大网上书店、新华书店及相关专业书店

开　　本：720mm×960mm　1/16　　**印　　张：**17.25

版　　次：2015年9月第一版　　**印　　次：**2015年9月第一次印刷

字　　数：272千字　　**定　　价：**58.00元

ISBN 978－7－5130－3815－7

编 委 会

卷首语

记得有段贵州人描述自己的顺口溜，开头说："地无三尺平，天无三日晴。"前者是说贵州多山，后者是说贵州多水。这应该是很好的地方了，山水之乡，人生梦境。好多年前我到贵州，深刻感受到这山水之乐，为之撰写竹枝词一组，开头有云："东日西雨杨柳青，一日三遍洗兰城。"贵阳遍种兰花，人称兰城，给人有极好的印象。但是前述那个顺口溜的最后一句却说："人无三文银"，那就是说穷了，这样的山水便是穷山恶水，前面的山水失去了色彩，有山有水反倒是一个问题。

同一山水对象，为什么会出现这样的截然不同的表述呢？这固然有经济发展的因素，但是，与人文学者、文人雅士没有对地方风景与风物很好地加以颂扬、加以解读、加以传播，没有正面表述语，却是有着绝大关系的。梵净山不好吗？荔波水不好吗？黄果树不好吗？人称云贵高原，四季如春，这样的山水是天下绝佳山水。为什么就没有弄出来一句像"桂林山水甲天下"那样的俗语呢？

除了绝佳山水，贵州还有着近边多彩的西南民族民俗文化，其原真性、神秘性十分突出，所以称其为"多彩贵州"。做人文研究的人都会感到自己的幸运。生在此地，犹如金矿四围，多少文化资源可以开掘啊！

人文学者对于地域文化的研究和传播不是王婆式的自卖自夸，而是对于文化资源的辛勤搜集、整理、解读、应用、传播和传承。人文学者是文化的研究者，更是文化的建构者。我们举一个例子说吧。文化资源犹如田野里的萝卜，需要去拔回来，这就是资源搜集。但是还是不能吃，因为很脏很乱，所以要洗涤、要去泥，大小区分归类，这就是整理。我们还要确定萝卜的属性、生长规律、功用价值等，这就是解释研究。根据我们认识到的萝卜的属性功用，分门别类地对萝卜进行加工，比如有的做成萝卜干，有的做成萝卜丝，有的加工成萝卜酱，有的生吃，有的泡成酸菜吃，有的下火锅吃，等等，这就是应用。这还没完，做成的萝卜干等得卖出去。过去我们生产萝卜干都是自己吃，自给自足，现在不行了，如果这样就会破产、落伍，所以卖出去才是生存之本，这就是传播和交流。对于萝卜生产者来说，还有最为重要的事情，就是得准备来年的萝卜种植，不然萝卜失传了，来年还哪有萝卜呢？这就是传承。萝卜的生产加工与种植的循环程序，就是一个标准的文化工作者的研究程序。人文研究者中有能够全程掌控的高人，也有某一环节的专家，缺一不可。人文研究是一个系统工程，需要人文学者的高度合作以及有效管理。学术研究不是纸上谈兵，而是惠及民生、传承文化、为万世开太平的伟大事业。

地域文化一般由语言的口头与档案形态、仪式的行为形态和物象的物质形态三个层面构成，文化通过叙事叙述而发生功用，因此，我们又将人文的诸形态称为语言（语言、书写）叙事、行为（仪式、日常生活）叙事和物象（景观、图像）叙事。这种三位一体的结构，有的文化是三种形态完整保留且和谐生存，如屈原的传说，有其投江传说（含屈原诗歌）故事，又有端午节之赛龙舟、吃粽子之仪式，更有屈原塑像、屈原庙景观并粽子、龙舟之物质制品，所以关于屈原文化遗产的形态是语言传说、节日仪式和景观物象的合一，是一种复合的文化形态。贵州地区的傩文化也是这样的三层结构，有神话传说，有仪式舞蹈，更有傩面等诸多的物质载体。文化的叙事性转化为观赏性，因此，我们从最初的语言审美的形态到关注动态的艺术表演以及静态的景观，审美世界的空间拓展了，而文化资源的开发空间也就大大拓展了；自然的山水与人文的山水景观变成人文空间，转化为表演的世界，一种可观赏、富含人文价值的文化景观，文化的多方面的巨大能量就会焕发出来。这些都有赖于人文学者思维空间的拓展，有赖于人文学者的辛勤劳动。

过去的文化研究往往区别所谓雅文化研究和俗文化研究，这不是一种科学的分类方法。文化研究只有一种雅致文化的研究，一种提升日常生活境界的文化形态的研究。以贵州为例，过去似乎没有太多的所谓的雅文化，屈原、李白、杜甫、唐宋八大家等，都不是贵州出生的，但是贵州是不是就没有高雅文化呢？贵州最为突出的高雅文化就是贵州的民族民俗文化。

民俗是生活的华彩乐章，是提升日常生活境界的文化要素，是一种超越性的存在，这是我们一贯的民俗学的主张，希望以此改变各地对待民俗文化资源的态度。以安顺蜡染为例，作为世世代代传承的民族服饰文化，可谓国之瑰宝、灿烂无比，是不是很雅致？民俗之俗不是通俗之俗，而是文化遗产。再以传统饮食民俗的代表中国白酒为例，贵州茅台这样的地方特产是国酒的代表，是珍贵的国礼。因此，贵州之美在民间，贵州之美在民俗，贵州之美在各民族之心灵。

70年前，在中华民族灾难深重的岁月，上海高校一路西南行，颠沛流离，来到了贵州，贵州人民以热忱的胸怀接纳了这批流浪的、坚定的人文学子。贵州人民的优秀儿子、上海大夏大学文学院院长、杰出的神话学家和民俗学家谢六逸教授，带领着吴泽霖教授等一大批学者，开展西南地区民族文化调查研究，为贵州文化进入学术视野，做出了开拓性的贡献，其功绩载入史册。前年，当我来到黔灵山，伫立在谢六逸先生墓前，深深感动。大夏大学学者拯救国家民族文化，献身学术事业的精神，一直鼓励着一代又一代学者为之奋斗。新中国成立后，大夏大学整体并入华东师范大学。谢六逸、吴泽霖先生开创的传统，是华东师范大学的人文研究传统，希望也能够成为贵州师范学院的人文传统，因为贵师是贵州文化研究的直接继承者，而大夏的这项传统是在贵州开创的，是我们的共同遗产。

中国的发展进入了一个新的时期，以消耗资源为代价的制造业时代即将过去，一个文化共享、文化竞争的时代即将到来。多彩的文化资源将成为贵州发展的核心竞争力，贵师的同仁获得了一个学术发展、事业发展的难得机遇，为贵州文化的发展和社会的发展做出杰出的贡献。衷心期待《文化论丛》继往开来，书写贵州文化的华章。

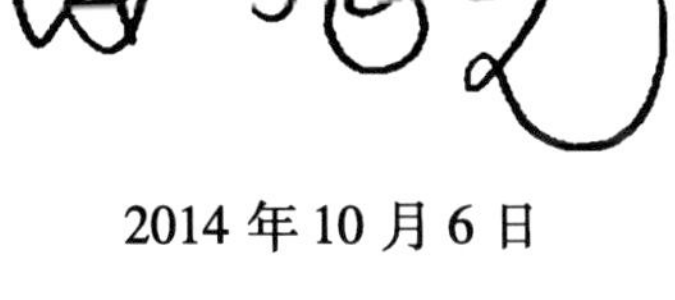

2014年10月6日

目　　录

现代文学与文化

外国文化与文化比较

现代传媒与文化

黔地文化

【文学研究】

视野开阔，意境高远
——浅析袁本良教授的行游诗

■ 吴　俊*

【摘　要】 袁本良先生以洒脱的步履在祖国大地上行游，给当代读者奉献了数以千计的行游诗，这是一笔丰厚的精神财富。这些诗作不是宏大的叙事，仅仅是一个宁静淡泊的当代学者个人化写作，但是它真实地记录下作者的所见所闻、所感所思，真诚地表达了诗人面对现实和历史、自然和社会的人生态度，这种“真”的人生品质在当今社会实在弥足珍贵。袁先生的行游诗视通万里、思接千载、雄奇优美、意境高远，具有鲜明的艺术特色，即“无我之境”的艺术追求、自然景观与人文景观的和谐统一、形式美的高度体现等；它继承和发展了中国诗词创作的优良传统，用传统诗体形式来表达当代人的精神情怀，拓展了诗词的艺术表现力，有着极高的审美价值和学术研究价值。

【关键词】 行游诗　“无我之境”　自然景观与人文景观　形式美

贵州大学人文学院教授袁本良先生退休后将自己的诗词作品选编成《守拙斋诗稿》《守拙斋诗稿二集》，共计1 500余首。读到这些作品令人感到震撼。诗选的历史跨度从1961年少年时代的《少年吟》算起，到《守拙斋诗稿二集》中的《自题变夜木照用贺二零一四元旦》截止，长达半个多

---

* 吴俊（1958～），男，贵州师范学院文学院教授，研究方向为美学、语文美育。

世纪。诗作不仅是作者几十年人生步履和生活情感的真实记录，而且还从一个侧面折射出时代变化、演进的精神面貌。读到这些作品，人们在字里行间能够把握到一个人文学者真实的精神、情感世界和人生追求。在这充满功利主义色彩的社会中，袁先生始终保持高度的清醒，秉承人文学者应有的社会担当和人文情怀，与日渐浮躁的功利社会保持距离，淡泊名利，是非分明，追求真善美，用艺术之笔去抒写知识分子应有的精神追求。在袁先生选入诗集的1 500多首诗词作品中，篇幅最多、分量最重、最富于艺术特色的无疑是那些游历祖国大好河山时所创作的"行游诗"。诗人从青年时代起就酷爱自然，喜欢行游，常常偕家人游览名山大川、凭吊历史遗迹。行游既是袁先生繁忙工作之余的一种生活调节，又是他抗拒功利、浮躁社会的一种自得其乐的生活方式、人生态度。《水调歌头·三亚》一诗充分地展示了他热爱自然、向往自然的高雅情怀："昔养山林品性，今展海空襟抱，庶不负兹生。心静俗尘远，卸职一身轻。"袁先生出行旅游，不是走马观花、浮光掠影地"看"。他是一个有心人，他善于观察、思考，常常借助精细的笔触和丰富的想象描绘祖国山山水水的雄奇和秀美。读者阅读这些诗作，仿佛跟随作者的脚步一起去攀登雄伟的泰山、险峻的华山、奇丽的黄山、秀美的庐山，去观赏辽阔的大海、湍急的飞瀑、清澈的江水，到开阔宏大的西北壮游，到西南边陲的小镇漫步……锦绣山河之美、中华历史人文之美尽收眼底。阅读袁先生的行游诗，既能开阔生活视野，获得自然地理、人文历史等方面的知识，更能获得美的享受，陶冶情操、净化心灵，激起向往大自然的"行游"情怀。袁先生的行游诗有其独到的美学追求和学术价值，在一定程度上拓展了诗词的艺术表现力。在当代学者中，能够像袁先生这样自觉运用古诗词的形式来绘形状物、抒发内心情感的，我想恐怕是不多的，因为诗词创作有严格的格律限制，要"带着镣铐跳舞"（闻一多语），缺乏定性和丰富学养的人难以为之。笔者阅读袁先生的行游诗，如同进入了一个新异的艺术世界，并深受感动。由此，便不揣浅陋，拟对其写作特点作一肤浅地探讨。

一、"无我之境"的艺术追求

袁先生的行游诗，诚如著名学者戴明贤先生在《读袁随想——守拙斋诗稿序》中认为的那样，内容十分丰富，“多选择七绝组诗的形式。一景一咏，视界集中；有景即咏，集腋成裘”。如果从诗歌艺术境界的角度来判断这些行游诗，无疑多是“无我之境”的佳作。例如：

裂石崩崖下九陔，挟云裹雾进山隈。犀牛潭涌千堆雪，白水河倾万壑雷。穿洞已欣凉彻骨，凭栏有喜雨淋腮。晴光摇曳烟岚里，忽有虹霓入眼来。（《盛夏游黄果树大瀑布》）

明净水天一色空，环湖幽径黛痕浓。临风杨柳倾心绿，摇影芰荷得意红。历下亭空听鸟语，稼轩祠静对雕栊。曲廊小坐剥莲子，留得清香浃齿中。（《大明湖》）

在诗人笔下，黄果树瀑布奔涌宏大的气势和大明湖优美明丽的景致被描绘得生动逼真。无论是黄果树瀑布的“裂石崩崖”“挟云裹雾”“涌千堆雪”“倾万壑雷”，还是大明湖的“环湖幽径黛痕浓”“临风杨柳倾心绿”等，虽然使用了夸张、比喻等多种修辞手法，表现了作者的激昂、喜悦之情，但是重在写景，对审美对象作客观描写，审美主体是潜藏隐伏的，情感表现较为含蓄。这种“无我之境”的作品能够把诗人捕捉到的自然形象较为完整地交给读者，使读者和作者获得共同的审美体验。

清代著名学者王国维把诗词意境分为“有我之境”和“无我之境”。他在《人间词话》中写道：

有有我之境，有无我之境。“泪眼问花花不语，乱红飞过秋千去”，“可堪孤馆闭春寒，杜鹃声里斜阳暮”，有我之境也。“采菊东篱下，悠然见南山”，“寒波澹澹起，白鸟悠悠下”，无我之境也。有我之境，以我观物，故物皆著我之色彩。无我之境，以物观物，不知何者为我，何者为物。……无我之境，人惟于静中得之。有我之境，于由动之静时得之。

“有我之境”是“以我观物，故物皆著我之色彩”。“以我观物”的“观”，不是简单地“看”、被动地感受，而是一种审美体验。“观物”就是主体与客体进行情感交流：主体借助想象，把“我”的性格、情趣投射到“物”中，或者“物”的形式结构和“我”的内在情感结构相契合，“物”最终被拟人化、移情化，带上“我”浓浓的情感色彩。在这一境界中，情感占据主要位置，对象的自然特征已被情感的烈焰熔化、扭曲变形。与之相对应的“无我之境”，则是“以物观物，故不知何者为我，何者为物”。在这一境界中，主体降低了自己的地位，处于近似于物的静观心境，没有急躁、冲动感，内外世界都是那么澄明、平静，主、客体毫无冲突地实现了全然的契合。“无我之境”中的“无我”，不是说意境中没有诗人的情感思想，而是说这种情感思想比较含蓄。“无我之境”的作品，多侧重于客观地描写对象，表达的思想感情和主题思想也往往具有宽泛性和多义性。

袁先生的行游诗倾心于客观描写的“无我之境”，这既是诗人自觉的审美追求，也是诗人历经坎坷、洞悉纷纭世相之后成熟人生的表现。究其原因，是多方面的。其一，与作者的诗词创作意图有关。诗人在《守拙斋诗稿后记》中写道：“集子里收录这些作品，不完全出于敝帚自珍之意，主要是想为那些已经逝去的时与事留下一点追忆的线索，同时也为回顾自己既往为诗为人的得失存留一份真实的材料。”也就是说，袁先生写诗更看重的是自己人生行走的线索，即所见所闻的印记。这就必然使得诗人自觉不自觉地去捕捉美丽的自然景象留下的印象，而不是刻意地去表现当时特有的感情，只是让感情潜藏在精心描写的诗句中，并委婉地表现出来。

其二，与作者沉稳、内敛的性格有关。诗缘情，诗是情感的自然流露，诗人的诗词创作必然会把自己的性格特征、精神品貌较为真实地表现出来。袁先生在《守拙斋诗稿后记》这样评价自己：“我这个人生性鲁钝麻木，缺乏激情。”这是他的自谦。无论是他的朋友还是学生，只要与他有过深交，对他比较了解的人都会一致认为，袁先生是一个聪慧睿智的学者，看问题、分析问题准确深刻，如果说“生性鲁钝麻木”，应该理解为不像时下如此多的“聪明人”那样去投机钻营罢了。袁先生早在20世纪80年代中期就被任命为某高校的校级领导，但他拒绝上任，一心坚守杏坛，做不愧天不怍地的老师，这一举动在今天许多人看来简直不可思议，的确是“鲁钝麻木”。而恰恰是袁先生的这份坚守，说明他对当今官场洞若观火，也因此成就了自己的学术人生和艺术人生。至于他说自己“缺乏激情”，却道出了几分真实。袁先生的挚友——北京大学知名教授钱理群先生也认为：“本良确实是内敛之人，少有激情外露的时候。”钱先生还联系中国社会特有的政治环境对袁先生“内敛”性格的形成作了十分深刻的分析，以此说明诗人的性格特点与其创作的作品风格之间有着千丝万缕的联系。同时应该指出，诗歌是诗人情感的自然流露，但绝不是说“有激情”就一定能够写出好诗；而在写作过程中，诗人往往需要控制情感，有分寸地去表现情感，情感过盛、过于张扬外露反而是写诗的大忌。陆仲昭《诗镜》说：诗“不患无情，而患情之肆”。由此看来，袁先生“缺乏激情”的个性不但不是缺点，反而成为他创作“无我之境”行游诗的一种优势，它为诗人观照世界、艺术地表达情感、使诗歌情感得以升华、净化奠定了基础。

其三，是作者正确自然观的反映。向往自然、走进自然既是追求精神自由的一种理想生活方式，也是诗人对人与自然关系的自觉反思。正如钱理群先生在《断想——守拙斋诗稿序》中所言：“对在大自然中行走的兴趣，则和人们对人和自然关系的反思，显然有关。在摆脱了‘人的自大狂’，走出‘征服自然’的误区以后，人们终于醒悟到‘人在自然中’的意义：这是人的最理想的生存状态，也是促进人的健康成长的最理想的教育环境。”现代著名散文家林语堂曾说：

> 大自然本身永远是一个疗养院。它即使不能治愈别的病患，但至少能治愈人类的自大狂症。人类应被安置于“适当的尺寸”中，并须永远被安置在用大自然做背景的地位上，这就是中国画家在所画的山水中总将人物画得极渺小的理由。……一个人能偶尔觉得自己是十分渺小时，于他很有益处。……所以许多中国人都以为游山玩水有一种化积效验，能使人清心净虑，扫除不少的妄想。❶

袁先生行游诗中的不少篇什描写自然景象的宏大气势，以及宏大自然对人的精神境界的提升：“上篇直露下篇藏，意溢兴酣势激扬。谁执倚天蘸海笔，书成绝壁大文章。”（《黄果树观瀑有吟》）“人潮傍海潮，人逐浪峰高。脚下地根动，眼前天幕摇。一江奔野马，百里走狂飙。有幸得观此，庸夫气也豪。”（《钱塘潮》）伟大的自然是一篇气势恢宏的“大文章”，人类的“绣花笔”是永远书写不出来的，人类只有敬畏自然、与之和谐相处，才能获得长久生存的栖息地，同时也才能让人走出渺小、猥琐，增强自信，开阔胸襟，获得豪迈的气势。正如林语堂所言：“常与大自然的伟大为伍，

❶ 林语堂散文经典全编·第四卷［M］. 北京：九州图书出版社，1997：285.

当真可以使人的心境渐渐也成为伟大。”❶

二、自然景观与人文景观的和谐统一

钱理群先生认为，袁先生的行游诗中“自然景观和历史景观是交融的，他欣赏自然的同时，也在吟味历史。或者说，他的独拥书城和浪迹天涯是一体的……在某种程度上，都是通过在读书过程中和古今中外的友人之间的神交，以及在行游中和大自然的神会，达到对现实的超越，以实现本良所说的‘心灵净化、人格完善’”。❷ 这一概括十分准确且有启发性。袁先生是一个学识深厚的学者，读书与笔耕是他追求的自由理想的生活方式，他曾这样说：“面对艰辛的生活磨炼和浮躁的社会环境，能够给我带来精神慰藉并使我平和心境的，唯有读书作文一事。读书作文已经成为我自得其乐的习惯性生活方式。”❸ 严羽《沧浪诗话》说：“诗有别才，非关书也；有别趣，非关理也。然非多读书，多穷理，不能极其至。”这道明学识与诗词创作的辩证关系：写诗不是掉书袋，不是直接阐明道理，然而诗人如果没有广博的学识、深入的思考同样写不出好诗来。袁先生的诗词内涵丰厚、有极强的艺术感染力，既说明诗人具有极强的艺术感知力和审美表现力，还与他丰厚的学识涵养密切相关。袁先生的学识涵养的渗透，形成了他的行游诗自然景观与人文景观相统一的风貌。人们欣赏自然美，不只是为了获得自然外在感性的形式，更是要通过自然景象的某些特征去捕捉丰厚的人文信息，获得关于人类精神、情感生活的种种历史感悟。换言之，每一个自然对象总是以其独特的形式，同人们的社会生活发生这样或那样的联系，于是人们就可以从自然界与人类社会生活种种类似的地方，看到人、看到自己的生活形象。正如歌德所说：“人从广阔的世界里给自己划出一个小天地，这个小天地就贴满了他自己的形象。”❹ 俄国美学家车尔尼雪夫斯基曾经提出一个著名的美学论断——“美是生活”。他认为，自然物只有与

---

❶ 林语堂散文经典全编·第四卷［M］.北京：九州图书出版社，1997：286.
❷ 钱理群．断想——守拙斋诗稿序［M］//袁本良（自刊）．守拙斋诗稿：9.
❸ 袁本良．守拙斋汉语史论稿［M］.贵阳：贵州人民出版社，2005：464.
❹ 樊莘森，高若海．美与审美［M］.福州：福建人民出版社，1982：41.

人的生活相联系并暗示人的生活才是美的。他说："美是生活，首先是使我们想起人以及人类生活的那种生活，——这个思想，我以为无须从自然界的各个领域来详细研究，因为构成自然界的美的是使我们想起人来（或者，预示人格）的东西，自然界的美的事物，只有作为人的一种暗示才有美的意义。"❶ 袁先生的行游诗不仅给人以自然美的感受和喜悦，而且直接或间接地揭示了历史生活的面貌，带给读者深沉的历史感。如《游滁州醉翁亭四绝》《游昆明六绝》《游雍和宫》《游杜甫草堂》《武侯祠》《西北纪游六十四绝》等，都是自然景观与人文景观相统一的上品佳作。《游西安七绝》顺从诗人行游的步履而展开，一景一咏，把诗人的所见、所感、所思高度概括地、凝练地表现出来。如：

蓝田美玉骊山金，覆斗巍峨被茂林。帝业终归埋圹冢，却听鸟雀噪榴荫。（其一，始皇陵）

生图帝业死难休，战阵泱泱似貔貅。皇祚千秋终呓语，精工绝代永存留。（其二，兵马俑坑）

为燃烽燧戏诸侯，致令史书分两周。西绣至今遗迹在，红云似火半天浮。（其三，骊山烽火台）

上例诗作，自然景象、人文景观的描写和历史的反思咏叹融为一体，能够勾起读者对历史和现实的深沉思考。

有的作品用典自然，把与描写景象相关联的前人诗句和历史典故加以有机改造，实现了现实与历史的对接，丰富了作品的艺术内涵。如：

幸至慈恩寺，登临塔影斜。晚风盈两袖，落照映千家。树掩高楼矗，畴连平野遐。欲吟工部句，黄鹤叹何赊。（《登大雁楼》）

香冢难埋玉洁心，由来烈女出风尘。慕才亭下湖光好，油壁轻车说到今。（《慕才亭》）

在《登大雁楼》一诗中，诗人登塔瞭望，晚风吹拂，落日斜照，树木、高楼、田畴、原野等景致，由近及远尽收眼底。此情此景，诗人不由得浮想联翩，联想到唐朝诗人杜甫登大雁塔的情景，联想到他登塔时创作的

❶ 车尔尼雪夫斯基．艺术与现实的审美关系［M］．周扬，译．北京：人民文学出版社，1979：10.

“黄鹤去不息，哀鸣何所投”的著名诗句，于是自然吟出“欲吟工部句，黄鹤叹何赊”的佳句，丰富了诗歌的内涵。在《慕才亭》中，诗人观览西湖畔的慕才亭，联想到埋葬于此的南齐钱塘歌妓苏小小，想到她乘车出游与骑马而来的青年才子阮郁相遇、相亲相爱的动人情景，进而联想起她“妾乘油壁车，郎跨青骢马”的诗句，便自觉地化入诗作，使自然景观和人文景观融为一体。又如，《游庐山十二绝》其二“白傅行吟遗迹在，桃花万树待春风”，化入了白居易的“山寺桃花始盛开”句；其三“圣迹依稀青蔼里，风光无限白云间”，化入了毛泽东的“天生一个仙人洞，无限风光在险峰”句；其四“成岭成峰尽绝姿，眺临如画亦如诗”，化入了苏轼“横看成岭侧成峰，远近高低各不同”句。《游庐山十二绝》其十一写“车行星子县境遥望开先二瀑”：“马尾黄岩绰约姿，香炉峰侧瀑肩差。远观浑似飞白练，未必徐凝是恶诗。”诗中用典自然，引出唐代诗人李白、徐凝写庐山瀑布诗孰优孰劣的一段历史公案。诗仙李白的《望庐山瀑布》一诗问世，妇孺皆知，传诵不衰。过了近百年，在元和、长庆间，诗人徐凝也写了一首《庐山瀑布》，而为白居易所称赏。其诗曰：“虚空落泉千仞直，雷奔入江不暂息。古今长如白练飞，一条界破青山色。”宋元丰七年（1084），苏轼路经庐山读到徐诗，心极轻之，便写下一首七绝：“帝遣银河一派垂，古来惟有谪仙词。飞流溅沫知多少，不与徐凝洗恶诗。”袁先生在自己的行游诗中并不认同苏轼的评判，认为“徐诗未必不佳，苏言太过”，因此才吟出“远观浑似飞白练，未必徐凝是恶诗”的诗句。当读到这些行游诗时，人们不只是沉浸在对自然景观精当的描写中，同时也会为诗中丰富的文化内涵所倾倒。

三、形式美的高度体现

袁先生的行游诗不仅内涵丰富、意境高远，而且是形式美的高度体现。

首先，它具有极强的音律美。钱锺书《谈艺录》中说：“诗者，艺也。艺有规则禁忌，故曰‘持’也。”传统诗词在声韵上有着必须遵循的规则和禁忌，所以说写旧体诗是“带着镣铐跳舞”；然而这些规则和禁忌，正是构成旧体诗音乐美的重要因素。高明的诗人，通过对这些规则禁忌的娴熟运用，可以充分发挥诗词语音形式美的感染力。语音形式的美感主要由语音的整齐、抑扬、回环构成。音节整齐而匀称的配搭，可以形成整齐的美。音节组合中声调的平仄变化，可以造成抑扬的美。押韵过程中相同语音成分（韵腹韵尾）的复现，可以造成回环的美。袁先生的行游诗读起来朗朗上口，悦耳美妙，原因在于诗人炼词造句时不仅追求语言的意象美、意境美，而且还追求语言的音律美。

就用韵的方式而言，袁先生的诗在韵式上既严守传统格律又能灵活运用。比如，近体的律诗和律绝都是一韵到底，如：

> 石门冲决恣骄狂，淫雨霏霏沁骨凉。许是敖君开盛宴，玉卮翻倒泻琼浆。（《龙门瀑布口占》）

> 爱看水景映天光，租得小船过柳塘。陌上新条簪碧玉，春风湖面正催妆。（《武汉东湖小景》）

这两首七绝都取首句入韵式（首句入韵是七言近体诗的正体），押的是阳韵（按《平水韵》）。由于它们严格遵循押韵的规定，读起来才朗朗上口，给人一种回环的美感。押韵是诗歌的形式，形式应当服从于内容。袁先生的行游诗根据表现对象的不同选用不同的体裁，除绝句、律诗之外，还有古诗体，押韵形式也随之变化。正如戴明贤先生所言，袁先生“善于针对对象选用体裁，并非以不变应万变，如写泰山，即出之以五古十韵，才更般配这处背负着沉甸甸历史文化的名山。《漂游九曲溪》用五古三十三韵，读之如坐小舟游武夷，两岸景色次第展开，如读青绿山水的长卷”。[1]《岷江行》一诗长达1 000多字（198行），浓墨重彩、酣畅淋漓地描写了岷江雄奇的自然风光和丰厚的历史文化，抒发了诗人对祖国锦绣河山的赞美之情，并写出了自己对岷山历史文化沧桑巨变的反思与喟叹。诗韵不是一韵到底，而是随着描写抒情的变化而变化，一吟三叹，蔚为壮观。

在用韵的标准方面，袁先生有自己的主张。他说：“当代人写传统形式的格律诗，其用韵情况颇不一致，依平水韵、依词韵宽押、依现代新诗韵的情况都有。我所写的诗，多种情况都作过尝试，所以集中诗作的用韵也不都是用的一个标准。诗文随世运，诗韵的标准也无疑是要随著语音的时

---

[1] 戴明贤．读袁随想——守拙斋诗稿序［M］//袁本良（自刊）．守拙斋诗稿：25.

代变迁而不断变化的。依愚见，在目前尚无众所认同的科学合理的诗词韵部标准的情况下，作诗时平仄应该从严，用韵无妨从宽。”❶ 这既是他的诗学主张，又是他诗词创作遵循的艺术准则。

其次，是具有意象的对比美。对比是形式美的法则，是将两个形式极不相同的东西放置在一起，这能给人以鲜明、醒目、振奋、活跃的审美感受。在诗词创作中，诗人常常从艺术表现的需要出发，把在色彩、形状方面存在极大差异的意象、场景并置和错落搭配，给人以强烈的形式美感。袁先生的许多行游诗具有意象的色彩、形状对比美。例如：

匆匆览罢诸山景，信步闲游一览园。丛树高低闻雀噪，庑廊深浅绝人喧。红萍白鹤凌清水，疏竹繁华傍短垣。远隔尘嚣心自在，香茶数盏解劳烦。（《龙宫宾馆小憩》）

晴日海波弥望蓝，长桥飞架度云天。草坪坐喜风亲颊，堤岸行听浪拍船。夹道扶桑红正艳，映楼椰臂绿犹酣。儿童嬉戏和风畅，好趁春光放纸鸢。（《湛江金沙湾观海长廊》）

远山凝黛近山葱，万顷天光一镜容。江湄滩野纤纤草，阜脊丛林莽莽松。船去船来波逐浪，云聚云开影随风。湖汊蜿蜒水天远，满江爽气入心胸。（《吉林松花湖》）

“红萍白鹤凌清水”“夹道扶桑红正艳，映楼椰臂绿犹酣”，都是色彩对比美的典型用例。“红萍”对“白鹤”，“扶桑（植物名）红”对“椰臂绿”，给人以鲜明醒目的审美感受。文艺复兴时期的艺术巨匠达·芬奇曾说，在所有的色彩中，最令人愉悦的是那些构成对比的色彩。因此，诗人为了增强艺术表现力，总会不遗余力地去铺陈色彩对比鲜明的艺术画面，构建一个既相互对立又相互强调的艺术世界。红色温暖，令人喜悦；绿色宁静，给人满足；白色净洁，令人喜爱。诗人抓住最具表现力的景致色彩，进行对比搭配，从而创造出优美的意境。形状的对比主要指诗歌意象、景致的高低、远近、大小之间形成的对比。“疏竹繁华傍短垣”中，“疏竹”的长和“短垣”的短形成对比；“江湄滩野纤纤草，阜脊丛林莽莽松”句中，“纤纤草”和“莽莽松”形成高低、大小的对比。由于表现的对象具有

❶ 袁本良. 守拙斋诗稿后记［M］//袁本良（自刊）. 守拙斋诗稿：157.

对比感，它们就不再是平面化、单一化的表现对象，而具有参差变化、纵横错落、鲜明灵动的审美表现力。

总之，袁先生以洒脱的步履在美丽祖国的大地上行游，给当代读者奉献了数以千计的行游诗，这是一笔丰厚的精神财富。这些诗作不是宏大的叙事，仅仅是一个宁静淡泊的当代学者的个人化写作，但是，它们真实地记录下作者的所见所闻、所感所思，真诚地表达了诗人面对现实和历史、自然和社会的人生态度，这种“真”的人生品质在当今社会实在弥足珍贵。再者，袁先生的行游诗视通万里、思接千载、雄奇优美、意境高远，继承和发展了中国诗词创作的优良传统；用传统诗体形式来表达当代人的精神情怀，拓展了诗词的艺术表现力，有着极高的审美价值和学术研究价值。

【附：袁本良教授简介】

袁本良（1946～），重庆人，1970年毕业于北京师范大学。曾任贵州大学人文学院中文系教授、汉语教研室主任、汉语言文字学专业硕士研究生导师，2006年退休。现为中国语言学会理事、中国修辞学会常务理事、贵州省语言学会副会长，享受国务院特殊津贴。

袁本良教授长期从事汉语言文字学专业本科及研究生的教学工作，承担古代汉语、汉语语法研究、文字学、汉语诗律学等课程的教学任务。其工作认真负责，教学效果受到一贯好评；为人师表，全面关心学生的学业和思想进步。他指导的研究生在专业水平和科研能力上提升显著，多数已迈入博士阶段进行深造。袁教授长期坚持以古汉语语法为主要方向的科研工作，出版专著3部，在《中国语文》《中国语言学报》《古汉语研究》等高层次学术刊物上发表了80篇语言研究的学术论文，其研究成果在全国古汉语语法学界有较大影响。由于教学和科研业绩突出，他多次被评为优秀教师和先进工作者，受到国务院、教育部、人事部、贵州省教育厅、人事厅的表彰。

贵州“地下诗歌”与“朦胧诗”关系研究*

■ 杨 洋**

【摘 要】从“文革”的“地下诗歌”时代迈向后来的“朦胧诗”的过程中，以黄翔、哑默的诗歌为主的“贵州地下诗歌”，无论从思想上还是艺术形式上，都奠定了朦胧诗产生的基础。“贵州地下诗歌”不仅具有较强的政治指向性，更重要的是还具有难得的个人化写作立场，并以个体性的意象启发了后来的朦胧诗人。

【关键词】关系研究 政治指向性 个人化写作立场 个体性意象

在中国当代诗歌史的概念中，“朦胧诗”以及“后朦胧诗”已被人们广泛认识和使用，并得到学界的深入探讨。然而，对于“朦胧诗”产生的思想和艺术基础，即产生于“文革”时期的“贵州地下诗歌”，却缺少应有的关注和深入研究。这些独异于时代的优秀诗歌，在较强的政治指向性、个人化写作立场和个体性意象方面，都体现了强烈的现实参与意识、开放的文化意识和现代性视野，具有启蒙、反叛和现代艺术特征，从而直接启示和引发了朦胧诗的诞生。

北岛早年在给哑默的信中指出，哑默的诗歌“很有分量”，但是“缺乏一种更深沉、更内在的力量”。后来，哑默指出，他的诗从古典主义到浪漫

---

* 基金项目：贵州师范学院校级项目“贵州‘地下诗歌’与‘朦胧诗’关系研究”（12YB014）。

** 杨洋（1983～），女，贵州施秉人，硕士，贵州师范学院文学院讲师，主要研究方向为中国现当代文学。

主义到现实主义再到批判现实主义，一步一步走来，距现代主义尚差一点，而“北岛们”替他完成了这一审美转换。在“贵州地下诗歌”中，黄翔的诗歌是血、是火、是暴力，而哑默的诗歌则是青草、是露水，尽管两者有着巨大的差异，却丝毫不影响他们对后来的朦胧诗人的启发。

一、绞架上的英雄——较强的政治指向性

从“文革”走来的“贵州地下诗歌”的创作者们以及后来的朦胧诗人，其诗歌均表现出较强的政治指向性，这就使得他们都成为准备上绞架的英雄。对于崛起后的朦胧诗和在“文革”中学会怀疑的青年人而言，现实的时代背景虽然已改天换地，但是他们在创作上与革命现实主义、革命浪漫主义异质性的现代主义诗风以及“我不相信”的文化个性，都招致了身份上的“不信任”和艺术上的“不肯定”。代表新时代新文艺的“新时期”既没有给朦胧诗提供一个庇护的艺术家园，也没有给朦胧诗人提供自我庇护的艺术权利；他们在现实世界中不可预测的朦胧命运远胜于其诗歌的朦胧，所以，他们“不得不和历史作战”（北岛《履历》）——既和过去的历史，又和现实的历史。与老一代诗人中诉苦感恩心态或者极端如“我不怨恨”之情相比，青年一代则在“我不相信”（北岛《回答》）和“不满”（骆耕野《不满》）的类似声音中决绝愤激地表达了对历史的质疑。他们似乎不谙政治与文学的中庸之道，从而在社会叙事和文学叙事“彻底否定”的双轨上走得太远，被认为是逐渐偏离了“时代主流”的方向。他们甚至把质疑的目光和偏离的方向从历史一直延伸到现实中的新时期，而一旦这种质疑和偏离危及现有政权、政策或意识形态时，他们的命运就必然变得朦胧、暧昧起来。这或许就是那座权力与文学的高台始终拒绝他们“上升”和“崛起”，始终排拒他们登上主流位置的动因。所以，在时代由“文革”向“新时期”转折的巨大变迁中，北岛却在《同谋》中写下“自由不过是/猎人与猎物之间的距离”，尤其显得沉痛和愤激。因为在这样一个历史的共时中，恰恰是他们这一代人，在本应属于他们的崛起时代，非但没有正常崛起，反而面临着更快地被压抑下去的危机。他们似乎从“文革”历史的受害者变成了新时代的异己分子，异己的结局比起过去在“文革”时代被

放逐、被抛弃的命运更为危险，所以，他们中的某些人仍然不得不继续成为新时期诗坛的“地下写作者”，成为朦胧诗“共名”时代中的“无名氏”。

朦胧诗人在倾诉政治性主题时，其艺术探索更现代，更朦胧。这是青年一代诗人走向文体自觉的精神。发端于“文革”地下诗歌写作的朦胧诗，无论是黄翔的《我看见一场战争》《火炬交响诗》、哑默的诗，还是北岛的《回答》《结局或开始》、顾城的《一代人》、江河的《纪念碑》等，都有很强的政治指向性。这是经历过“文革”的诗人所无法撤换的历史背景和文学背景，但他们诗歌中的政治性，更具有理性提升后的穿透力。如果他们写的是大白话式的政策呼唤，或一味以“读懂”为标准的分行说话，那他们在诗歌史上的独特地位与意义也将变得可疑。青年诗人的表达似乎更为自由，作品中不乏痛苦的呻吟和呐喊，但其中的尖锐和冷峭很大程度已经超越了简单的诉苦和伤痕展览。同样是对光明的召唤和寻找，艾青写下《光的赞歌》，顾城写下《一代人》，但后者诗中“黑夜给了我黑色的眼睛/我却用它来寻找光明”那种深沉凝重的情感基调和现代性的思想分量，显然已经远远超越了浪漫主义的滥情和简单的政治表白。

二、个人化写作立场

从文学观念的角度看，尽管他们并没有在当时发表什么宣言，但他们用作品表明了自己的立场，并启示着后来者的思想。现在看来，作为一个存在着的诗人的群落，一个艺术的群体，他们的意义已不在于在表层上同时代政治的对立，这种对立事实上是很弱小和缺少实际意义的；真正的意义在于他们找到了一个真正的现代诗人应有的写作立场，这就是相对于其当时的所谓“红色主流文化”的个人化的边缘立场。这不仅使他们找到了可以清醒地思索和看待现实问题的角度与视点，而且也找回了作家作为人文知识分子最重要的传统，这是扭转当代中国作家和诗人多年来写作的“政治迷失”、重建“人文写作”的关键所在和真正的开端。

“前朦胧诗”由黄翔、食指等开创者和白洋淀诗歌群落构成。它的抒唱分子最早从“红卫兵”运动蒙昧的宗教狂热中清醒过来，并以艺术的方式对抗主流意识形态，表达理想崩溃的、被欺骗的个人化怀疑情绪和对“左倾”狂热病、个人崇拜的审视、批判。艺术上面对“文革”的政治高压，他们不自觉地起用隐曲婉转的象征、暗喻手法委婉地抒情，催发了鲜活簇新的艺术萌芽；在喧嚣矫情的“红色战歌”之外弹拨出了抵牾并超越时尚的不和谐音响，无意间成为引渡朦胧诗、后朦胧诗的桥梁。

“前朦胧诗”的先驱在20世纪60年代就开始了他们的精神探索。黄翔是这一探索行列的先锋，最早在当代诗歌史上发出个人的独立的声音。他写于1962年的《独唱》已传递出这种信息：“我是谁/我是瀑布的孤魂/一首永久离群索居的/诗/我的漂泊的歌声是梦的游踪/我的唯一的听众/是沉寂。”作为没有听众的歌者和离群索居的孤独者，抒情主人公那特立独行、傲岸不羁的形象以及充满潜台词的意象在当时都与众不同。1968年的《野兽》表现出的勇敢而深刻的批判意向，更背离了时代主流审美文化：“我是一只被追捕的野兽/我是一只刚捕获的野兽/我是被野兽践踏的野兽/我是践踏野兽的野兽。”那野兽分明在借指人，它对人性沦丧的残酷揭示是怎样的触目惊心。黄翔善于在社会现实的宏阔风景线上寻觅诗意，表现批判性主题，有很强的历史感，意境旷远，气势非凡。可惜，这位诗人发出的心灵呼喊完全是个人化的，它们如空谷足音，反响寂寥，如他的《火炬之歌》一样，独自燃烧，没有引起人们的充分注意。

三、个体性意象

生活远非像诗歌中的意象那么美好，“莺歌燕舞”“春意盎然”仅仅是共和国景象的一个侧面，饥馑与残酷也是否认不了的事实。面对那种流行的所谓宏大“叙事”，和出于诗人跟风或自我保护的伪饰、虚假艺术趋向，何其芳、卞之琳、田间等一批曾经的抒情能手纷纷“失声”。而“前朦胧诗”分子却不同，他们或如黄翔、哑默似的身处社会边缘，不愿闭上良知的眼睛，阅读精神史比同龄人丰富敏锐。即便在别人手里拿着“红宝书”的1968年，他们依然能频繁参与一些艺术沙龙活动，获得了更多的西方文学和哲学熏陶。多种因素聚合，使“前朦胧诗”的诗人很快从“红卫兵”运动蒙昧的宗教狂热中清醒。哑默在《美与真》中说：“我是一个诗人”

"我的诗是人类永恒的期待和向往，是心灵和情感的呼唤"，矢志高扬心灵与自我。他们意识到人之主体才是诗歌天国的支撑，诗不应镜像式地直接摹写生活，必须经过心灵的融解与重组。但他们更清楚，在当时的政治情境下，硬碰硬地直接传达内心深处迷惘、渴望与反叛的情思，对抗主流意识形态，是危险又愚蠢的，必须起用一种含蓄、婉转的艺术方法。于是，断裂已久的"心象"原则和传统，在他们手中被弥补、修复了。

意象化思维的统摄，使"前朦胧诗"忠实于自我，一切从诗人的心灵出发，书写精神世界的体验和情绪。除却偶尔的直抒胸臆外，基本上是通过思想知觉化的方式进行抒情，即以个人化的情思对应物——"意象"去呈现"心象"，实现心灵与外物的全息共振，使情感获得委婉、间接的表达，从而完成意象从再现型向表现型的转换，规避了直白说教和客观描摹的窠臼。在这方面，黄翔、食指做出了很好的表率，后来者也都有出色的表现。

黄翔最早在当代诗歌史上发出个人的独立声音。1962 年他就写道："我是谁/我是瀑布的孤魂/一首永久离群索居的/诗/我的漂泊的歌声是梦的游踪/我的惟一的听众/是沉寂。"（《独唱》）深入的自我内向探索的结果必然会走向孤独。作为没有听众的歌者和离群索居的孤独者，抒情主人公的特立独行、傲岸不羁以及充满潜台词的意象在当时都与众不同。作于 1968 年的《野兽》"虽从自我经验出发，却与'文革'的语境完全吻合"。[1]"我是一只被追捕的野兽/我是一只刚捕获的野兽/我是被野兽践踏的野兽/我是践踏野兽的野兽"（《野兽》），意欲表达对人被异化现实的批判。但诗人没有让其沦为赤裸的情绪喷射，而是借助"野兽"这一情思对应物，以其被追捕、被践踏和践踏他人，隐喻人性沦丧的残酷，以暴抗暴，亦见出对恐怖时代的激愤与反抗情绪。哑默的诗歌意象已内化了诗人置身特殊处境的悲凉感受和个体的精神觉醒。可见，穿过"前朦胧诗"设置的意象林莽，便会找到一条条通往诗人们心灵的小路，触摸到他们复杂多端的心理感受、体验和思考。具体来说，这些意象承载着两方面的内涵。一方面是对荒诞时代的冷静审视和批判，如"死去的死去了，活着的依然活着/岁月把脸拉

---

[1] 柏桦．左边：毛泽东时代的抒情诗人［M］．南京：江苏文艺出版社，2009：37.

长，空间结下破壳/荒坟、墓碑、化石、骨灰盒/禁书、藏书、遗书、绝命书、自白书……”（哑默《苦行者》）诗中伤残、沉寂、破败的“非完美”意象，展现出“文革”社会真实的另一面，这种“呈现”本身即是无言而有力的批判。

四、结　语

在一片喧嚣鼓噪、充溢着蒙昧的宗教狂热的“红色战歌”声中，一批具有独立思想的青年最先萌发了怀疑精神。虽然他们亦曾真诚而狂热地投身过那场运动，但终于“他们发现自己受到欺骗，在生活的真实色相面前，他们经历了痛苦的探求、思考。”❶ 怀疑和冷静的寻思使他们产生了独步于“时代精神”之外的苦闷情绪，在这种苦闷中，他们写下了第一批反省和批判现实的作品。这些作品的可贵之处不但在于从思想上表现出对“左倾”狂热病、个人崇拜和泯灭人性的暴力等现象的冷静的批判，在社会总体的混乱与愚昧中显露出一缕思想、理性和人性的曙光；而且在表现手法上也十分曲折含蓄，以象征、隐喻的方式进行暗示或影射式的表达，自觉或不自觉地创造出大量的意象载体。这说明它们吸收了中外诗歌特别是现代诗歌的有益营养，并籍此而理所当然地成为具有现代主义倾向的朦胧诗的先驱。

---

❶ 洪子诚，刘登翰. 中国当代新诗史［M］. 北京：人民文学出版社，1993：227.

【民族艺术与审美文化研究】

金光之美：苗族先民的美意识*

■ 周　江**

【摘　要】苗族古歌鲜明地表现出苗族先民对光亮鲜明形式的喜爱，在先民的观念中美就是光亮的形式。虽然古歌文本涉及多种苗族先民喜爱的形式特征，但它们最终都取决于光亮鲜明的形式。而光亮鲜明的形式无非是苗人光明生活的对象化。因而对于苗族先民来说，美最终可以归结为以光亮鲜明为特征的苗人生活状态的彰显。

【关键词】美意识　光亮鲜明　光明生活的彰显

苗族古歌的研究者常常从古歌塑造的人、神形象的精神内涵来揭示其美学精神，却忽略了审美还有对形式的把握这个重要方面。本文以此为切入点，从古歌中涉及美的问题的具体情节出发，探究苗族先民的美意识，揭示美的本质特征。

一、美源自金银的形式特征

古歌文本表明苗族先民的生产生活与炼金技艺紧密相关，而苗族先民的美意识便源自金属冶炼。古歌中有些段落直接将美与金银关联，讲述着

---

* 本文原载于《乐山师范学院学报》2012 年第 8 期。

** 周江（1980～），男，陕西蓝田人，博士，贵州师范学院文学院副教授，研究方向为中西美学比较。

美来自金属光亮形式的事实。

《苗族史诗·运金运银》提到五金的喂养："金银吃胸前的奶，奶汁多又多，金子才那么漂亮，满脸闪红光；银子才那么好看，白白的脸蛋。"而与金拥有相近色泽的铜则因为吃背部奶水不足的奶，导致"脸才黄央央"，更不用说吃长在膝头、头顶、脚尖、腋下的奶的铁、锡、铅、钢，它们的脸色更不堪入目：长得"黑漆漆""青青的""蓝蓝的""黑又青"。[1] 由此，苗族古歌将美与金银光亮鲜明的形式特征紧密关联。即使是与金有着相近颜色的铜，也因为光泽度低而无法受到先民的喜爱。于是，美在金属光亮鲜明的形式。

尽管在流传中古歌中本段情节产生了变化：银吃胸前奶水来得快的奶，"长得白又白"，金吃背后奶水来得慢的奶，"脸色黄央央"，[2] 从而表现出喜银不喜金的倾向，但喜爱与否的关键仍在于是否具有光亮的形式特征。可能由于冶金技艺的原因，金的光泽不如银的明亮，在古歌作者眼中这被拟人化为婴儿不健康、无光泽的黄色面孔。于是，这仍然符合美在金属光亮形式的美意识。

另外，对于同种金属，却因为色泽的差异产生了美与不美的差别，这更加说明美在光亮鲜明的形式。银渣"手脚黑花花"，"脸上净是麻子眼"，以至无人喜爱，后来"风箱使它变美了，银子脸面白生生"。[3]看来美与不美的关键不在金属质料，而在光亮鲜明的形式。无论喜爱哪种金属，对同种金属是喜还是恶，苗族先民的判断标准都不是功利的，而是审美的，即以光亮鲜明为审美准则，符合的便激发美感、受到喜爱，不符合的、灰暗无光的形式则无法受到青睐。

而苗族古歌中关于美神降生的神话则形象地喻说着美来自金属光泽。《苗族史诗·制天造地》中提及立十二金柱支撑天地时剩下四根小金柱，"拿来架桥梁，架在沙土金黄的地方，才生娘欧瑟，这姑娘长得真漂亮"。[1] 娘欧瑟是苗族的美神。苗族认为架桥可以生儿育女，而架金桥就生出娘欧瑟。可见，美与金桥、与金色沙土结下了不解之缘。似乎可以想象，在金

---

[1][1] 马学良，今旦．苗族史诗［M］．北京：中国民间文艺出版社，1983：32，16～17.

[2][3] 燕宝．苗族古歌［M］．贵阳：贵州民族出版社，1993：124，138～139.

灿灿的天地间，一位光彩照人、耀眼夺目的神女横空出世，令众生神魂颠倒。这段情节以神话的方式凸显着美与金属光泽的关系，表明美源自金属光泽，美是光明灿烂的存在状态。

以金属光泽为美的观念集中体现在苗女的服饰中。《苗族古歌·运金运银》中谈及金银的用途时说："银子多了打项圈，打造手镯姑娘戴……金子少了打金泊，姑娘嵌在袖子上，来到集市上赶场，美丽标致赛一方。"姑娘之所以美丽标致，原因在于装点了金银打造的饰品。而金银的特点除了可以作为货币外，最直观的感受就是"闪闪晃金光"。正如燕宝解释金银出生后"硼酸涂抹它嘴唇"的拟人句时指出："和硼酸水煮银子才有光泽，故有此语。"❶可见，美不是与金银的货币属性关联，而是与它光亮鲜明的形式特征关联。于是，从形式层面考虑，姑娘的美来自周身金银饰品的明亮光泽所营造的光彩照人、白皙夺目的动人形象。由此，美与金银及其光泽紧密关联，美是光亮鲜明的形式特征或存在状态。

二、美不局限于金银的形式特征

基于美与金属光亮鲜明形式的关联，苗族先民将那些具有类似金银光亮鲜明特征的形式或能促成这种特征的形式都纳入自己的审美视野。

首先纳入苗族先民审美视野的是类似金属光泽的光亮形式。《苗族史诗·运金运银》开篇提到祖先得到金银后生活富足，就能盖六根柱头的房屋，屋子"发出亮堂堂的红光，好像龙宫一个样"。❷ 房屋有诸多形式特征，而苗族先民偏偏强调的是光亮。可见这种特征因与金属光亮的形式类似，对先民有强烈的吸引力，而被纳入审美视野。由此，首先由金银的形式特征衍生出的美的形式是类似金属光泽的光亮的形式特征。

其次，与金银颜色相近的或浅亮鲜明的颜色也被纳入苗族先民的审美视野。用硼砂水洗金银后，"银子的脸变白了""金子的脸干净了"，❸从而审美领域被扩展到白净等浅亮色的形式特征上。这样就能解释另一段美神

---

❶ 燕宝．苗族古歌［M］．贵阳：贵州民族出版社，1993：102～103，98，110.

❷❸ 马学良，今旦．苗族史诗［M］．北京：中国民间文艺出版社，1983：21，31.

诞生的情节。《苗族古歌·运金运银》中讲述采伐白桐木制造运金银的大船时，将白桐木截下的第三段拿去架桥梁，“架桥在那山坳上，这才生出妮姬顿，娘娥姗妞很漂亮”。[1]“妮姬顿”“娘娥姗”和“娘欧瑟”虽音译不同，但指的是同一对象：美丽的女子或女神。与《苗族史诗·制天造地》中娘欧瑟诞生的情节不同：架桥的材料和地方变成白桐和山坳。原文对山坳没有说明，至于材料则专门提到是白桐。白桐与其他桐树的差别当然是树皮较白。由此，白这类浅亮色与美关联，而此种关联的形成应来自苗族先民对金银等金属光洁明亮形式的喜爱。所以，浅亮色从金属形式独立出来，成为能够激发苗族先民审美感受的形式特征，如古歌中提到的牛基本为白、黄这两种浅亮色：白嘴黄牛、白额黄牯；[2] 同时，先民也将对金银的形式感受延伸到对浅亮、鲜明颜色的视觉感受上。

另外，源自触觉、视觉方面的金银平整光滑的形式特征也独立出来，成为能激发苗族先民美感的形式。平整光滑的感受最初来自金银。《苗族古歌·运金运银》中一段冶金的情节提到，银渣滓不但黑而且“脸上净是麻子眼”，大家都不喜欢。其原因除了黑之外，就是不光滑。那么与之相对，令人喜爱的形式特征则是白净光滑。而古歌中开天辟地、铸日造月等情节所体现出的平整光滑的形式特征已经突破金属领域，扩展到其他领域：养优见天上还不光滑就用手掌去摩挲，直到“天上平整又光滑”；铸造日月时，鲍公挥舞锤头，“日月敲打圆溜光”；给金银做衣服时，布料用岩石织、凉水梳才能“平整光生生”；连鸭子也“头发梳得光溜溜，浑身都是美穿戴”。[3] 可见，大到天地日月，小到布匹、鸭子都以平整光滑为美。由此，平整光滑的形式特征从金银中独立出来，进入苗族先民的审美视野。

其实，对平整、光滑、圆润、白净等形式的喜爱都与光亮的形式特征分不开，并归根于光亮鲜明的形式。《苗族古歌·运金运银》以新生儿出生时割断脐带比喻开采金银：“金银出生割脐带……割的口子齐斩斩，割的口子鲜生生，鲜亮像只油蚱蜢”。经验告诉我们，如果矿石的截面如刀切般整齐，就会光亮鲜明。这是因为金属平滑光洁的表面易于发生镜面反射，因

---

[1] 燕宝．苗族古歌［M］．贵阳：贵州民族出版社，1993：240.
[2] 马学良，今旦．苗族史诗［M］．北京：中国民间文艺出版社，1983：25.
[3] 燕宝．苗族古歌［M］．贵阳：贵州民族出版社，1993：66，337，113，258.

而更具光亮鲜明的属性。所以平滑整齐与光亮鲜明关联，成为苗族先民喜爱的形式特征。与此相反，如果参差不齐、褶皱弯曲便不能光亮鲜明，便不美。铸造日月时，葺公用力过猛导致日月“脸儿弯斜斜”，“成个不亮的太阳，成个不明的月亮”；宇郁“剪了边缘小枝桠……日月还没啥好看，日月还是弯曲曲”；直到鲍公挥舞锤头，才把“日月敲打圆溜光”。由此可以判断：“圆溜光”是美的；“弯曲曲”是不美的。原因在于参差弯曲的表面光泽度低，圆滑溜光的表面则光辉灿烂。至于白净等颜色被人喜爱，也是因为其浅色的形式有利于促成光亮的形式特征。如锦鸡的草窝之所以美，是因为“稻草锃锃亮”。[1] 而促成这种光亮形式的因素，除了稻草光滑的草杆外，就是金黄的浅亮色了。

于是，各种形式特征之所以美的根本原因都在于形式引发的亮度。房屋美是因为亮堂堂，草窝美是因为稻草亮锃锃，鸭子美是因为羽毛光溜溜，白嘴黄牛美是因为白黄为浅亮色，布面美是因为平滑光生生，衣角美是因为溜光圆滑，[2] 船漂亮是因为整齐地涂着桐油。[3] 最终，一切被纳入苗族先民审美视野的形式特征，无论属于何种感官，都决定于光亮鲜明这一形式。因而，在苗族先民看来，美是光亮鲜明的形式。

以上，从苗族古歌中关于美的具体情节出发探究了苗族先民所喜爱的美的形式特征。尽管涉及的形式包括光亮、鲜明、白净、平整、光滑、圆润等，但最终这些美的形式都取决于光亮鲜明的形式，即如果对象的形式有助于增加光亮鲜明的特征，就可以纳入苗族先民的审美视野，否则便不能。于是，本文将苗族先民眼中的美归结为光亮鲜明的形式。

三、美是苗族先民生存状态的彰显

光亮鲜明的形式作为对象性的美，源自苗族先民发达的冶金术所造就的对光亮鲜明形式的喜爱，但这种美最终从属于苗族先民自身存在状态的彰显。

---

[1] 燕宝．苗族古歌［M］．贵阳：贵州民族出版社，1993：107，332~337，96.

[2] 燕宝．苗族古歌［M］．贵阳：贵州民族出版社，1993：115.

[3] 马学良，今旦．苗族史诗［M］．北京：中国民间文艺出版社，1983：61.

苗族先民发达的冶金术提升了适应、改造世界的能力，为自己迎来了光明的生活，并塑造了先民对光亮形式的喜爱。

苗族古歌中有很多冶炼金属的情节，充分表明苗族先民拥有发达的冶金技艺，其中铸日造月的过程更是详细描述了冶金场面。天地初开，四下昏黑，鲍、熊、葺、当四公以漩涡为模板、以兜勒为炉、以峡谷为风箱、以岩石为锤、以山岭为架，起炉熔金、铸造日月；期间还有宇郁挥锤不得其法、葺公急于求成铸造受挫、宇郁修剪毛坯、鲍公敲打溜光，最终日月成型的情节。[1] 可见，古歌中体现了从工具准备、熔化金银、毛坯处理到溜光成型的比较完备的冶金过程，表明了苗族先民冶金技艺的发达。

铸造金银的活动提升了苗族先民适应、改造世界的能力，带来了光明和愉快，也满足和塑造了先民对光亮鲜明形式的需要和喜爱。起初，苗族先民适应、改造世界的力量极其有限，因而面对黑暗的世界非常渴望光明。太初之时天地粘连，“坐下要躬脊梁，抬头要碰着天”，“心忧啊，好心忧”。这形象地表现了先民的生活受到自然界限制的、令人焦虑的情况。弱小的先民在强大的自然面前总是感到自然界的动荡与恐怖：天地“争说自己宽大”，“抽出弓箭就放射，扬起大刀就砍杀”；天地动荡，“一天要坍塌六回”。面临充满危害的自然，在白天人们能凭借感官躲避危险，“大地亮堂堂，天塌下来才好逃”，因此“大家都喜欢天亮”；可到了夜晚，人的感官受到极大限制，面对危机四伏的自然界毫无办法，所以无人喜欢黑暗。[2] 而打柱撑天的冶金活动增强了先民适应、改造自然的能力，给黑暗的生活带来了光明。经过铸造日月、抬日月上天、运行日月后，“整个天下亮堂堂，天下人人笑呵呵”。这一情节直观地体现出喜悦来自光明，而光明来自炼金。由此，光明不只意味着视觉对可视世界的把握，更意味着人对自己生命、生活的掌握。正是在保存生命、维持生活的意义上，苗族先民热爱光明。而创造光明的冶金劳动在满足生存、生活的功利性需求之外，也满足和塑造了苗族先民对光亮形式的需要和喜爱，如太阳造得不够溜光、银子炼得不够白净等，[3] 进而这种形式感受扩展到能促成光亮鲜明特征的所有形

[1] 燕宝．苗族古歌［M］．贵阳：贵州民族出版社，1993：325～337.
[2] 马学良，今旦．苗族史诗［M］．北京：中国民间文艺出版社，1983：8～9，9～12，13.
[3] 燕宝．苗族古歌［M］．贵阳：贵州民族出版社，1993：357，337，138.

式。正是在冶金这一创造光明的活动中，苗族先民形成了对形式的独特感受，即形成了本民族独特的美意识：美在光亮鲜明的形式。

以光亮鲜明为特征的美，既表现为对象性的形式美，又彰显于人自身的存在状态。用金银打造项圈、银花、金箔、手镯来点缀姑娘，就能“美丽标致赛一方”。❶ 姑娘的美来自金银饰品的点缀，但又不全是。一方面，金银的点缀使姑娘处于光彩夺目的状态，成为鲜明可感的对象性形式美；另一方面，以女性为代表的光亮之美意味着苗族先民通过对冶金的掌握所迎来的生活的光明，这种光明先存在于自身生活，而后扩展到对象世界。于是，光亮不仅仅指金银等对象性的光泽，更重要的是苗人自身生活的光明。因而，以光亮为特征的美也表现为苗人自身生存状态的彰显。

在这一意义上，对象性的美应从属于人的存在状态的美。因为对象性的美无非是苗人自身生存状态的对象化。只有首先在实践上取得适应和改造世界的成功，苗人的生活才能迎来光明。只有这种光明的生活状态才能孕育出以光亮鲜明为形式特征的对象性的美。因而，对象性的美从属于苗人自身生存状态的美。

可见，以光亮鲜明为特征的美并不局限于光亮鲜明的对象性形式，它更根本地存在于苗人自身生活状态的光明。因而，美在根本上是苗人的光明生活或生活的光明形式。

---

❶ 燕宝. 苗族古歌［M］. 贵阳：贵州民族出版社，1993：103.

【民俗研究】

水族端节与汉族春节的文化比较

■ 梁　瑞　石莉芬*

【摘　要】 不同的民族有不同的生活习俗、传统节日和民族文化。水族端节的起源、活动方式和饮食习俗，与汉族的春节有很大的不同。从轮流过节、家庭祭祀、赛马祈福、推崇素食等活动来看，水族端节反映了远古时期水族先民崇拜祖先、重视农业、盼望丰收的生产和生活观念。它不仅是水族文化的集中体现，更是少数民族的文化瑰宝。从某种意义上说，端节是水族民族文化史的“活化石”。

【关键词】 端节　春节　文化比较

我国是一个少数民族比较多的国家，各民族间存在文化差异。贵州水族端节在节日起源、释义、庆祝活动和饮食习俗等方面，与汉族的春节相比，既有相同点，也有不同点。

一、水族端节的释义与汉族春节的异同

（一）端节的起源与释义

1. 端节的起源

关于端节的起源，目前没有古籍文献可考，大多来自民间传说。《水族

---

* 梁瑞（1972～），男，江西瑞昌人，历史学博士，贵州师范学院历史与社会学院副教授，贵州民族学与人类学高等研究院兼职研究员，研究方向为中国古代史、民族仪式学；石莉芬（1991～），女，水族，贵州都匀人，贵州民族大学在读研究生。

民俗探幽》记载了有关端节起源的两个民间故事。第一个故事是这样的：

在很久以前，水族人民从很远的地方来到了广东，但庄稼收成不好。于是，水族祖先搬迁到广西，可是收成仍没有好转，各家各户都没有积蓄，生活很苦。后来因为灾荒，他们又不得不迁移。一位叫“拱登”的老祖公看到三都县三洞地区（现居地）山水资源丰富，决定散居于此地。不久，水族人口繁衍多了，三洞地区不能养活那么多人，于是大家分头到这片区域外找居住地。分手时，大家约定三年后水历十二月，各自带着收获的果实来此相聚。到了他们约定的日子，大家都赶过来聚在三洞这个地方，看望老祖公拱登。这时候，拱登正与来犯的官兵进行血战。周边水族人民赶来后，最终打败了官兵，但是水族同胞也死了很多。水族人把死者埋葬后，就用他们带来欢聚的糯米和鱼祭拜逝去的同胞。为了纪念他们，每年水历十二月底，大家都带着新年丰收的食物来三洞地区祭拜。水族人在端节前夕和第二天一早摆炖鱼、白豆腐、糯米饭和米酒祭奠逝去的同胞，水语称这次聚会称为“借端”。到后来，人们发现年年这样过端不方便，于是想到让大家分批过。分批过端的顺序怎样安排呢？老祖公拱登想到了个好办法，他让各家族代表来摸鱼，然后按摸出来的鱼比重量。都匀内外套家族摸的鱼最重，于是他们族第一批过端。其次是水婆与水潘，再次是三洞，最后是牛场。拱登认为，他们现在能有自己的地盘，并且能在此地过上安稳的日子，都归功于他们的远祖。为了纪念他们，水族人民就把他们出葬的那天——亥日作为节日。此后，水族人民约定每年的水历十二月（农历八月）的第一个亥日为端节之始。

第二个传说是：

很久以前，有一年秋收后，全家人准备了酒肉庆祝丰收。老祖公一时高兴，自己去摘楼上的南瓜，但他忙着摘瓜，不小心从楼房上掉下来摔死了。人们为了纪念这个老人，约定此后每年以老人过世的日子为节。“瓜节”是因老人摘瓜摔死而得名。

覃世琦先生认为：“这个传说这是水族‘借端’又称‘瓜节’的来历。”三洞水族人，比较赞同这一关于水族端节来历的传说。覃世琦先生说：

端节的来历民间传说不一，但是无论端节的来历属于上面两种中的哪一种，它都表明端节是一个历史非常悠久的民间节日，而且它的产生与“春华秋实”的农业生产关系相当密切。

2. 端节释义

关于“端”的意思，也有不同的解释。覃世琦先生认为：

清《贵州通志》记载：“水家苗都匀有之……每岁中秋月首戌日赶场，亥日过端节，以是日之晴雨主次年之丰歉。”这一记载表明端节不仅与水族的端月、端日的称谓有密切关联，而且也与谷熟庆贺丰收的吃新活动及预测来年丰收有关。❶

潘朝霖先生通过对水书历法的研究，指出：“‘年’，甲骨文、金文作谷穗下垂之形，‘年’字的象形是一个背负成熟谷物穗为主要表意。”潘先生觉得水族的“年”比汉族的“年”更好地诠释了年的本意：

水族古文字水书的“年”、水族历法中的“年”，在水族盛大的“端节”中却准确地诠释了“年”的本义。水族过端节是在谷物丰收季节开始，这也正是许慎《说文解字》中所谓“谷熟而年”的最好的文化及民俗诠释。❷

应该说，潘先生的这一主张是有一定道理的。罗春寒先生对水族“端节”的语音解释是：“‘端节’，水语称‘tsje twa’，汉语译作‘借端’。”❸

水族端节有两层面含义：一是祭祖，合家团圆；二是庆祝丰收的喜悦，辞旧迎新。端节过节时间是据水书历法推算出来的，每年过节时间定在水历十二月（农历八月）谷物成熟时节。水语的“借端”相当于汉语的“过端”，水语“借”是汉语“吃”的意思。端者一年之两端，端节一般从旧年的十二月开始，直至新年二月方结束，历时60余天。此期间，水族人家祭祖、赛马、会亲朋好友，大家一起分享当年的丰收喜悦，同时预祝来年的丰收，是真正意义上的“过年”。

---

❶ 覃世琦. 水族端节仪式、功能与变迁微探［J］. 贵州民族研究，2010（6）：39，36，35.

❷ 潘朝霖. 水族历法与端节准确诠释“年”的本义［J］. 南开语言学刊，2005（1）：193，197.

❸ 罗春寒. 从民间传说看水族的端节和卯节［J］. 中央民族大学学报，2000（4）：133.

（二）春节的来源与释义

1. 春节的来源

汉族的春节已差不多有上千年历史，但直到1913年才正式确定农历正月初一为春节。春节是汉民族一年中最隆重的传统节日。人们也把春节叫“年”。据说在很古远的时候，有一个怪兽名叫“年”，头上长着锋利的角，性格非常凶猛残忍。每当冬天结束、春天来临时，它就会出来祸害人、畜。后来人们利用“年”怕红又怕响的弱点，把它制服了。此后，汉族人就用贴对联、放爆竹的方式赶走“年”，庆祝春节，祈盼新的一年万事如意。

2. 春节的释义

汉族人也叫春节为“过年”，正式过节时间是农历的正月初一。关于春节的释义，陶立璠先生在《中国春节节物的文化内涵》一文里阐述得很清楚：

> 春节正式开始时间是农历正月初一，又叫阴历年，俗称“过年”。这是我国汉民族最隆重、最热闹的一个传统节日。春节的历史很悠久，它起源于殷商时期年头岁尾的祭神祭祖活动。按照我国农历，正月初一古称元日、元辰、元正、元朔、元旦等，俗称年初一，到了民国时期，改用公历，公历的一月一日称为元旦，把农历的一月一日叫春节。中华人民共和国成立时，规定农历的正月初一称为“春节”。而传统意义上的春节，一般是从腊月初八或是腊月廿三、廿四的祭灶，直至正月十九才结束，除夕和正月为高潮。❶

（三）节日起源及释义异同与水、汉两族文化史观比较

从以上可以看出，水族端节的起源及释义与汉族的春节既有相同点，又有不同点。相同点主要有：第一，水、汉两族节日历史都很悠久，都与其各自历法的一年的开始有关；第二，两个节日的起源到现今都没有详细的文献可供参考，大都是以民间的口头传说形式流传下来；第三，他们的过节时间跨度都比较长，都有庆祝丰收、祈福新年之意。

当然，水族端节与汉族春节也有诸多不同点：第一，从节日来源和祭

❶ 陶立璠．中国春节节物的文化内涵［J］．温州大学学报：社会科学版，2012（3）：3.

拜内容来看，水族端节通过祭拜来怀念逝去的祖先，而汉族春节是通过各种活动来驱逐怪兽“年”，为新年祈福。这一点也反映了水族人与汉族人的宇宙观不同：水族端节只是祭拜祖先，反映了在远古时期水族人与外面的事物接触较少，仅仅局限在族群的内部，还处于祖先崇拜的英雄时代；汉族春节是对一个叫“年”的怪兽的恐惧，并力求征服它，反映了汉族人已把目光从英雄崇拜转向对外部自然神的崇拜，产生了认识自然、征服自然的思维动力。第二，从端节的释义看，水族端节最能诠释“年”的本意，不论是从“年”的造字还是过节的时间以及过节的意义来看，都与最初“年”的本意吻合；汉族的“过年”却逐渐偏离了庆祝谷熟的本意，变成了对外界自然物的驱逐与征服。第三，端节集中过节的时间短，但在整个族群中延续时间长达两个月，这种轮流过节的习俗反映了水族族群之间的平等性；汉族春节集中在正月初，延续的时间相对短，反映了汉族族群间的统一性。第四，从节日时间的推算来看，水族端节按照水书历法来推算，而汉族春节按照农历来推算，二者对天文的观察和农时的认识也有一定的差距。

从两个节日的不同点可以看出，水族端节强调祖先崇拜，汉族春节强调用红色物品对“年”兽驱离。水族的文化观限于对族群本身认识，而汉族却已脱离对部落祖先的单一崇拜，转向对外界环境的认识并有征服的愿望。从这个意义上说，那时候的水族文化发展较落后于汉族文化，是更原始的民族文化。

二、端节庆祝习俗与春节的异同

（一）水族端节庆祝的传统习俗

1. 祭拜祖先

祭拜祖先是庆祝端节的第一个重要环节。早在很久以前，水族的先民就有端节祭祖仪式。这个仪式保留至今，为当下的水族人所继承、延用。祭拜祖先讲究的是，用当年辛勤劳作收获的新谷物和养在稻田里的草鱼等丰收的果实作为主要的祭品，家里其他丰收的瓜果也可以用来作为祭品。祭祖在水族端节中的意义是请逝去的先人来品尝子孙后代在一年的辛勤劳作之后收获的丰盛食物，与后人分享丰收的喜悦。

节日的准备工作在春耕的时候就已经开始了。人们开始酿酒、育肥猪，准备一些祭拜用的锅碗。节日前几天，妇女们就把屋子和院里打扫干净。端节“三十晚”，离家在外的孩子们都要回来，赶在三十晚与家人一起祭拜祖宗，一起吃团圆饭。由于祭祖要忌荤吃素（鱼也被视为素食），妇女们还要用草木灰将家中的锅碗瓢盆清刷干净，以便“除夕”接祖先进家。男人们要在节前两天将当年稻田里养的鱼从田间收来。节日的早晨，他们就拿这些鱼做“鱼包韭菜”。端节的“三十晚”和“新年初一早”，人们都要忌荤吃素。祭祖的祭品主要是豆腐、糯米饭、南瓜、糯禾把、米酒、鱼、瓜果等。有铜鼓、首饰及农具的家庭也可以把它们拿出来祭祖，希望得到祖先的庇护，年年丰收。水族忌荤但不忌鱼，把鱼当作素菜。鱼包韭菜是水族素席祭祖的主祭品，同时也是用来款待客人的一道好菜。

家庭祭拜祖先一般由家中的男性长辈主持。家长先在供桌上摆齐祭品，用一个酒杯倒满酒放在上面，然后在香炉里插上三支香，用来敬天、地、祖先，再摆张凳子。稍等一会儿，长辈们用筷子把每种祭品都点一下，表明老祖宗喝过酒也吃过菜了。最后，家里的所有人才开始来供桌前一起用餐。对此，张兴雄先生说：

> 家庭内祭祖，在表象上看是为了怀念祖先，敬孝道，从心灵上获得某种互惠，实质是家庭成员从血缘上加以确认，祭祖有意无意地在向活着的成员强化其与去世祖先的血缘联系。

家族祭祖的主要形式就是“游端”，这与水族先民古时候就有团结互助的传统相关。“初一”上午，“游端”祭祖开始。寨子内有家族关系的人事先约好、聚在一起，按顺序一家挨一家地走访。每到一家，他们都会按辈分入座，主人就拿头一天晚上的祭品再热一次摆上供桌，再次祭祖。然后，主家就把那些祭品端到屋子里的大桌子上，供族人一起享用。在长者的号召下，大家手臂挽着手臂，一起端起酒杯，吆喝“秀、秀、秀”三声，在祝福的欢呼声中干杯，场面十分热闹。每家都要“游端”祭祖，孩子们在“游端”的仪式活动中加强了族群观念，也体验到了欢乐的节日气氛。张兴雄先生认为：

> 村寨内的游端仪式的成员构成是有一定范围的，并不是全寨的家

庭共同游端，也不是邻居间凑在一起游端，而是以一定的血缘关系为基础的更大家庭聚集在一起游端。❶

水族端节的“游端”情况确实是这样的，有很强的血缘关系的色彩，并在节庆活动中增强了家族意识和团结精神。

敲铜鼓是水族先民过节时的一种庆祝方式。当下的水族人还珍藏有一定数量的铜鼓，每逢节日或重大活动之时，便取出来按先民遗留的方式敲击，以烘托气氛。同时，这也是祭祖活动的一个内容。敲铜鼓活动都是在端节“三十晚”开始。祭祀活动之后、吃饭之前，有铜鼓的人家便会取出来，用绳索把它悬挂在堂屋的横梁上，用酒祭拜它，并将米酒洒于鼓内和鼓面，用布拭净后，先由主人象征性地敲击一曲，然后邀请客人尽兴击鼓、贺节。覃世琦认为：“过节击铜鼓是为将丰收的消息传达给祖先，是恭请祖先前来共享欢乐的象征。”❷ 敲击铜鼓仪式能够延续至今并保存完好，反映了水族人民对击鼓能祈福的执着信仰。

2. 端坡赛马

庆祝端节的第二个重要活动就是端坡赛马。水族人民爱好养马且善于赛马，他们饲养并训练出了很多优良骏马，还培养出了一些骑马技术精湛的骑手。关于水族端坡赛马的传说，梁传成和欧光艳在《水族“端节”赛马的文化解读》中描述道：

> 自古以来，水族都依靠马匹运输或代步。每逢“端节”，水族的青年都喜欢骑马来走亲访友。这时，各种马匹聚集在一起，难免要产生一番评论和比较，进而进行较量比赛。于是久而久之，水族便形成了“端节”赛马的风俗。除此之外，水族信奉“万物有灵论”，他们认为，山峦和坡地等都有神灵掌管。他们以祭祀的方式感谢“坡神”提供了牛马繁殖的条件，同时祈求坡草更为繁茂。在端坡上跑马，则是为了显示马匹的矫健，同时也可以看作是对神灵的感谢。❸

两位学者从水族人民实际居住的地理环境、传统民间信仰来阐释端坡

---

❶ 张兴雄．水族端节祭祖仪式与“忌油圈”［J］．西南民族大学学报：社会科学版，2008（1）：63.

❷ 覃世琦．水族端节仪式、功能与变迁微探［J］．贵州民族研究，2010（6）：39.

❸ 梁传成，欧光艳．水族“端节”赛马文化的解读［J］．人民论坛，2010（26）：274.

赛马的传说，比较符合水族传统文化特征，具有一定的合理性。

“初一”午饭后，男女老少都会身着民族盛装从四面八方云集到端坡上，期待着赛马的举行。赛马的场面热闹非凡，是端节的高潮。赛马前有一个传统的仪式，由当地德高望重的男性长者来主持。首先，拿端节主要的祭品来祭拜马坡。然后，念一些经咒，宣读赛马规则，并要求马坡上的所有人都必须遵守。接着，邀请各村寨中的老人一块儿饮酒，互相祝贺。最后，由主持人上马沿着跑马道先跑一圈，放一些爆竹，然后撤除标志，宣告赛马开始。水族端坡赛马随意性较强，骑手们自由组合马匹，每次允许五匹马赛跑。大家都只是尽兴于娱乐，不在乎胜负。赛马坡跑道不长，胜负决定于哪匹马先到坡顶。裁判也是寨子里的有关人员，胜者可以赏戴一个大红花，奖励一个大红绸。这一天是水族人民最隆重的传统节日，很多年轻男女会聚集在马坡上，借此机会物色佳偶。

3. 邀客庆丰收

庆祝端节还有一个重要环节就是邀请亲朋好友来分享丰收的喜悦。水族端节按不同的地域和时间分批过节，这也方便了大家之间的来往，增加朋友之间的感情。因此，邀客共贺新年是水族端节活动的又一高潮。水族端节邀客对象不同，时间也就不同。古时候，水族人会利用赶集、偶遇等机会邀请客人。姑家等重要的客人，在端节“三十晚”可以在主人家里睡一晚，而一般的客人则不行，要不然会被视为不礼貌的行为，他们只被允许在节日的“初一”来做客。对于外家、姑妈、女婿以及刚开亲不久的儿女亲家等重要客人，主人会在节日前一天或是节日清晨专门派人接，受邀的客人一般不会拒绝。大家于节日中午吃饭后，就一起去马坡看赛马，也可以牵马去参赛。客人会在端坡散后，带上好朋友去自己的亲戚家过节。

在过去，客人吃完一顿饭后就会离开，但有时会受到同一个家族多个家庭邀请，客人就必须得走访完每一家后才能离开。如果漏掉哪一家，则会被认为是看不起人家，伤害彼此之间的感情。故客人们通常不醉不休，有时甚至待2~3天才能离开做客的村寨。在重要的客人离开时，主人通常会送给客人一些端节的食物带回去，如新鲜的蒸糯、腊肉、腌肉和香肠等。有时，即使客人有事先走了，主家也会托人送去。

（二）汉族春节庆祝的传统习俗

1. 祭灶和扫尘

明代以前，皇宫祭拜灶神在腊月二十四，到清代改为腊月二十三。井清先生认为：

> 腊月二十三是“年”之始，人们称“过小年”，传说这天灶王要升天向玉皇大帝汇报。每家每户都把他俩尊奉为“一家之卞”，端坐灶堂，两边贴上“上天言好事、下界保平安”的对联。❶

腊月二十四扫尘、清扫房子，传说可以把家里的鬼驱赶出家门。清除门户墙角的灰尘、蛛网之后，在墙上贴上“麒麟送子”“五福捧寿”等色彩艳丽的新年画，窗户上也贴上新的窗花，呈现出新年的新气象。

2. 贴春联、燃放鞭炮

腊月三十是“年终”，人们请祖先回家过年，贴上对联来封门并燃放鞭炮。对联即春联，是由两张长的红纸和一张短的红横批组成。人们把要表达的美好祝福写在上面，分别贴在门的两边，把横批贴在门顶上。汉族最传统年俗之一是燃放鞭炮。燃放鞭炮的传统源于前文提到的一个名叫“年”的怪兽。“年”凶猛暴躁，每到年三十晚上就出来残害人、畜，毁坏村庄。但“年”怕响声和光亮，人们便燃放爆竹驱离它，同时也增加了节日的气氛，“后来逐渐演化成一种习俗”。❷

3. 守岁

大年三十的晚上也叫“除夕”。《东京梦华录》载：“禁中（皇宫）爆竹山呼，声闻于外，士庶之家，围炉而坐，达旦不寐，谓之守岁。”年三十晚，全家团圆，一边包饺子、做汤圆，一边守岁。井清认为：

> 辞岁时煮饺子、吃“年饭”，也叫“团圆饭”，捞出饺子后要先供奉祖先。古时采用地支记时，夜12点正是“子”时，恰好是“更岁交子”，后来在交字前加“食”旁，故称“饺子”。家家户户吃饺子，吃年糕寓意“年年升高”。

---

❶ 井清．浅析传统节日春节及其现代意义［J］．科教文汇，2008（12）：232.

❷ 韩丽娟．中国春节和西方圣诞节习俗比较［J］．安阳工学院学报，2009（3）：21.

4. 拜年及闹元宵

新年第一天，人们都起得很早，穿上新衣服。经过一番仪表修饰之后，就出门去亲戚朋友家拜年，一起恭祝新年万事如意。人们都知道，到正月十五时就是年的尾声了。井清先生认为：

> 这一天，是新春之始，头一个月圆之日，古时称上元节，今叫元宵节，又叫灯节。……元宵，亦称“圆子”、“尹糖元”、“尹浮圆子”、“尹汤圆”，有团圆之意。❶

（三）节日庆祝方式异同与水、汉两族文化实践史的比较

水、汉两族在过年的庆祝习俗上存在很多相同之处：第一，过年前都清扫房子门窗；第二，节日的祭拜活动、仪式很有特色；第三，对吃的东西都有讲究，都有一道菜是鱼，并且大年三十晚家里成员聚在一起吃团圆饭；最后，在节日期间也互相走访亲戚，共享新年，辞旧迎新，欢度新年。

当然，二者之间也有不同点：第一，过节祭拜仪式的时间不一样。水族端节的祭拜仪式在很短的时间内完成，但不同地方过端节的时间不一样，祭拜仪式也在不断地重复；汉族春节祭拜仪式的程序虽复杂繁多，但祭拜时间大多在腊月底就完成了。第二，水族端节祭拜的主神是祖先，而汉族春节祭拜的是各种神灵，主神不是很突出。第三，水族端节的祭品忌荤，鱼被看作素食而且是必需品，汉族春节则没有这个讲究。第四，水族端节的祭拜仪式和活动有敲铜鼓、赛马等，并且每年每个村寨都是按这个仪式、活动进行，形式单一、古朴。水族端节的马坡赛马“抒发了水族人的民族豪情，在群情振奋的赛马活动中，让水族人感受到了强大的族群向心力”。❷汉族春节的庆祝活动有燃放鞭炮、贴年画、贴对联、玩龙灯、舞狮子，形式多样，但很少有赛马活动。

通过以上分析可以看出，水族端节仪式简单、古朴、粗犷；汉族春节仪式烦琐，活动形式多样，节日氛围祥和、热烈。应该说，水族端节更能体现先民的生产生活状况，保存了水族古时候庆祝丰收、纪念祖先的原风

---

❶ 井清．浅析传统节日春节及其现代意义［J］．科教文汇，2008（12）：232.

❷ 梁传成，欧光艳．水族“端节”赛马文化的解读［J］．人民论坛，2010（26）：274.

原貌，是水族文化“活化石”。

三、端节的饮食风俗与春节的异同

（一）水族端节食俗

水族过端节时祭祖和待客的一道主要菜肴是鱼包韭菜，这种传统从古时候一直沿用至今没有发生改变，这与水族人的生活习惯和信仰有关。鱼包韭菜的主要原料是新鲜的草鱼、鲜韭菜、糟辣椒。主妇们把鱼腹清除干净后，往鱼肚子里放糟辣椒，塞满韭菜，再用稻草把它捆好，根据个人喜好清蒸或水煮。蒸煮的时间均在6个小时以上，出锅后，鱼肉嫩香，汤味鲜美。鱼包韭菜是水族素席祭祖的主祭品，同时也是用来款待客人的一道好菜。端节的“除夕”和“初一”要忌荤吃素。祭祖的祭品也是水族人过端节的主要食品，包括豆腐、糯米饭、南瓜、糯禾把、米酒、鱼、瓜果等。

糯米饭是水族人民平时招待贵客的一种米饭，也是其他重大日子里或重要仪式活动中不可或缺的美食。在家族举行红白喜事时，糯米饭的颜色也不同。白事时糯米不需上色，显得庄重；红事时则要把糯米染成红色，以表示喜庆。当然，糯米饭也是端节必不可少的食品。家族、地域不同，糯米饭的颜色也不尽相同，但鲜红色通常为各地的主要颜色。

过了除夕和初一之后，就可以吃荤菜了。其中，腌猪肉和香肠是各家各户主要的两种荤菜。一般的腌猪肉和香肠都是在端节前一周准备，均是以自家宰杀的猪肉做原料。端节款待客人的菜除了腌肉、腊肉、香肠外，还有自家准备的鸡、鸭、牛肉。现在，一般还购买一些糖果、烟酒等新式消费品。丰富的饮食为水族节日增添了不少喜庆气氛。

（二）汉族的春节食俗

汉族春节的食品，种类繁多。尽管各地的菜品种类不尽相同，但每个菜都会有一定寓意。

饺子在我国已传承了数千年。人们说，在除夕吃一顿“饺子”可以除去一年的晦气。饺子是“交子”的谐音，即：

更岁交子之意，饺子馅五花八门，有的加入糖块、花生等，吃到糖则寓意生活甜如蜜，吃到花生则表示长生不老。❶

汤圆是我国的小吃之一，历史很悠久。“浮元子”是因糯米球煮在锅里又浮又沉而得名，它表意为合家团圆。新年吃汤圆意味着新的一年里合家幸福团圆。

春节，汉民族的人都习惯吃年糕。年糕有很多颜色，一般是红、黄、白。红色象征喜庆，黄、白象征金、银。年糕谐音“一年比一年高”（步步高升），人们都希望新年事业有成、步步高升。

过年时，人们总会准备一道鱼，寓意年年有余。人们都盼望新年的生活更加富裕，年年有余。

（三）节日饮食习俗异同与水、汉两族饮食文化史比较

所谓“一方水土养一方人”。在古时候，由于各种条件、因素的限制，人们的食品种类受自然环境的影响很大。水族端节与汉族春节是我国传统的古老节日，两族的传统食品也有很多的相同点与不同点。其相同点在于：第一，水、汉两族的食品均是农产品、土产品，这也与我国的农业发展历史息息相关；第二，对选择食品都很有讲究。水族是祭品忌荤，必须要有鱼；汉族则选择含有一定寓意的食品。这与他们的生产生活环境紧密相关：水族人民依水而居，加上对于鱼的繁衍力、生命力的强烈崇拜，所以认为鱼是最佳的待客之肴；汉族春节的食品种类、口味多样，是因为汉族人民居住的区域广，有着各类的自然环境。

两者之间的不同点是：第一，水族端节的食品较简单，多为传统的祭品，食物的口味较为单一；汉族除祭品外，还有很多不同种类的食物，并且同一种食物也因地区差异而有不同的口味。第二，水族端节的祭品更多的是素的，更多的是表现对祖先的尊重与怀念；汉族春节选择食品都是代表一定的祝福和寓意，且寓意比较广，比较丰富。

从食俗来看，水、汉两族年节的食俗各具特色。相对于汉族春节的食品而言，水族端节的食品更为简单，种类较少，这表明端节产生之时，水族的生产力水平还不够高，人们的生活还处于比较低的水平。而汉族的春

❶ 韩丽娟．中国春节和西方圣诞节习俗比较［J］．安阳工学院学报，2009（3）：22.

节则是社会发展到一定水平的产物，人们的娱乐形式众多，食物的品种也丰富多样。

四、结　语

中国是少数民族比较多的国家，各民族由于生活习俗不一样，形成了很多不同的传统节日及其文化。水族端节与汉族春节存在很多异同。相同的方面有：第一，都有庆祝丰收、辞旧迎新、预祝来年丰收等意义；第二，在节日的“除夕”，家人都要团聚、共进晚餐；第三，节日延续的时间都比较长。

水族端节与汉族春节也有很多不同之处，体现了两种民族文化观的差异。第一，在古代及当下，水族端节的风俗都保存完好——不论是从“年”的造字来看，还是从过节的时间以及过节的意义来看，都与最初“年”的本义吻合；汉族在古代及当下，过年的风俗都有所变化，呈现出多种风貌。第二，从古至今，水族端节祭拜的主神是祖先；汉族春节祭拜的是多种神灵，主神不是很突出。第三，水族端节祭品简单、忌荤，祭拜仪式单一，至今依然如此；汉族春节，食物比较丰富，活动形式亦是多种多样。

总之，水族端节和汉族春节都是远古时代的先民纪念祖先、庆祝丰收的文化表现；水族端节中有很多古老的、传统的习俗在当下仍然保持得较为完好，是原始民族文化史的“活化石”；水族端节不仅是水族民族的鲜活历史记忆，更是水族文化中的瑰宝，与汉族春节一起丰富了我国的民族文化宝库。

边地山民的识字率与国家认同
——兼论新中国成立初期贵州扫盲运动

■ 张颖慧*

【摘　要】扫盲运动不单是文化性运动，还是一场群众广泛参与的政治运动。知识精英在扫盲运动中发挥了极好的示范引领作用，普通民众是扫盲运动的强大动力。通过扫盲运动提高的识字率与国家认同、国家在场有着紧密联系。贵州省的扫盲运动在运动地位、对象、内容等方面有着自己的特色，也有着全国共性的体现。

【关键词】识字率　国家认同　边地山民

一、新中国成立初期扫盲运动及其评价

（一）新中国成立初期扫盲运动的基本情况

新中国成立初期的扫盲运动进行了三次。第一次是1949～1953年的扫盲教育。扫盲教育取得了初步的胜利，为以后扫盲教育的进行奠定了基础。第二次是1955～1956年的扫盲教育。这次的扫盲措施依然是开展识字教育，并确定了在5年或7年内基本扫除全国文盲的目标。第三次是20世纪50年代末的扫盲教育。为了迎接文教战线“大跃进”的到来，中央人民政府和教育部积极准备在全国掀起第三次扫除文盲运动。

新中国成立初期的扫盲运动概括起来有如下特点：一是高度政治性。

* 张颖慧（1971～），男，山东郓城人，文学博士，贵州师范学院文学院副教授，研究方向为民族文献、文字学。

群众识字率的提升是重要目的，而宣传手段和措施都是政治性的，“政治学习是当时扫盲教育的主要内容，可以提高农民的政治素质和思想觉悟，其内容随国内外形势的变化而变化，1949 年是向农民群众宣传新中国诞生的伟大意义和解释《共同纲领》，1950～1952 年是向农民群众进行抗美援朝爱国主义教育以及土地改革、民主改革、生产互助等政策教育，1953 年是宣传国家过渡时期总路线、总任务及国家五年计划，1954 年是宣传新宪法、普选教育和粮食统购统销政策，1956 年之后则主要宣传合作化”。[1] 二是群众性。广大民众凭着对新中国的强烈认同感，热烈响应国家号召，投入到轰轰烈烈的扫盲运动中。国家的政治意愿和民众的广泛支持在其中达到了高度的统一。三是灵活实用性。编写教材注意结合各地群众，注意和群众实际生活的联系。扫盲教育在时间、地点、形式上也具有相当的灵活性。

关于新中国成立初期扫盲运动的成绩与不足，学者们已从不同角度做出了较多的评价，为我们全面而正确地认识此次运动提供了重要基础。而从识字率和国家认同的角度来认识新中国成立初的扫盲运动，则是一个新的视角。

（二）本文问题的提出

扫盲运动不单单是文化性运动，而且还是一场群众广泛参与的政治运动，其政治性的结果则突出地表现在对国家的高度认同上。作为扫盲教育的受教育者，随着识字率的提高，巩固人民当家做主的政权、加强经济建设、保家卫国等政治概念已由被动填充转变为通过阅读一些印刷品而主动摄入，并且在面对其子女时又以教育者的身份把头脑中的国家认同等政治印痕转刻进后代的意识中。

二、新中国成立初期的识字率与国家认同

中国农村经济落后，农民教育、文化水平非常低，文盲、半文盲率较高，而在山地少数民族地区，这种情况更甚之，所以在新中国成立初期开展扫盲的难度也更大。扫盲所带来的识字率的提高与国家认同有密切关系，

[1] 岳谦厚，杜清娥．新中国成立初期山西省农村扫盲［J］．当代中国史研究，2012（3）：76.

这也是新中国成立初期在种种困难条件下依然开展扫盲的重要原因。

（一）新中国成立初期识字率与国家认同的关系

1. 识字率的提升促进了对国家的认同感

我们知道，新中国成立之初，国民经济濒临崩溃、国际局势渐趋紧张。“然而，作为社会主义建设基本力量和国防部门、工业战线主要后备军的广大农民的文化水平非常低，要使他们充分理解党的政策，响应政府在处理国内外问题上的具体做法，就必须提高他们的文化水平。正视广大农村文盲率高达 95% 以上的严峻事实和提高他们政治觉悟、文化素质的迫切要求，中国共产党和中央政府提出开展扫盲教育。因此，20 世纪 50 年代中国农村扫盲教育一开始就不仅仅定位于教育层面，而是和国家政权巩固、经济建设紧密相连。”❶

所以，在新中国成立初期开展的三次大规模扫盲运动，是新民主主义革命胜利惠及农民的表现。这给了他们集中、大规模受教育的权利。改变他们不识字的处境，客观上加强了农民对国家的进一步认同。

历史上，中国的少数民族也曾有过利用汉字维持其民族认同的做法。例如：

> 中国的畲族或瑶族，不断地接触高度成熟的民俗社会文化，虽受到种种的影响，但长久得以保持其客民地位的主要原因……从文化的适应方面来看，可以说就是依靠汉字引进交流技术。❷

畲族或瑶族的这种认同，表面看来是民族认同，其实其客民心态的背后还有一个高于民族的层级存在，即“大一统”国家的认同。

国家的想象会随语言与书写文字的传播而扩大包含的范围。安德森说：

> 关于基督教世界、伊斯兰教世界甚至中国的想象——虽然我们今天把中国想成“中华之国”，但过去他并不是把自己想象成“中华”，而是“位居中央”之国——之所以可能，主要还是经由某种神圣的语

❶ 马云. 20 世纪 50 年代中国农村扫盲运动的特点［J］. 商丘师范学院学报，2004（6）：65.

❷ 竹村卓二. 瑶族的历史和文化——华南、东南亚山地民族的社会人类学研究［M］. 金少萍，等译. 北京：民族出版社，2003：99.

言与书写文字的媒介。[1]

文字传播范围的扩大必然使该区域内的识字率上升，从而由想象中的“中央之国”上升到“中华之国”。“识字”的这种神奇作用从而也会表现为：一个识文认字的人对于国家的认同，不会因空间的阻隔而弱化，相反，会愈加强烈，不可遏止。著名扫盲专家晏阳初曾为在法国的中国劳工义务扫盲，并出版了中文报纸以帮助他们进一步学习。有一位劳工曾写信给他，说：“自从您编的报纸出版后，我开始知道天下大事。但是，您的报纸很便宜，一生丁就能买一份。我怕您的钱赔完了会被迫停刊，因此，我把自己在法国劳动三年节省下来的365个法郎随信附上。”[2] 知道中国的“天下大事”，虽身在异域，而想象中的祖国依然每天以文字的形式传递着鲜活的面容，这就是此情境下“识字者”最大的满足；而若报纸停刊，那几乎是一件要命的事。

从上述时空两个角度来讲，国民的识字率提升对国家认同有着重要的关系。而边地是国之疆界，边地之山民可谓地广人稀，因而边地山民的识字率就这个意义上来讲对一个国家具有更加重要的意义。历代王朝开疆拓土、徙民实边可以说只是其边疆治理政策的措施之一。更重要的是，或者说很多王朝在付出了沉重的代价之后终于辗转地认识到——使他们信服并自觉成为具有向心性的一员，当如古人所云：“远人不服，则修文德以来之。既来之，则安之。”新中国成立初期开展的三次大规模扫盲运动，既然是全国性的群众运动，则边地山民亦卷入其中。扫盲运动所带来的边地山民识字率的上升，必然促使国家认同的增强。

2. 国家认同对识字率提升的反作用力

一方面，识字率的提升促进了对国家的认同感；另一方面，国家认同也会对识字率的提升产生驱动作用。对于国家的认同会让每一个个体按捺下自身的“不足”，不自觉地融入到提升识字率的集体意识的洪流中。在新中国成立初期的扫盲运动中，国家的宣传力非常强大，口号盈耳，干部、积极分子做表率，这就构建了一种强大的集体意识。当时很多人用类似

---

[1] 本尼迪克特·安德森．想象的共同体——民族主义的起源与散布［M］．吴叡人，译．上海：上海人民出版社，2005：12.

[2] 宋恩荣．晏阳初全集·第1卷［M］．长沙：湖南教育出版社，1989：163.

“你不识字，一个是给你记下这工，你认不得，另一个最起码你连用的这个钱上面这个字都不认得”等话语给人做工作。[1] 当然，最重要的是新中国成立初期，国民对国家的极大热情和强烈认同使得他们对国家的宣传和措施持完全赞同的态度，并在国家的号召下热情地投入其中。

扫盲运动所提出的一些口号也反映出国民对国家的强烈认同。如“社会主义是天堂，没有文化不能上”“工业化、农业化，没有文化不化”等口号，反映了国民对新生国家的热烈拥护和以执行国家政策为荣的自豪感。这种对国家的高度认同很显然地就转化为国民对扫盲运动的强大支持力。其间，“尽管政府的政治意愿是必不可少的，但如果没有基层的支持，即如果在居民中没有强大的动力，那么在这方面的任何努力都是白费的”。[2]

（二）新中国成立初期识字运动[3]中的精英与民众

在我国精英与民众的划分由来已久，精英包括政治精英、经济精英、军事精英、文化精英等。自古以来，精英们就担负着文化教化、潮流引领、社会变革的重任，而且也做出了巨大的成绩，但这和人民群众创造历史的说法并不矛盾，因为精英其实就是人民群众的优秀代表。而且，如果没有精英们的上述作用，人民群众创造历史的进程就会相应延缓。但另一方面，精英们在履行启蒙者角色的同时，容易以启蒙者自居，忽视甚至掩盖自身的缺陷，没有意识到自身启蒙的必要。换句话说，精英们善于“他省”而缺少“自省”，即缺少智者“三省吾身”的关键一环。所以，精英们只有做足入乎民众的功课，又有出乎民众的清醒，才能发挥正确而关键的作用。而文化精英们只有深入民众文化并能引领民众文化，才能寻求到自己独特的定位。

我国目前一般认为，文化精英就是指那些文化水平较高、以脑力劳动

---

[1] 马云，刘建平．口述视角下的 20 世纪 50 年代中国农村扫盲教育及现代启示［J］．教育理论与实践，2004（3）：55.

[2] 查尔斯·赫梅尔．．今日的教育为了明日的世界［M］．王静，等译．北京：中国对外翻译出版公司，1983：61.

[3] 新中国成立初期的扫盲运动一般就是指识字运动，或以识字为最终目的，所以我们就直呼为识字运动。

为主的人，而就新中国成立初期扫盲运动的特定内涵而言，文化精英[1]是指那些识字数量在普通民众之上的人。在农村特别是在山村，专职扫盲教师非常少，扫盲教师的主力是上百万参加农业劳动的中小学毕业生和上山下乡的干部，即“知识精英”。这些“知识精英”在扫盲运动中发挥了极好的示范引领作用，如祁建华发明了“速成识字法”并经由《人民日报》的推荐在农村普遍推广，效果良好。

在扫盲运动中，政治精英希望提升为知识精英。当时的干部即政治精英是国家建设的骨干，但受各种因素的影响，新中国成立后的绝大多数农村基层干部都是文盲，山村更不例外。通过政府的重视和自身的努力，基于主客观的需要，干部们的知识精英身份得以提升，双重身份得到加强。另一方面，普通民众通过识字率的提高在向知识精英靠拢的同时，也获得了成为政治精英的机会。扫盲运动的结果证实，无论是政治精英补充上了知识精英身份，还是通过知识精英身份取得了政治精英地位，都因为“知识”的持续学习与应用而更进一步，而不是像有些人一样，脱盲之后未继续学习而“复盲”。

当然，如果新中国成立初期的扫盲运动没有民众的支持，没有他们做强大动力，那么精英们在这方面的任何努力都是白费的。

（三）新中国成立初期识字率与国家在场

历史上的中央政府一直在试图将政权向乡村延伸，以达到彻底控制的目的，但限于经济水平和政治组织能力，未能遂愿。新中国成立后，国家通过各种符号（标语、口号、“红书”以及其他宣传品），逐渐将乡村纳入国家意识形态的轨道中，国家符号遂深深嵌入乡村的治理结构中。在扫盲运动中，其对象绝大多数为农民，而农民是进行社会主义建设和巩固社会主义制度的核心力量之一。但同时，农民又有落后和保守的一面，所以对他们进行思想改造就成为新中国成立之初的重要任务之一。这种改造，当时所面对的是九成以上的文盲，所以扫除农村包括山村的文盲就成为首先要完成的任务。

---

[1] “文化精英”这一称谓，就其内涵而言称为“知识精英”更合适些。下文在相应的语境中即如此称呼。

国家通过全方位、多层次的政治宣传，将民众和精英都吸收进扫盲的运动过程中。通过提高识字率，培养民众对国家服从的主动性，人的尊严和个性遂被纳入国家意识的洪流中，统一贴上了国家的标签。所以，国家政权对乡村的彻底控制要求民众识字率的提高，而民众识字率的提高则进一步强化了国家政权对乡村的渗透与掌控力。

三、新中国成立初期贵州扫盲运动的人类学简析

贵州地处云贵高原，有17个世居少数民族，属典型的山地民族。新中国成立之初的贵州山民同全国人民一样，获得了政治上的解放和经济上的翻身，做了主人。他们文化上的短板虽一时难以改变，但又不得不改变，因为“只靠财产不可能创造社会地位：它必须以文化的形式作媒体来使财产起作用”。❶

国家进行大规模的经济建设和提高国民政治觉悟的要求，促使新中国要加强文化建设，提高识字率和对国家的认同意识。贵州省黔东南也是如此：

> 1953年初，随着社会的发展与变化，大规模的经济建设即将开展，农民群众对业余文化的要求有显著的增长。这是因为互助合作运动发展后，农民在生产管理上、技术改进上、政治觉悟上都要求提高，如有的要求读报、看文件、记笔记，学习政策，以提高工作能力；有的要求学新的生产经验，改进技术；入社的则要求学习记工、算账等，没有文化是不行的。这就使今后的扫盲工作有着更重大的政治意义。为迎接经济建设的到来，必须进行大规模的文化建设，扫盲运动本身就是文化革命，并且是文化建设的高潮的主要标志之一。❷

贵州在解放初期的扫盲工作主要以“进行时事、政策教育、思想政治教育为主，适当地开展识字教育”，1952年后才主要“进行识字教育，扫除

---

❶ 张小军．阳村土改中的阶级划分与象征资本［M］//黄宗智．中国乡村研究·二．北京：商务印书馆，2003：97.

❷ 范连生．革命语境下的文化翻身——评建国初期黔东南少数民族地区农村的扫盲运动［J］．贵州社会科学，2008（11）：105.

文盲”。[1] 可见，初期扫盲的政治目的还是比较明显的，就是要加强人民民主专政的国家政权。而后期虽然以识字教育为主，但随着识字率的提高，民众有较多的机会阅读各种文本，而政治和国家意识也会通过文本渗透进阅读者大脑，形成对国家的认同感。两者殊途同归，只不过后者更隐性一些。

但政治目的转化为政治手段且用过了的时候，就会影响政治目的的实现。如扫盲运动后期，各地出现了靠行政命令、扣工分、批判的办法，强制群众参加农民政治夜校，大抓“阶级斗争”，识字几乎陷于停顿。扫盲未成，文盲更多了。

从扫盲对象上看，贵州虽然在总体上面向广大民众，但还是侧重于精英阶层。如：

> 解放初至1955年是雇农、贫农、中农、农村中赞成反封建的群众、农协会会员，重点是农村干部、积极分子……1964年定为贫下中农的青年、基层干部、党团员、积极分子中的文盲。[2]

农村政治精英是国家实施基层治理的中坚力量，而识字水平、文化水平较低的农村政治精英很难担负起国家意识形态在山村全面深刻渗透的任务。国家的认同感也只有通过精英们的引领与示范作用，才能在农村的细枝末节中得以培育与加强。这种精英意识在贵州省执行的扫盲标准上也有所反映：1953年，“扫除文盲标准按不同对象分，分别为：干部、工人一般可订为认识两千个常用字，能阅读通俗书报，能写二、三百字的应用短文；农民一般可订为认识一千个常用字，大体能阅读通俗的书报，能写农村常用的便条、收据等”。[3]

贵州省虽然重视扫盲运动中精英们的引领作用，但群众的历史主导地位是同样值得重视的。事实上，领导者也确实从政治宣传、经济地位、民族关系等方面做了很好地铺垫，比如通过土地改革，使省内各族人民的历史恩怨和民族隔阂得以消除，团结平等、友爱合作的新型民族关系开始形

---

[1][3] 黔西南州教育志编纂领导小组．黔西南州教育志［M］．贵阳：贵州教育出版社，1998：369，375.

[2] 黔南布依族苗族自治州史志编纂委员会．黔南布依族苗族自治州志·教育志［M］．贵阳：贵州人民出版社，1996：424.

成；土地改革也打碎了山区的家族统治和封建宗法思想，解放了各族群众的思想意识，山民的精神面貌为之大变。群众积极要求学习文化知识的热情高涨，“各地苗胞听到叫他们学习文化的消息后，非常高兴，有的说：‘过去因为不识字，吃了很多亏。以后再不叫它吃亏了’”。❶ 一时间，农村小学、夜校、识字班如雨后春笋般涌现。

山民们这种高涨的热情，促使扫盲中产生了一些富于创新性做法。例如，“剑河县周启瑛创造的速成识字记忆法，办法简单，容易记忆，发达了成人思维，做到‘单字连词’，连得快，成得快，综合地系统地解决文字速成和巩固的问题。学员纷纷反映说：‘这样学把脑子学开了。’凡是试验这个认字方法的地方，群众学习的情绪都很高”。❷ “在教学方面，创造了‘包教包学，送字上门，见物识字，卡片识字，路旁插牌，赶场识字，田边、灶前学习及筛面练字法等’方法，千方百计调动群众学文化的积极性，普及识字教育。”❸

四、结 语

新中国成立初期的扫盲运动持续时间较长，影响范围较广，取得了伟大的成绩，也有诸多不足值得借鉴。

第一，扫盲运动不单单是文化性运动，而且还是一场群众广泛参与的政治运动，其政治性的结果则突出地表现在对国家的高度认同上。扫盲促进了识字率的提高，它一方面提升民众了对国家的认同感，另一方面国家认同也对它产生了积极的驱动作用。

第二，知识精英在扫盲运动中发挥了极好的示范引领作用，同时，普通民众通过识字率的提高也增加了成为政治精英的机会；反之，政治精英希望通过提升识字率来巩固自己的精英身份。从国家在场的理论看，国家

---

❶ 丹寨县召开教员联席会研究开展少数民族文教工作［N］. 新黔日报，1950－12－15：2.

❷ 范连生．革命语境下的文化翻身——评建国初期黔东南少数民族地区农村的扫盲运动［J］. 贵州社会科学，2008（11）：105.

❸ 黔西南州教育志编纂领导小组．黔西南州教育志［M］. 贵阳：贵州教育出版社，1998：370.

政权对乡村的彻底控制要求民众识字率的提高，而民众识字率的提高则进一步强化了国家政权对乡村的渗透与掌控力。

第三，贵州省的扫盲运动是山地民族扫盲的典型。扫盲不单纯是识字运动，其内容与政治教导有紧密关系，对象主要侧重于基层干部与积极分子等；山地精英在运动中起到了很好的引领作用；普通山民是主力，热情高涨，产生了诸多创新性的学习方式。

民族民间文化

纳西哥巴文异体字研究

■ 卓　婷*

【摘　要】 哥巴文是纳西族先民创制的一种标音文字，是纳西族原始宗教东巴教的经师用于书写经典的文字之一。它以一个字符代表一个音节，从人类文字发展史来看，这应是一种比较先进的文字。但哥巴文也有不少缺点，最受人们批评的是，同一音节往往有很多异体，甚至有多达几十个的。如此众多的异体在使用时肯定是极为不便的，也是不易掌握和辨认的。但哥巴文在经书中的使用情况究竟如何，前人并没有做过深入细致的研究。本文通过对哥巴文经书的个案考察，来探究实际使用中的哥巴文异体情况。

【关键词】 哥巴文　异体字　字符

哥巴文是纳西族先民创制的一种标音文字，是纳西族原始宗教东巴教的经师用于书写经典的文字之一。它以一个字符代表一个音节，从人类文字发展史来看，这应是一种比较先进的文字。但哥巴文也有不少缺点，最受人们批评的是，同一音节往往有很多异体，甚至有多达几十个的。如此众多的异体在使用时肯定是极为不便的。一个音节有几个、十几个、几十个异体，东巴在读写时怎么能够掌握和辨认呢。

一个东巴、一本经书使用的哥巴文字符的真实情况究竟如何？前人并没有做过深入细致的研究。本文通过对哥巴文经书《大祭风·迎请莫毕精

---

* 卓婷（1985～），女，湖南张家界人，文学博士，贵州师范学院文学院副教授，研究方向为历史语言学。

如神·卷中》的个案考察，对所选经典进行逐字分析，按纳西语音系归纳出每个音节的哥巴文字符，得出一个东巴、一本经书使用哥巴文字符的真实情况，并对实际使用中的异体字情况进行较为科学、详细的考察分析，以期为纳西哥巴文的全面研究提供有用的材料。

一、《大祭风·迎请莫毕精如神·卷中》研究概说

（一）经书概况

经书《大祭风·迎请莫毕精如神·卷中》载《全集》第80卷，全经共50页630小节，由和云彩释读、和宝林翻译、习煜华校对。《迎请莫毕精如神》这个故事由三部经书组成，分别称卷首、卷中、卷末。其中，卷首和卷中为哥巴文书写，卷末为东巴文书写。《全集》采用经书原文、国际音标注音、汉语翻译和注释四对照形式对经书进行了释读。经书具体内容见第2章第9页，此处略。

注明书写者的东巴经典数量极少，因而格外珍贵。这部经书的跋（见图1）写道：

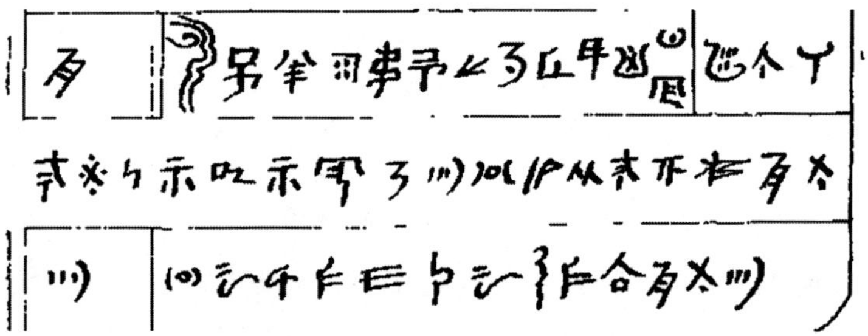

图1 《迎请莫毕精如神·跋》

这本书是恒珂督好地方的东巴东发写的，写于东发我七十一岁时。愿东巴长寿健康，愿东巴家肉食不断，富裕的人家酒水不断。

这明确告诉我们，经书由东巴东发（to^{33}fa^{21}）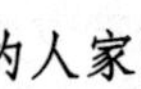 书写。

（二）编制哥巴文字表

编制哥巴文字表是对哥巴文字符进行研究的基础。本文在认真校读经

书的基础上，按以下程序和方法对哥巴文字符进行切分和排列，编制哥巴文字表。

1. 为每一小节编号

东巴在书写经书时一般使用竖线来分隔句意，相当于汉语中的标点符号，一个竖线代表一个小节。每部经书从第一页开始，使用阿拉伯数字对每个小节编号，小节断开的主要标准是经书上标的小竖线，同时结合经书的释读，从 1 号一直编到经书结束。《大祭风·迎请莫毕精如神·卷中》共 630 个小节。具体如图 2 所示。

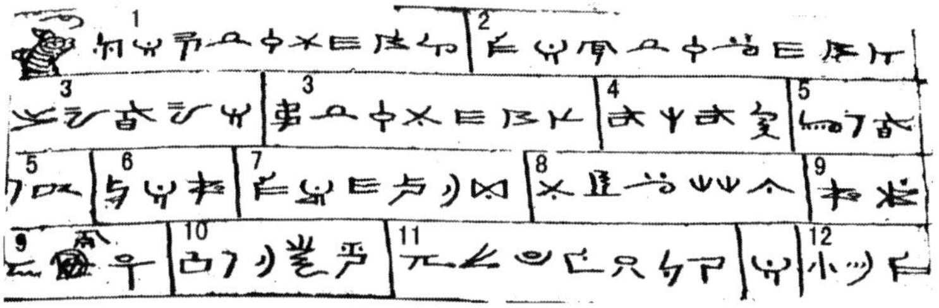

图 2　《大祭风·迎请莫毕精如神·卷中》的编号示例

2. 切割字符并归类

首先，利用电脑将经书中出现的所有不重复的字符分别切割，如、、、等，然后按音节将字符对号入座。《全集》所载的经书在释读过程中难免会有一些疏漏，所以进行归类时要仔细辨识并进行必要的校订。

3. 编制字表

在文字的编排次序上，按照纳西语音韵系统，先声母后韵母，声母按发音部位依次排列；每一声母之下的音节，以韵母为次，分声调列出所有音节；每一音节后注明对应的字符；每一音节后加括号注明该字符出现的次数，随后列出字符出现的节数；若有异体字符，则按经书中出现的顺序另起一行依次排列。要说明的是，字表没有记录哥巴文字符的字义。

（三）经书释读所出疏误校订

在字符切分和字表编制的过程中，我们发现了《全集》在经书释读时出现的一些疏误。这主要体现为释读中的缺漏和标音上的错误。

二、《大祭风 · 迎请莫毕精如神 · 卷中》字表示例

因本经字表篇幅较大，此处仅列举双唇音 p 中的部分字符。如下所示：

p

pa^{33} （26 次）1/2/3/92/129/138/188/199/388/438/452/510/518/527/535/543/

551/560/566/575/583/591/598/604/611/618/

po^{33} （2 次）425/425/

pu^{55} （1 次）499/

pɯ^{33} （12 次）438/510/527/543/552/560/575/583/598/604/611/620/

（5 次）518/535/566/591/618/

pv^{55} （1 次）325/

本字表按大研镇纳西语音系进行排列，先声母后韵母。字表由音节、字符、字符出现次数和字符在经书中的出处四部分组成，从左至右排列。最左侧为音节，音节分声调进行统计；紧接着为对应的哥巴文字符，如同一音节下有异体出现，则每字符另起一行统计以示区别；字符的出现次数标注在圆括号里；最右侧为阿拉伯数字，圆括号后的阿拉伯数字代表字符在经书中的出处，据此可以对照经书。如：pv^{55} （1 次）325/，代表音节为 pv^{55} 的字符  在经书中共出现 1 次，出现在第 325 小节。如果读为某音节的某字符在一个小节中多次出现，则重复记录小节号。例如：po^{33} （2 次）425/425/，就代表读为 po^{33} 的字符  在经书中共出现 2 次，都在第 425 小节。

三、异体字情况分析

（一）字表中异体情况统计

经书《大祭风 · 迎请莫毕精如神 · 卷中》共 50 页 630 小节，共记录了

声母 31 个，韵母 12 个，使用了不重复的哥巴文字符 263 个。其所记录的音节，分声调统计共 308 个，不分声调共 182 个。

本经的哥巴文字符多数都没有异体。为了更直观地反映哥巴文异体的具体情况，现将本经的哥巴文字符异体列表如下。李霖灿先生在《么些标音文字字典》的序言中提出有一部分哥巴文已有分声调的倾向，因此我们分两个表来进行统计。按不分声调的音节数量进行的统计如表 1 所示，按分声调的音节数量进行的统计如表 2 所示。

表 1 不分声调的音节

音节类别	数量（个）	比例（%）	例 字
无异体字	98	53.84	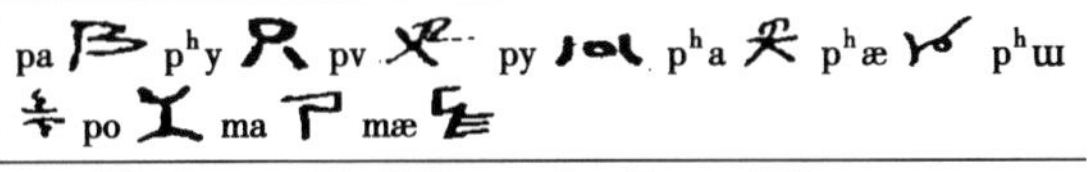 pa pʰy pv py pʰa pʰæ pʰɯ po ma mæ
有 1 个异体字	47	25.82	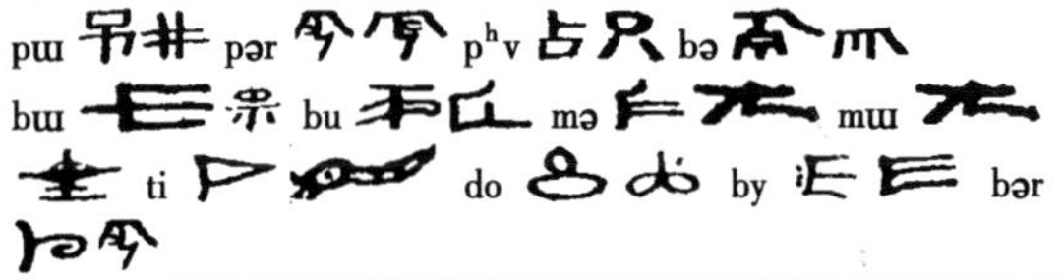 pɯ pər pʰv bə bɯ bu mə mɯ ti do by bər
有 2 个异体字	18	9.89	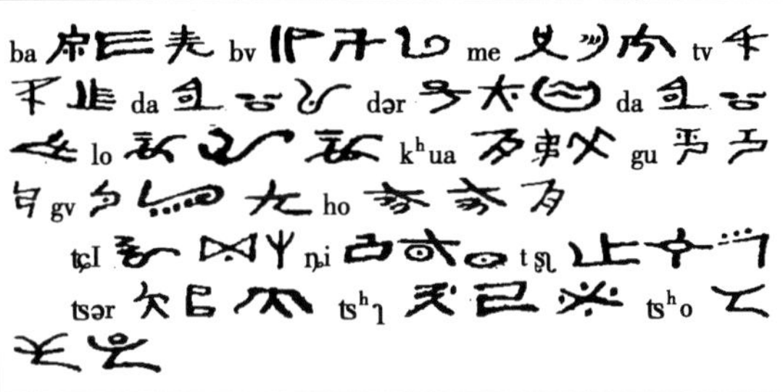 ba bv me tv da dər da lo kʰua gu gv ho tɕI ɲi tʂɿ tsər tsʰɿ tsʰo
有 3 个异体字	15	8.24	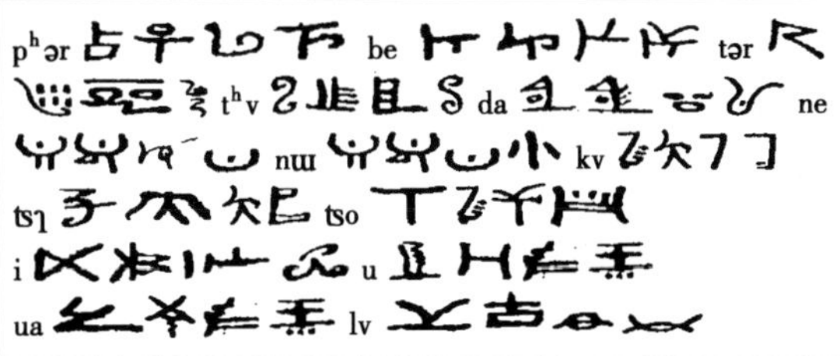 pʰər be tər tʰv da ne nɯ kv tsɿ tso i u ua lv
有 4 个异体字	4	2.19	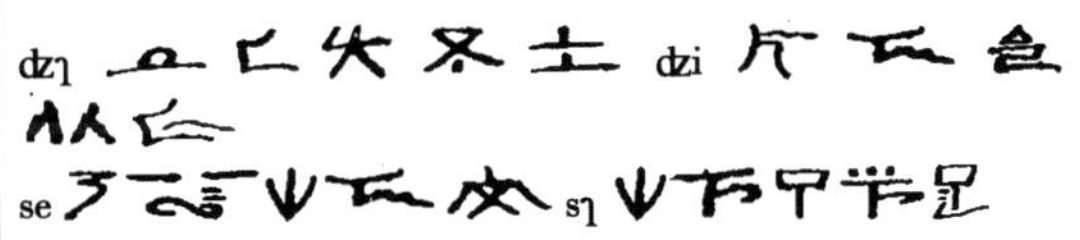 dzɿ dzi se sɿ

表2　分声调的音节

音节类别	数量（个）	比例（%）	例　字
无异体字	202	65.58	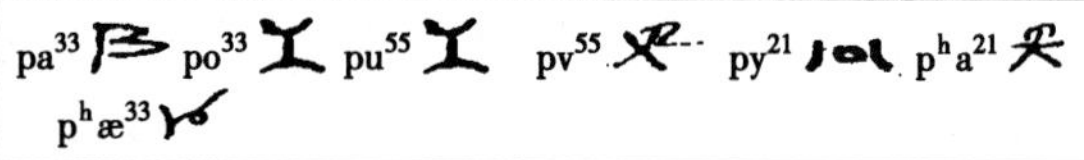 pa^{33} po^{33} pu^{55} pv^{55} py^{21} pʰa^{21} pʰæ^{33}
有1个异体字	72	23.37	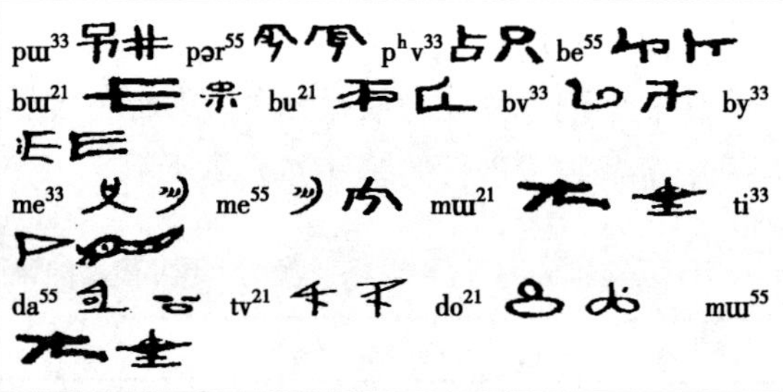 pɯ^{33} pər^{55} pʰv^{33} be^{55} bɯ^{21} bu^{21} bv^{33} by^{33} me^{33} me^{55} mɯ^{21} ti^{33} da^{55} tv^{21} do^{21} mɯ^{55}
有2个异体字	21	6.81	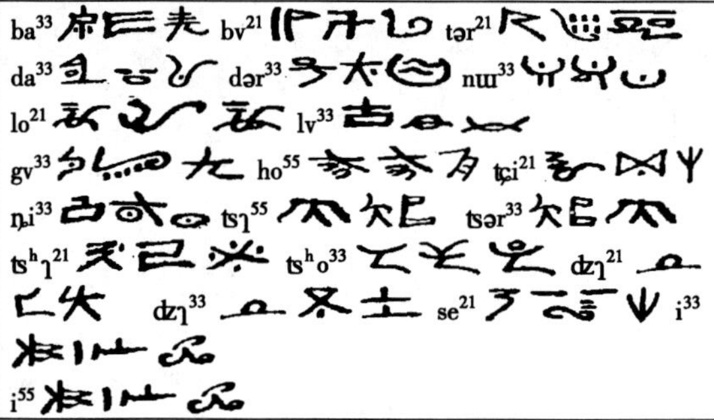 ba^{33} bv^{21} tər^{21} da^{33} dər^{33} nɯ^{33} lo^{21} lv^{33} gv^{33} ho^{55} tɕi^{21} ȵi^{33} tsɿ^{55} tsər^{33} tsʰɿ^{21} tsʰo^{33} dzɿ^{21} dzɿ^{33} se^{21} i^{33} i^{55}
有3个异体字	12	3.89	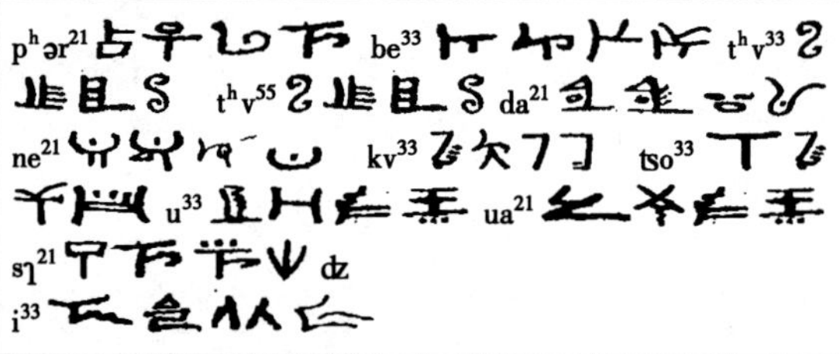 pʰər^{21} be^{33} tʰv^{33} tʰv^{55} da^{21} ne^{21} kv^{33} tso^{33} u^{33} ua^{21} sɿ^{21} dz i^{33}
有4个异体字	1	0.32	 sɿ^{21}

由上两表可以清晰地看出，不论是否分声调进行统计，经书中无异体的字符的音节都占了半数以上，而异体字符在3个及以上的音节只占了极少数。这足以说明东巴在书写经书时所使用的哥巴文字符是相对固定的，一个音节的字符数是较少的，并不会随意使用五六个乃至数十个字符，这样的字符体系是可以为东巴熟练掌握和使用的。

（二）哥巴文异体情况分析

1. 哥巴文异体之间的联系

经书中哥巴文字符的异体之间往往有着千丝万缕的联系。东巴在实际书写经书时，同一音节所使用的哥巴文字符在形体上是比较类似的，不少只是添加一些附加符号或者是字形的随意书写变形，真正完全不同的异体出现的并不多。字表中字符的异体形体相似的例子随处可见。例如，表音节 be^{33}时有、、、4 个字符。4 个形体间的相似度显而易见，和只是书法上的一点差别，前者线条弯曲，后者平直；和就是一个朝上一个朝下，而朝向不区别读音；就是在的基础上添加了一个附加符号，且仅仅出现了 1 次，出现了 25 次。又如：音节 y^{21}有两个字符和。可明显看出，就是在的基础上添加了一个附加符号；从使用次数上看，使用了 6 次，而仅仅使用了 1 次。再如：za^{21}有两个字符和，二者区别就在于一个实心一个空心。东巴在使用时很随意，并无意义上的区分，也不区别读音。

除添加附加符号外，还有字符形体的书写变形。例如：音节 tv^{21}有两个字符和。二者呈对称状，一个朝左一个朝右，朝向的改变不影响字音。又如：ho^{21}有两个字符和。两个形体极为相似，后者是前者的简化。

当然，也有看上去完全不同且看不出明显联系的字符表示同一个音节。例如：音节 i 就有 4 个字符、、和；音节 sy 有两个字符，等等。这类字符异体从形体上看没有什么明显联系，多是因为来源不同而形成的。哥巴文是一种来源广泛的文字，不同字源的哥巴文字符在形体上有差异是必然的。如：字符就是来自意为“右”的东巴文，而来自意为“漏”的东巴文。

2. 哥巴文异体产生的原因

这里仅对字符异体产生的原因作一个粗浅的探讨。

首先，哥巴文异体的产生与东巴的书写方式密切相关。哥巴文主要是东巴用来书写经书的，同时它又是没有经过规范的文字，所以在书写时有些随心。东巴对字符形体稍加变化是很自然、很常见的，其字符朝左朝右、朝上朝下都很随意。又因东巴是各有师承，口传延续，所以不同地域、不同师承的东巴会呈现出不一样的风格。东巴为了显示自己的威灵和独特，往往也会自造一些哥巴文字符，或者加上一些变化来表示与众不同。

其次，同一音节使用不同字符是为了区别意义。例如：$ʦ^{h}ʅ^{21}$有两个字符和。读为$ʦ^{h}ʅ^{21}$时，共出现23次，其中20次都表示“来”，占86.95%；共出现69次，其中58次都表示“鬼”，占84.05%。这种情况表明，表同一音节的不同字符已经有了分工。从这个层面上看，哥巴文是一种发展较为成熟的音节文字。

最后，哥巴文字符因声调的区别而区别词义。例如：，读为$gə^{21}$时，共使用4次，每次都表示“上”，占100%；读为$gə^{33}$时，共使用47次，其中42次表示助词“的”，占89.36%。这表明哥巴文已经开始使用声调来区别词义。

3. 可补充字书失载的哥巴文字符

在这部经书中，我们发现了几个在其中反复使用而字典中失载的字符。例如：音节i的字符和、音节ua的字符、和、音节zər的字符、音节za的字符等，这些在经书中高频率出现的字符在李霖灿先生的《标音文字简谱》中就没有收录。这样的字符在经书中还有不少，此处就不再一一列举。

四、结　语

通过对经书进行字表的整理，很容易发现，经书实际使用中的哥巴文字符的异体数目并不像字典所收录的那样繁多，而是较容易掌握和使用的。以哥巴文经书《大祭风·迎请莫毕精如神·卷中》为例，通过列表统计，无论是否分声调，无字符异体的音节所占比例最低都在50%以上，有3个字符异体的音节所占比例最大都不超过9%，而4个字符异体的音节所占比例最大仅为2.19%。这些数据说明经书实际使用中的哥巴文字符体系并不复杂。字典中动辄十来个乃至数十个异体的情况并不存在。字典中之所以会出现如此众多的哥巴文字符异体，究其原因，主要还是字典编纂者们只着重于哥巴文字符的收集，而忽略实际使用情况，将不同的字符体系混在一起，按纳西语音系编排而造成的。

与此同时，还要清醒地认识到哥巴文字符的不成熟性。虽然没有字典中庞杂的异体出现，但其异体出现的范围较之成熟的表音文字还是有着不小的差距。须知音节文字系统的构成字母是很有限的，一般只需要十几个或者最多几十个字母就可以，这从根本上限制了异体产生的可能。就经书《大祭风·迎请莫毕精如神·卷中》而言，有字符异体的音节数约占总数的46%，这无疑说明哥巴文尚在音节文字的初级发展阶段。

【参考文献】

[1] 方国瑜，和志武. 纳西象形文字谱［M］. 昆明：云南人民出版社，2005.

[2] 李霖灿. 么些标音文字字典［M］. 台北：文史哲出版社，1972.

[3] 丽江市东巴文化研究院. 纳西东巴古籍译注全集［M］. 昆明：云南人民出版社，1999，2000.

浮山话已婚妇女称呼的社会语言学解读

■ 常海星*

【摘　要】浮山话中对已婚妇女的称呼有六种形式，这些形式是不同历史时期的称呼系统在共时平面上的叠置。随着社会的发展，这些称呼形式的适用对象和感情色彩都发生了变化，而这些变化具有社会语言学的意义。

【关键词】浮山话　称呼　社会语言学

浮山地处山西省南部，属临汾地区，因历史悠久而保留了大量的古汉语语言成分。但是随着社会的发展，与外界交流的与日俱增，这些较为古老的语言成分正在逐渐受到冲击，面临着消亡的处境。在语言运用层面上，这种变化主要表现在城乡居民语言差异以及不同年龄层的人语言使用的差异。本文选取已婚妇女称呼这一语言现象，就其在特定地域中的使用情况进行考察，借以反映浮山话的变化，同时也对那些濒临消失的语言成分进行记录。

浮山话中对已婚妇女的称呼大体有以下六种形式（这里讨论的主要是背称，因为在农村对已婚妇女使用面称的场合很有限）：娘家地名＋家，丈夫名＋舍，丈夫名＋老妇家，丈夫名＋媳妇，孩子名＋称谓，直呼其名。我们把前几种称为组合式，后一种称为简单式。另外，还有居舍人、内掌柜等零散使用的形式。

* 常海星（1979～），山西浮山人，文学博士，贵州师范学院副教授，研究方向为汉语史。

一、娘家地名+家

这一称呼在形式上有一些变体，或者直接称地名，或者加上词缀。

第一类：城里家　郊里家　衢里家　庄里家

第二类：棉花庄　梁颠上　王家山　安子里

第三类：前河儿　老古屯　老南王　诸葛儿

这一形式使用范围很广，在山西很多地方的方言中都有所表现。我们认为，这一称呼方式应该是这些方式中最古老的一种，因为在殷商甲骨文与金文中就以“帚”字加女子的国族名或国族姓称呼已婚成年女性，而周代文献和金文则多以国族名加国族姓呼之。浮山话中“娘家地名+家”的称呼形式应该与这种用娘家的族名或国名称呼已婚女子的传统有关。正因为其古老，所以就显得土气，因而有被淘汰的趋势。在浮山话中，这一称呼语的适用人群为嫁入本村20年以上的妇女，而使用这一称呼的人群也是这一年龄层的妇女团体，也就是说，它是中老年妇女团体内部的一个称呼语。男人与年轻人很少使用这一称呼，究其原因，应该与这一称呼语本身所附带的感情色彩有关。这一形式中的主体为娘家地名，这是一个能够激起妇女们对娘家思念的符号，也是维系她们与娘家感情的纽带。这一年龄层的妇女出嫁时间很长，又因交通、通信手段不发达，与娘家的联系几乎中断。与此同时，她们却不断融入所嫁村的生活，所嫁村的人们对她们的情况也比较了解。在这种情况下，村人用“娘家地名+家”称呼她就有了两方面的意义，既可以唤起她对娘家的记忆，又可以显示所嫁村的妇女团体对她的接纳。这一称呼因带有很强的感情色彩而在中老年妇女团体内部使用。随着社会的发展，交通、通信手段的发达，娘家已经不再是记忆中遥不可及的影像，因而对这种感情的需求大大减少。同时，现在的年轻人在未出嫁之前就已经出门在外打工了，对家的依赖本来就比老一辈的人少，即使是出嫁以后她们也不会整天待在家中。因此，村内妇女形成互相了解的团体的可能性减小。在多方面原因的作用下，使“娘家地名+家”这种古老得有点土气，并且还携带着感情色彩的称呼形式在年轻妇女中几近销声匿迹。

二、丈夫名+舍

王琪在《从亲属称谓“良人”“家”看上古文化的遗迹》中讲到“家”的称呼对象的演变以及“家”与“室”的区别时说：

> “家”与“室”虽然都可以指居人贮物的房屋，但在实际运用中二者在所指建筑的范围大小上有别：“家”侧重于整体，“室”侧重于部分……体现在人群分布上，“家”指聚族而居的大家庭，“室”是“家”的一个分支，指以夫妇为中心的小家庭。[1]

在原始公有制时代，男子娶妻后，便离开“家”，转入“室”生活，因此人们把“娶妻”称作“有室”，用“室”来代指妻。当私有制取代公有制，个体家庭代替聚族而居的大家庭后，“家”便逐渐取代了原来“室”的概念，而“室”的范围则进一步缩小，成为家的一部分。因“家”是所嫁丈夫之居所，故可代指丈夫。《诗经·周南·桃夭》：“宜其家人”，孔颖达疏：“桓十八年《左传》曰：‘女有家，男有室。’室家谓夫妇也。”《国语·齐语》：“罢士无伍，罢女无家”，韦昭注：“夫称家也。”后来，原指丈夫的“家”又可以用来指妻子。如《左传·僖公十五年》：“六年其逋，逃归其国，而弃其家”，杜预注：“‘家’谓子圉妇怀嬴”，孔颖达疏：“夫谓妻为家。”中古以后，汉语中仍保留了这种用法，如《红楼梦》中“林之孝家的”“周瑞家的”等称谓。

浮山话中的“家”保留了其最早时表大家族的意义，而与“家”相对的表示小家庭的是“舍”。也就是说，浮山话中的“舍”承担了“家”表妻的功能以及“室”表小家庭的功能。例如，浮山人称自己住的屋子为“居舍”，称娘家的为“娘舍”，婆家的为“婆舍”。而人们口中的“一家子”则表示两种意义：一是量词，一家人；二是名词，同一宗族的关系。

从以上解释中可以看出，“舍”在浮山人的思想中指的就是屋子里，而经常在这屋子里活动的自然是女人。“丈夫名+舍”的称呼符合传统的“男主外，女主内”的思想，因而甚得男人们喜欢。男人们称别人的妻子为

---

[1] 王琪．从亲属称谓“良人”“家”看上古文化的遗迹［J］．西安文理学院学报，2007（5）．

“某某舍”，称自己的妻子为“我舍”“我居舍人”。除了符合传统的思想意识外，这一称呼还有一个优点，那就是它能够赋予已婚妇女一个比较明确的归属和身份；同时，这一称呼没有其他的附加感情色彩，属于一个中性的称呼。这两点，对交际来说无疑是非常必要的。因此这一称呼在农村的使用范围、适用人群都很广，除了那些丈夫已去世多年，人们已想不起她所居住之“舍”属谁的，一般的已婚妇女，无论年老年幼都可使用。

三、丈夫名+老妇家

这里的“妇”字保留其古音，读 bu。这一称呼显示了两层含义，一是对年龄较大的人的称呼，二是应该包含尊重意味。但实际情况并非如此，它虽然用来称呼中老年妇女，却并不表示尊敬，而是有一点轻视、嫌弃的味道。我们认为，最初的“老妇家”应该有两种意味，一是如“老人家”一样表示对老年妇女的尊称，二是老年妇女自己的谦称，如《触龙说赵太后》中赵太后自称“老妇”。而浮山话中的“老妇家”却融合了两种用法，既表他称，又含谦称所包含的卑微的感情色彩。有了这种意味，这一称呼自然不会受人青睐，因此它只用来称呼那些年龄较大且地位低微的妇女。

四、丈夫名+媳妇

“媳妇”是北方方言中普遍使用的、称呼已婚妇女的词。与上面的三种称呼形式相比，这一称呼形式多少有点现代感，在感情色彩上带着一点戏谑和亲切，同时也更多女性气息，体现了新时代男女平等的倾向——人们对妇女的看法已经不再是只待在家中操持家务的劳动工具，而更加强调其作为独立个体所拥有的性别特征。它所附带的现代感与感情色彩特征决定了它只能被用来称呼年青的已婚妇女，而当用来称呼中年妇女时需加“子”尾以冲淡其中的戏谑与亲切意味。这一称呼几乎从不用来称呼老年妇女，这与其感情色彩是相符的。

其实在某种意义上，“老妇家”和“媳妇”在使用上是互补的。前者专用于对老年妇女的称呼，后者专用于对中年、青年妇女的称呼。二者的一个共同特点都在于其蕴涵的女性特征。

五、孩子名+称谓

这一组合中一般用大孩子的小名，称谓则是根据称呼对象的情况从称谓系统中进行选择。

第一类：孩子名+妈　海霞妈　小红妈

第二类：孩子名+奶奶　黑小奶奶　娥叶奶奶

第三类；孩子名+姐　辩论姐　新中姐

第四类：孩子名+娘　小娟她娘　小强他娘

这里展现的亲属关系只有两类：前三类表示的都是母子关系；第四类是祖孙关系。在浮山话中对母亲的称谓有妈、奶奶、姐三种，对祖母的称谓则是农村称娘，城市称奶奶。从母子关系的角度称呼已婚妇女时，“孩子名+奶奶”“孩子名+姐”只用于老年妇女，因为称母亲为“奶奶”和“姐”本身就是历史上的称谓系统叠置的表现。现在，对母亲的称谓已经逐渐统一为“妈”。因此，第二、三类只是历史的遗留。用“孩子名+娘”称呼那些已经做祖母的人，这主要是儿媳妇向别人讲起自己的婆婆时，为了表示礼貌而采用的一种称呼。从总体上说，“孩子名+称谓”这种称呼是一种比较礼貌的表敬称呼。

六、直呼其名

这一称呼的适用人群主要有两类：一是本村的妇女招了上门女婿的，因其娘家就在本村，所以没必要用“娘家地名+家”；又因其在家中本来就处于主导地位，因此也不能用附属于丈夫的其他几种称谓；有孩子的可以用“孩子名+称谓”的形式，而大多数情况下还是直接称名——不管其年龄多大，同龄的都直接称名，辈分低的称“孩子名+称谓”。另一种情况，是使用这种称呼的主流是年轻人。这一形式似乎是青年团体内部使用的一个称呼形式，近年来也感染了中年层，中年人对年轻的已婚妇女也有直呼其名的。

在对这些称呼形式进行考察的基础上，我们对它们的感情色彩和适用人群作一统计，具体情况如表1所示（表中将上述称呼形式按顺序分别用A、B、C、D、E、F来表示）。

表1 不同称呼形式的感情色彩和适用人群

	感情色彩						适用人群			
	古老	现代	男权	女性	尊敬	轻视	老年	中年	青年	上门
A	+						+	+		
B			+					+	+	
C	+			+		+	+	+		
D		+		+				+	+	
E					+		+	+		+
F		+							+	+

上表所反映的只是这些称呼最典型的特征，不涉及一些可有可无的情况。

通过对这些称呼的使用情况的考察，本文认为，称呼这种语言现象实际上体现的是一个社团的文化和风俗，称呼系统的演变也反映了这一社团文化风俗的发展演变。浮山话中已婚妇女的称呼正在由丰富多样趋于统一，这一方面是因为那些附带着历史痕迹的古老的称呼正在被淘汰，以至消亡，这一点可以从“家”“老妇家”的适用人群看出来；另一方面是因为那些体现旧的社会现象和思想感情的称呼正在逐渐走出人们的生活，如“丈夫名+老妇家”“丈夫名+舍”“丈夫名+媳妇”，都带有一定的男权色彩。但三者的使用范围却并不相同，带有女性特征的“丈夫名+媳妇”与前面两种相比，更多地适用于年轻人。语言是交际工具，一种语言现象的兴衰必然跟使用这一语言的人的情况密切相关。年轻人使用的语言应该是更具有生命力、更容易生存下来的语言。

【参考文献】

[1] 王国珍. 社会语言学视角中定襄话的“人名+子”现象［J］. 修辞学习，2007(5).

[2] 范慧琴. 山西定襄方言的“家”类称呼语［J］. 修辞学习，2005(5).

中国传统文化

华夏文明　谁主沉浮？*
——读朱大可著《华夏上古神系》

■ 屈潇影**

【摘　要】 朱大可教授的《华夏上古神系》探研了中国上古文化和神话的起源。本文对该书中关于华夏文明的人种和文化来源等问题进行了梳理，并对作者不同于传统学界的系列观点进行了辩证分析。

【关键词】 华夏　文明　朱大可

一、朱大可及其著作简介

朱大可教授，1957 年生于上海，1983 年毕业于华东师范大学中文系，2004 年获澳大利亚悉尼科技大学哲学博士学位，现任同济大学文化批评研究中心教授，同济大学人文学院教授，四川大学、云南大学、厦门大学、广东外语外贸大学客座教授，被誉为中国最具影响力的文化学者之一，也是中国当代最优秀的批评家之一。

2014 年 6 月，朱教授推出耗时 20 余年的学术研究成果《华夏上古神系》。该书以跨文化的全球视野，运用多种学科工具，独辟蹊径地探研了中国上古文化和神话的起源，发现并证明，全球各地的上古宗教与神话均起源于非洲。《华夏上古神系》被媒体评价为：继美国学者发现全球智人源于非洲、新西兰学者发现全球语言源于非洲之后，第三个具有原创性的学术贡献，有助于修正人类文化起源的传统观点，可视为 1949 年以来中国学术的重大收获。

---

* 基金项目：贵州省哲学社会科学一般项目（14GZYB32）。

** 屈潇影（1978～），男，陕西人，法学博士，贵州师范学院经济与政治学院副教授，研究方向为世界政治与文化。

二、对华夏文明人种和文化来源的"新"解释

《华夏上古神系》为朱教授耗时数十载，潜心研究中国上古神话的力作。其专业性之强、综合性之广，在笔者这样的普通读者看来，短时期内难以窥其全貌，不宜草率评论。但是，该书研究华夏神话的前提是建立在对华夏文明的一系列"新"的质疑与解释之上的，这自然可以引发出一个为广大文化研究者所感兴趣的共同话题——华夏文明，谁主沉浮？

自晚清以来，以"夏商周断代工程"为代表，中国学术界的传统看法都认为，"中华民族"是独立进化和自我成长的，与外部文明基本没有瓜葛；中华文明的核心是以夏商周为代表的黄河中游文明，中华其他文明只能是它的点缀和陪衬；中国历史的断代，取决于黄河文明的汉族轴心。朱教授对诸如此类的"正统学说"进行了否定，利用自己收集的证据与推断逐一进行了"新"的解释。

第一，全球现代人类的共同祖先，来自20万年前的非洲。具体而言，全球现代人种的分布，都是10万~15万年前，非洲智人走出非洲后扩散到世界各地的结果。现存中国人作为全球现代人种的一部分，其祖先来源也不例外。可是，中国在200多万年前就发现了巫山人、湖北建始人，170多万年前有元谋人，115万年前有蓝田人，69万年前有南京人，50万年前有北京人，等等。难道现代中国人不应该是这些生活在中国境内古人类的后裔吗？大多数中国人类学家都坚信，现代中国人是自行演化的结果，而非外来人种的后裔。朱教授认为，大约6万年前，晚期智人离开非洲，在距今3万~5万年的时间里，以每年4公里的速度"沿阿拉伯半岛、伊朗、印度一线，由中南半岛进入中国大陆，并完全取代了冰期残剩的东亚土著，成为现代中国人的唯一祖先。但这一人类历史上最强悍的'暴走族'，却制造了蛊惑人心的假象，让所有中国人都误认为他们是'出生土长的一代'"。[1]

中国在200多万年前就发现了古人类生活的证据，3万年前还有山顶洞

[1] 朱大可．华夏上古神系［M］．北京：东方出版社，2014：42.

人存在。如何理解“完全取代”？

现有的基因调查证明，无论是在欧洲还是在亚洲，非洲智人到来之后，没有跟当地的原住民发生杂交或战争的迹象。朱教授关于中国原住民的消失作了下列推论：（1）50万年前的北京人，在遭遇非洲军团之前，可能已成为冰河时代严酷气候的牺牲品；（2）非洲智人以种族灭绝的方式，彻底铲除了原住民；（3）非洲智人的竞争优势，导致土著的自然湮灭；（4）前三种因素的同时作用。关于山顶洞人，朱教授引用苏联及一些中西学者的观点，认为山顶洞人是非洲智人在中国华北平原由外来人种向本土人种转型的代表。[1]

朱教授的这些观点，都在否定“中华民族”是独立进化和自我成长的，他所要力证的是，华夏文明其实在源头上与外部文明，即早期的非洲文明，有撇不开的亲缘关系。

第二，来自非洲并由南方、经越缅通道进入东亚的第一代神话及其文明，它的非洲原型，由于文字缺失的历史性限制，朱教授也只能“进行黑箱式的间接推论”。[2]《华夏上古神系》中关于神话及其文明的研究重点，主要指来自两河文明、叙利亚文明、南亚文明和地中海文明对华夏第二代神话及其文明的影响。在这层意义上，朱教授将东亚文明概括为四种原型：美索不达米亚文明，是华夏文明的先导；印度和伊朗文明，不仅对中国佛、道两界有显著影响，而且对楚文化区（湖南、湖北）、西羌文化区（西藏和青海）、三苗文化区（广西、云南、贵州）、纵目文化区（四川）都产生过重要影响；来自伊朗高原的埃兰人，经过屡次东迁，最终以“西戎”的名义在夏商周诸代扮演了关键的历史角色，参与了东亚文明的架设；经过比较《墨子》的部分章节与《新约》的内容，可以看到，《墨子》具有部分希伯来宗教的色彩，俨然是《新约》的东方翻版。

第三，距今7000年前的辽河文明、5000年前的良渚文明和4500年前的三星堆文明（后两者合称长江文明），都是比黄河中游文明时间更早的文明形态。辽河文明和长江文明所遗留下来的各种物证，显示出它们与夏商周文明的诸多不同，它们具有独立自存的发展特征。所以朱教授认为，华

---

[1][2] 朱大可．华夏上古神系［M］．北京：东方出版社，2014：42，15.

夏文明是多中心和多元并立的，并不是以华北古史为单一中心及多边环绕的文明图式。

三、对华夏文明来源“新”解释的评价与反思

第一，“新”解释不代表标新立异，亮点在于综合、整合之后形成自己的观点。从朱教授提出上述“新”观点的依据来看，他参考了若干前人研究的成果。以《华夏种族的非洲起源》一节为例，其主要参考资料有：1987年的英国科学杂志《自然》，2000年的学术期刊《中国科学》，东方出版社2004年版的斯宾塞·韦尔斯的《出非洲记——人类祖先的迁徙史诗》，上海科学技术出版社2006年版的《中国民族遗传多样性研究》，以及美国、德国、英国的生物与考古学家的研究成果等。除了个别文献属于英文原版资料外，大多在《华夏上古神系》问世之前已经公开出版，且有汉语译本。所以朱教授的系列“新”观点，并不意味着在时间上是最新的。《华夏上古神系》的吸引力体现在，以他人研究为基础，形成自己关于神话与文明研究的独特见解。

第二，从治学研究的方法论角度看，《华夏上古神系》树立了大胆假设、小心求证的榜样。当今中国经过30多年的改革和现代化建设，成就举世瞩目。有了全球化等概念和实体的耳濡目染，如今的华夏文明传人不会轻易否定外来文明对于我国发展的借鉴、推动作用。上古华夏文明的结构与来源如何，朱教授在其《华夏上古神系》一书里厉行了大胆假设、小心求证的治学要求。尊重权威但不迷信权威，应是每个学者从事科研的原则。然而，在人文社科领域，人云亦云、不加辨析的低水平重复现象，好像至今并未绝迹。特别是对于选入各种教材、来自各个权威专家的观点，敢于质疑、挑战者更寥寥无几了。朱教授关于华夏文明的解释，包括笔者在内的许多读者未必就完全接受，但是新的研究思路可以深化对相关问题的认识和分析，这一点是肯定的。

此外，对相关问题如有不同高见，请以学术语言、学术工具、规范的学术研究路径予以证明或证伪。这是华夏文明传人应有的学术风气，也是笔者写作此文的动机和期待。

先秦礼治文化初探

■ 孟晓娜*

【摘　要】中国传统政治文化是中国封建社会以儒家思想为代表的政治文化。礼治文化作为儒家政治思想的主体，在先秦便历经了一系列的演变：从周公制礼到孔子继承，再到荀子，构建起了一套以礼治为核心的理论体系。

【关键词】礼　礼治　礼法

一、"礼"与"礼治"

目前有关礼的起源的解释，学界普遍接受的是王国维在《观堂集林·卷六·释礼》中的看法："盛玉祀奉神人之器谓之若丰。推之而奉神人之酒礼亦谓之礼。有推之而奉神人之事通谓之礼。"即礼原来是祭神灵和祭人鬼的器具，盛有两块玉。后来供祭的酒也叫礼，再后来，凡祭祀的一切活动统统叫礼。有这类活动就有一定的仪式，因而礼的最早含义是为祭祀而举行的仪式，是人们自觉自愿遵守的习惯。[1]而在氏族社会，祭祀活动很重要，能否参加氏族祭祖的仪式，是判断人们是否属于这个氏族的基本条件。而随着氏族成员之间权力和财富的差别越来越大，等级秩序出现，贵族逐渐垄断了祭祀的主祭权，同时也享有政治权力。于是，一套社会规范逐渐从具体的礼仪形式中被抽象、概括出来，形成具有法的性质和作用的"礼"，包括礼仪、礼治、礼俗和礼义等多方面的内容。

---

* 孟晓娜（1981～），女，辽宁辽阳人，政治学硕士，贵州师范大学历史与政治学院讲师，研究方向为政治思想史。

[1] 叶孝信．中国法制史［M］．北京：北京大学出版社，1989：9～10.

“礼治”文化是伴随周朝宗法制的形成而产生的。周公制礼作乐，其基本精神是用等级秩序来约束人们的政治行为和日常生活，其目的是把全国的臣民都固定在以周天子为大宗的中央集权制的社会结构里，即“亲亲故尊祖，尊祖故敬宗，敬宗故收族，收族故宗庙严，宗庙严故重社稷，重社稷故爱百姓，爱百姓故刑罚中，刑罚中故庶民安，庶民安故财用足，财用足故百志成，百志成故礼俗刑，礼俗刑然后乐”（《礼记·大传》）。封建社会确立后，从孔子强调“克己复礼”“非礼勿视，非礼勿听，非礼勿言，非礼勿动”（《论语·颜渊》），为每个人设定“君君，臣臣，父父，子子”的角色规范，至荀子提出礼治，“礼”所涵盖的封建等级秩序的具体内容及由此衍生出的典章法则、礼仪规范开始具有意识形态的强制性，从一种生活习惯逐渐演变为人们评判事物的、自觉的价值尺度，从而使宗法社会结构和封建专制统治具有了合理性。

“礼治”作为先秦社会的治国之道，从礼仪之治到礼法合流，逐步将社会风俗、民间习惯转变为统治者的意志，被确立为官方的意识形态，不再是纯粹的民间规约。源于礼仪之治的“礼治”主要通过祭祀、礼仪的形式来影响人们的心理、情感、意志，进而达到规范人们行为的目的。它虽然有法的作用，却不是依靠国家专政机关的强制保障实施。这种独特的礼法之治，完全不同于西方的法治，从而确立了中国独特的传统政治文化。

二、“礼治”文化在先秦的演变

“礼”在原始社会最初作为祭祀的仪式，在心理上对人们进行一种关照。在西周时期，周公制定了一系列礼制，使礼具有了形式上的约束力。春秋时期，周室衰微，诸侯崛起。面对着礼崩乐坏的局面，孔子继承了周礼，并力图维护周礼。战国时期，周朝灭亡，诸侯争霸。荀子在“人性恶”的基础上使礼法合流，提出了一套以礼治为核心的理论体系，从而确立了礼治文化在儒家思想中的主体地位。

（一）周朝的礼治文化——礼仪一体

《礼记·礼运》篇称“夫礼之出，始诸饮食”，可见它原本是原始初民在日常的衣食住行中形成的风俗习惯。在原始社会，由于生产力水平极度低下，人类共同的目标是生存；原始社会的氏族成员之间没有等级之分，他们的利益也是共同的。维系人们关系的“礼”是自然形成的风俗习惯，这是不容置疑的。继之而来的夏、商、周三代，是中国历史上的奴隶社会。在奴隶社会发展的初期，由于原始社会的血缘关系仍然广泛存在，人们崇拜上帝、祖先，相信占卜，将礼视为一种自然而然的心理关照。到西周时期，周公在对夏、商、周三代政权变革的反思中，发现这种心理关照的“礼”需要有明确的形式固定下来，才能维护西周社会的等级制。为此，周公对周王朝的治理做出重大变革，形成了以“礼制”为核心的典章制度。

周礼是在“因于殷礼，所损益”的基础上建立的，是殷周两族相融合、巩固新的社会结构的产物；周代的制度、文化、思想观念，是对前代的批判性继承与发展。周人以小胜大、灭商建国后，吸取历史教训，采取了武力与安抚相结合的手段，分化瓦解了商族；又通过封藩建卫、同姓不婚分解了血缘结构，构建了新的社会结构，使殷商和周族的血缘组织都走向解体。旧有的政治体制不可能适合新的社会结构，政治制度的变革成为必然。宗族血缘与政治等级紧密结合，成为西周社会结构和政治体制的重大变革。宗法制的确立，将血缘氏族社会遗留下来的行为习惯转化为政治权利和经济占有的法定继承；宗法制的实施，形成了以血缘亲疏、嫡庶、长幼关系为依据，以尊卑、贵贱、上下关系为差异的贵族等级关系。从天子到庶民，建立了君臣上下、尊卑有分的隶属关系。这种新型的社会关系，需要有新的规范来巩固和运行，西周的“礼治”由此而产生。

从有关文献记载看，周初治礼作乐的纲纪规范主要包括五大方面：第一，建立畿服制，规定和调整周朝中央和地方的关系，加强中央统治；第二，建立官爵制，规定贵族之间的等级关系；第三，完善井田制，使之成为周代的经济基础，加强了周代中央及地方的经济实力；第四，提出具有政治意义的伦理道德。在《尚书》收录的11篇周公诰辞中，多次提到政治道德在国家兴亡中的重要作用，同时将政治伦理道德纳入“礼”的范畴，较之殷商时期赤裸裸的神学世界观有了很大进步。第五，建立“礼制”，敬天保民，明德慎罚。在政治伦理道德的基础上，统治思想、统治手段也发生了重大变化，由严酷残暴转向既敬天，又“怀保小民”；既重视“德”，又量情施用刑罚。在上述纲纪准则的基础上，周公制定了一套完备的礼仪。

周初的礼仪之制，在古人社会生活的主要方面分别制定了吉、凶、军、宾、嘉等礼仪，主要包括冠、婚、葬、祭、享、燕、朝聘、衣服、车马和宫室等。这些仪式被固定化，被神圣化，通过各种途径实施于上上下下。其指导原则和核心主旨是体现“尊尊”“亲亲”的阶级关系和血缘关系，维护以君君、臣臣、父父、子子为核心的等级制度格局，发挥“名以制义，义以出礼，礼以体政，政以政民，是以政成而民听”（《左传·桓公二年》）的作用。“礼乐皆得为之有德”（同上），礼乐生德，德成礼治，中国传统政治文化也将以此向前推进。

（二）春秋时期的礼治文化——礼消仪在

春秋时期，周室衰微，诸侯崛起，周公所制之礼已不能完全约束诸侯国的君主们，天下面临着礼崩乐坏。人们开始将礼分为礼之仪和礼之质，仪指人们遵守的外在的行为规范，而质则是人们遵守的内容和精神。此时，礼之质已消，只剩礼之仪了。《左传·昭公二年》记载了这样一件事：鲁昭公到晋国，彬彬有礼。晋侯对女叔齐说，我听人讲鲁君不知礼，我看不是这样。女叔齐对曰：“是仪也，不可谓礼。礼所以守其国，行其政令，无失其民者也。今政令在家，不能取也。”

面对这种情况，孔子坚守周公的礼制，提出“克己复礼”，并强调礼是情的基础上的一种规范和约束，即“发乎情，至乎礼义”（《诗大序》语）。但是礼之治消亡的现实无法扭转，因此孔子只能尽可能广泛地阐述礼之仪，如社会组织、政治体制、社会秩序等上层建筑。而他最根本的目的，就是要重现“君君，臣臣，父父，子子”的政体。当然，孔子的“礼”相较于周公之礼，已经发生了变化，开始呈现出一种相互之间的权利、义务关系，并通过这种关系的确立来保障社会的等级秩序和统治者的地位，如“君使臣以礼，臣事君以忠”（《论语·八佾》）。又如：

> 昔三代明王之政，必敬其妻子也有道。妻也者，亲之主也，敢不敬与？子也者，亲之后也，敢不敬与？君子无不敬也！敬身为大。身也者，亲之枝也，敢不敬与？不能敬其身，是伤其亲；伤其亲，是伤其本；伤其本，枝从而亡。三者，百姓之象也。身以及身，子以及子，妃以及妃，君行此三者，则忾乎天下矣。大王之道也如此，则国家顺矣。（《礼记·哀公问》）

但是，“复礼”是建立在“克己”的基础上的，即随着礼之质的消亡，礼之仪并不能使人们自我激励、自我约束。为此，孔子提出了仁，即“克己复礼为仁”（《论语·颜渊》）。由此可见，随着礼之质的消亡，孔子开始提倡仁德，为礼之仪构筑新的内容。“人而不仁，如礼何？人而不仁，如乐何？”（《论语·八佾》）。于是，仁成为礼的基础和灵魂。没有仁，礼就徒具形式，礼是仁的体现与落实；没有礼，仁就无所依托。因此，在“齐之以礼”的同时，还要“道之以德”，把德与礼或说是仁与礼紧密地结合起来。❶ 孔子的礼治思想虽然想重现西周时期礼乐文化的盛况，但由于周室的微弱，诸侯的强大，礼再无法从质上约束人们，即礼不再是一种心理上关照，而只能从仪上，即从形式上约束人们，发挥其治理功能。

（三）战国时期的礼治文化——礼法合流

战国时期，周朝灭亡，诸侯争霸，战火纷飞，礼在形式上也无法约束人们了。于是，孔子的礼治思想遇到了巨大挑战。面对这种情况，荀子从“人之性恶，其善者伪也”（《荀子·性恶》）的“性恶论”出发，指出人的本性都是恶的，强调只有通过外在的“礼义”约束和法律制裁，才能使人为善；要想把国家治理好，就必须采取礼法并举的手段。“明礼义以化之，起法正以治之，重刑罚以禁之，使天下皆出于治，合于善也。”（同上）从而使礼法合流，建立起了一套以礼治为核心的理论体系。

首先，“人之命在天，国之命在礼。”（《荀子·王霸》）荀子从“性恶论”出发，其所提倡的“礼”已不像孔子和孟子那样强调“仁”即自律性，而是注重外在的道德规范和礼节仪式，即“隆礼尊贤而王，尊法爱民而霸”“隆礼贵义者其国治，简礼贱义者其国乱”（同上）。此外，荀子还提出以“礼”养民、富民，即“人莫贵乎生，莫乐乎安。所以养生安乐者，莫大乎礼义”（《荀子·大略》）。荀子认为，国家混乱、民众贫苦的根源在于人性的放纵，因此要用道德规范和礼节仪式来节制人的欲望，从而实现养民富民的目的。君主在此方面更应该起到表率作用，即“慎礼义”“务忠信”，这样民众才会“贵之如帝，高之如天，亲之如父母，畏之如神明。故赏不用而民劝，罚不用而威行，夫是之谓道德之威”（《荀子·正名》）。大臣也

❶ 董国军. 孔子德治思想初探［J］. 江苏大学学报：社会科学版，2004（2）.

要遵循道德规范和礼节仪式，并且要辅佐君主，从而成为“谏、争、赋、指之人，社稷之臣也。国君之宝也”（《荀子·成相》）。

其次，“法者，治之端也。”（同上）荀子在强调礼治的同时，也认识到随着礼之质的消亡，单纯依靠外在的道德规范和礼节仪式并不足以教化民众，因此还强调要重视法治，即“隆礼重法则国有常”（同上）。但法治与礼治不同，礼是节制人的欲望，而法则是罚，“罪至重而刑至轻，而伤人者不刑，是谓焉。凡刑人之本，禁暴恶恶，目征其末也。杀人者不死，而伤人者不刑，是谓惠暴而宽贼也，非恶恶也”（同上）。也即是说，对犯法的人要严加惩罚，否则社会就会动荡，民心就会混乱，国将不国。至此，礼法合流。荀子强调“礼”是“法”的依据，因为刑罚的设定要遵循社会风俗、道德习惯，即“刑当罪则威，不当罪则侮”（同上）。刑罚与所犯的罪相称，礼治畅通，社会清明；反之，刑罚不当，则礼治混乱，社会动荡。因此，“法”的制定也有利于维护“礼”的存在，即“礼者，法之大分，类之纲纪也”（《荀子·劝学》），“礼义生而制法度”（《荀子·非相》）。

荀子提出的“隆礼重法”的礼治思想，对孔子及之前的礼治思想做了巨大的变动，很好地融合了德治与法治这两种治理国家的手段。虽然荀子的法治相较于西方的法治更侧重于罚，但是在战国战火纷飞的年代，其礼治思想摒弃了周代礼治思想中质的部分，对仪的部分进行了简化，并加入了法治的内容，从而使礼治文化在先秦完成了基本演变，实现了礼法合流，并成为儒家政治思想的主体，最终确立了其在中国传统政治文化中的地位。

【参考文献】

[1] 萧公权．中国政治思想史［M］．沈阳：辽宁教育出版社，2001.

[2] 刘泽华．中国传统政治思想反思［M］．北京：生活·读书·新知三联书店，1987.

[3] 冯友兰．中国哲学史新编·上［M］．北京：人民出版社，1998.

《山海经》中的四方神和四方风的演变及其文化意蕴

■ 贤 娟*

【摘 要】《山海经》是中国传统文化的奠基性著作，内容丰富，涉及面很广。《山海经》是一部把四方神和四方风结合起来的古文献，是记载上古历法月令制度的平实之作。四方神和四方风都体现了古人根据季候风变化以确定季节的物候历制度，而《山海经·大荒经》则记载了四方配四时制度的渊源关系。

【关键词】四方神 四方风 文化意蕴

一、四方神和四方风

《山海经》中以四方之名为神人，故能出入风、司日月之长短。其中，《大荒经》对四方神和四方风这样描述："有人曰折丹，东方曰折，来风曰俊，处东极以出入风。"《大荒经》中东风神名曰"折"。杨树达《甲骨文中之四方神名与风名》以为："当以析字为正，传写致误，非原来如是也。"❶ 风神名曰"俊"。郭璞云："未详来风所在也。"吴任臣云："《夏小云》云：'正月，时有俊风'。俊风春月之风也，春令主东方，意或一取也。"《夏小云》用夏历，夏历正用在春；东为春方，故俊风为东方之风。《大荒南经》："有神名曰因（因乎），南方曰因乎，夸（来）风曰（乎）

* 贤娟（1983～），女，贵州贵阳人，文学硕士，贵州师范学院文学院副教授，研究方向为中国文学。

❶ 杨树达．甲骨文中之四方风名与神名［M］//杨树达文集．上海：上海古籍出版社，2006：79～81.

民，处南极以出入风。”从这里可看出，南方神曰“因乎”或者“因因乎”，风神名则曰“（乎）民”。郭璞云：“亦有二名。”按：郭注“二名”，经文“有神名曰因因乎，南方曰因乎，夸风曰乎民”，揆以“（有神）名曰折丹，东方曰折，来风曰民，上因字与下二乎字俱衍文，夸风则来风之讹也。”[1]南方方名为因。《说文》：“因，就也，就，高也。”《广韵》：“就，成也。”因有长高、长成之意。南方复方，夏时草木竞长，郁郁葱葱，故“因”为南方之名，为草木高长时的该方之神。而《大荒西经》：“有人曰石夷（西方曰夷），来风曰韦，处西北隅以司日月之长短。”西方神曰“夷”，风神曰“韦”，胡厚宣《释殷代求年于四方和四方风的祭祀》校勘其文为：“有神名曰夷，西方曰夷，来风曰韦，处西北隅以司日月之长短。”夷为西方神，西为秋方，秋季禾稼熟，百草结，长待芟夷。夷，芟也。《周礼·秋官》：“薙氏掌杀草，春始生而萌之，夏日至而夷也。”夷即芟。西方之神当秋，当秋则主芟夷，故西方曰夷。《大荒东经》记载的北方神：“有人名曰鹓，北方曰鹓，来（之）风曰犭炎，是处东极隅以止日月，使无相间出没，司其短长。”北方神曰“鹓”，风神名曰“犭炎”。胡厚宣《释殷代求年于四方和四方风的祭祀》说：“鹓字不见《说文》，疑当读作宛。雷浚说，《说文》无鹓字，《文选》司马长卿《子虚赋》，‘鹓雏孔鸾’，《汉书》司马相如传作宛。”[2]宛，《尔雅·释丘》：“丘上有丘为宛丘”；注：“宛谓中央隆高。”“宛谓中央隆高”与“氐，本也”都是根底的意思。北为东方，冬季树木凋零，生机伏于根氐，故北方方名。

《山海经》的《大荒经》中，《大荒东经》和《大荒西经》称东方神、西方神以及北方神均为“有人”，只在《大荒南经》里称南方神为“有神名”，但实际上，《大荒东经》三篇的四方之名明显地具有神性。从《大荒经》四篇描写西方之神的语言来看，四方神不仅管理着四方风——明确地说东方神折“处东极以出入风”“来风曰俊”，南方神曰因（乎）“处南极以出入风”“夸（来）风曰（乎）民”，西方神曰夷、“来风曰韦”，北方神曰鹓、“来（之风）曰犭炎”，用“来”字表明四方风是由四方神来控制和

---

[1] 袁珂．山海经全译［M］．贵阳：贵州人民出版社，1991：158.

[2] 胡厚宣．甲骨文四方风名考证［M］//甲骨学商史论丛初集·第二册．成都：成都齐鲁大学国学研究所石印本，1944：98~101.

掌管的——而且西方神和北方神还掌管日月的运行。西方神“处西北隅以司日月之长短”。“以司日月之长短”，则是言察明晷之节，北方神是“处东极隅以止日月，使无相间出没，司其短长”。这就十分清楚地显示出了四方神的神性。

另外，关于四方神，在《海外经》东、西、南、北篇里也提到：东方神句芒，南方神祝融，西方神蓐收，北方神禺疆。在《大荒经》诸篇里涉及的四方神与《海外经》里记载的四方神应为同神。笔者将在下面的文字中作进一步阐述。

二、四方神的文化意蕴

关于四方神的文化意蕴，有三种不同的说法：一是认为四方神名与草木或农作物的生、长、收、藏有关。杨树达释四方神为析、荚、韦、宛，认为四方神与殷人以为草木各有神职司有关：“析谓草木之甲坼，荚谓草木之着荚，韦谓草木之华实，宛谓草木之蕴郁覆盖，四者既皆神名，其为职司草木之神。”❶ 李学勤的说法也与杨树达相近，认为这些神名与农事有关。而于省吾认为，《大荒西经》西方神名曰“夷”，“彝”“夷”音近字通，古注“夷训为毁为伤为杀”，“然则西方杀伤万物，是指万物收缩之时言也”；北方曰“宛”，宛义为蕴，而“蕴是万物蕴藏之义”。❷ 二是认为东方名析和西方名彝其义是砍伐树木、芟刈禾嫁。但其目的是为了测定方向、测准日影的需要。三则是认为，四方名反映的是四季时节日夜长短的变化。

可以看出，后两种说法解释词义时绕弯较多，而第一种说法与四时节令变化密切结合，是可信的。另外，由于四方神的存在，《海外经》中叙述四方的山川方国就不只是一幅地图。其中提到的四方神泄漏了这幅图的意义，也进一步证明了上面的第一种说法。

在《大荒东经》里，东方神名曰“折”。胡厚宣和杨树达均认为，依甲骨文及《尧典》，东方神名曰“析”，应当以析为正，折是传写错误。“析”

---

❶ 李学勤．简帛佚籍与学术史［M］．南昌：江西教育出版社，2001：57.

❷ 于省吾．释四方和四方风的两个问题［M］//甲骨文字释林．北京：中华书局，1979：67.

为分析之，《说文》“析，破木也。”在《大荒东经》中东方神名应为“析”，萌动、生枝发芽之义。《礼记·月令》孟春之月云：“先立春三日，太史谒之天子曰：‘某日立春，盛德在木。……是月也，天气下降，地气上升腾，天地和同，草木萌动。’”《历书》云：“昔自在古，历建正作于孟春。于时冰泮发蛰，百草奋兴……物乃岁具，生于东。”东方神名“析”，正是这种“草木萌动”“百草奋兴”“物乃岁具，生于东”之义。而《海外东经》云：“东方句芒，鸟身人面，乘两龙。”《月令》孟、仲、季春三月均谓：“其神句芒。”《海外东经》和《月令》中所说的“句芒”与《大荒东经》中的东方神“析”是相当的。从《白虎通义·五行》中的东方春“其神句芒。句芒者，物之始，芒之为言萌也”和《月令》中的季春之月“句者毕出，萌者尽达”来看，“句芒”和“析”都是草木萌动、生枝之义。

《白虎通义·五行》云：“南方者，阳在上，万物垂枝。”《大荒南经》里有南方神名“因”，应为草木禾谷覆盖大地之义，这从东方神和西方神都与草木禾谷有关的特点不难看出。《海外南经》中提到“南方祝融”，《礼记·月令》云：“仲夏之月……其神祝融”；又云：“是月也，树木方盛。”《尚书大传·洪范五行传》载：“南方之极，自北户南至炎风之野……神祝融司之。……此迎夏之乐也。”可见，“因”与“祝融”都是夏天阳光明亮之义。

《大荒西经》中西方神名“夷”。古训注：“夷训为毁为伤为杀”；并谓西方曰夷的本来意义：“西方杀伤万物，是指万物收缩之时言之。”《白虎通义·五行》云：“西方煞伤成物”；又云：“七月谓之夷则何？夷，伤也。则，法也。言万物始伤，被刑法也。”《史记·六国年表序》云：“西方，物之成孰。”可见，西方神名“夷”，即秋季农作物成熟、万物收获之义。《海外西经》中又有云：“西方蓐收。”《礼记·月令》云：“仲秋之月……其神入手”；又云：“农事备收，举五谷之要，藏帝籍之收于神仓”；又云：“是月也，草木黄落，乃伐薪为炭。”《尚书大传·洪范五行传》载：“西方之极，自流沙西至三危之野，神蓐收司之……以迎秋之乐也。”因此，“夷”与“蓐收”皆有秋天万物收获之义，同时也含有万物萧条颓败之义。

《大荒东经》中北方曰“鹓”。“宛”是“夗”的假借字，夗、宛古音同义词。“宛”有蕴藏、覆蔽、积蓄之义。《说文》：“宛，曲草自覆也。”

《白虎通义·五行》亦云："北方者，伏方也，万物伏藏也"；又云："北方臭朽者……万物所幽藏也。"可见，北方神名宛（鹓、夗）都是因北方蕴积、伏藏之义而命名的。《海外北经》云："北方禺疆。"《礼记·月令》："孟冬之月……其神玄冥司之。……以迎东之乐也。"可见，玄冥和禺疆都是指北方神，只是在《海外北经》与《月令》中的称呼不同。由此，"宛"与"禺疆（即玄冥）"亦为冬天万物伏藏、归于幽暗之义。

古人受五行的影响把四时和四方相配，因此这里的四神也可以称为四方神。在《月令》里，四方神也是指四时神，就是四个季节。从上面例子可以看出，四方神都是以草木禾谷生长的特点来命名的，四方神名即古籍上常说的春生、夏长、秋收、冬藏之义。因此，四方神就是四时的拟人化和神化，四方神就是四时。

三、四方风的文化意蕴

《大荒经》中关于四方风的记载，反映出通过观测气象变化确定季节和农时的物候历制度。《大荒东经》谓东方风名为"俊"，《夏小正》谓正月"时有俊风，俊者，大也"，这是以春季风风暴的大小而言的。而南方风"民"也是如此，因夏天风风暴最少，风力较弱。《大荒西经》里"西风曰韦"。杨树达认为，甲骨文西方风应读作"彝"，而"彝"与文献中称西风为"泰风"或"大风"的泰、大之音相近，与《大荒西经》中"来风曰韦"的"韦"字音相近。《尔雅·释天》云："西风谓之泰风"；《诗·桑柔》云："西风谓之大风。"北风"犭炎"，于省吾认为"据古音则应读为'烈'"，北方风即"烈风"。《诗经·豳风·七月》云："二之日栗烈。"可见，《大荒经》里各篇作"俊、民、韦、犭炎"，四方风名应是根据四方风大小强弱的不同特征命名的。

《大荒经》中的四方风必对四时，不能像后人那样望文生义地理解为"四面来风"，而是四时来风。由于在五行体系中以四时配四方，四时风也被顺理成章地称为四方风。古人对风非常注意，因为风跟季节、农业密切相关。所以古人一年四季观察风向、风力，根据风的变化来确定春夏秋冬四季。因此，四方风也是四个季节。

四方神和四方风都体现了古人根据季候风变化来确定季节的物候历制度。《大荒经》中的东、南、西、北四极之山，是古人据以观测天象的地平面经纬坐标系，也可以称为最为原始的观象台。总之，《大荒经》和《海外经》实际上是一幅时序图，其所记载的知识与人们世俗生活的时空息息相关，涉及民众日常生活的方方面面，呈现出异彩纷呈的古代学术和上古时期的风俗风貌。

“今我来思”是何情思，“雨雪霏霏”乐欤悲欤？
——《采薇》意象解析

■ 吕　婷*

【摘　要】“昔我往矣，杨柳依依。今我来思，雨雪霏霏”是《诗经·采薇》中的名句。此四句以借景抒情、情化为景、景中含情、情景交融而著称，故可根据意象理论剖其情而析其景。其情为思归之苦、征战之苦、归途之苦，情感基调相统一；其景为廖远征战之景、漫漫归途之景，景总含情，景与情谐。故“雨雪霏霏”绝非“乐景”，而是书写悲情之哀景。至于《诗经》中其他雨雪意象是悲景还是乐景，也必须根据全诗的情感内涵来判断。

【关键词】采薇　雨雪意象　哀景

“昔我往矣，杨柳依依。今我来思，雨雪霏霏”四句，历来解释、注疏颇多。关于其艺术价值，王夫之曾概括为“以乐景写哀景，以哀景写乐景，一倍增其哀乐”。这是一种主流的理解。但诵读全诗，似觉情思止于哀而无乐。既然此四句因情景交融而著称，那么可以根据意象理论，分别从情和景两方面对该诗进行分析，以揭示历来被认为是“以哀景写乐景”的“雨雪霏霏”所蕴含的真情实感。

---

* 吕婷（1976～），女，文学硕士，贵州师范学院文学院副教授，研究方向为古代文学。

一、对全诗之情景的梳理

《采薇》是一首戍边还归的战士在归途中所作之诗。其所描绘的景象、抒发的情感虽然是多样的，却有着共同的倾向。

采薇采薇，薇亦作止。曰归曰归，岁亦莫止。

靡室靡家，猃狁之故。不遑启居，猃狁之故。

（采薇啊采薇，薇菜已经生出小芽了。回家啊回家，又是一年岁末之时。背井离乡、漂泊流离，都是因为猃狁入侵。毫无停歇、时时征战，都是因为猃狁入侵啊）❶

全诗开篇以采薇起兴，第二句就明确表达了一个戍边战士的心思：又是一年过去了，何时才能踏上归途啊？在外征战，离家背井，无法安居，全都是因为夷狄入侵。第一节明确表达了一个戍边战士的思归之情（“曰归曰归”“靡室靡家”），也向人们展示了战事频仍，无法安居的战况（“不遑启居，猃狁之故”）。所以，第一节抒发的情感主要是思归之情，展现的景象主要是战乱频仍、无法安居。

采薇采薇，薇亦柔止。曰归曰归，心亦忧止。

忧心烈烈，载饥载渴。我戍未定，靡使归聘。

（采薇啊采薇，薇菜已经长出柔嫩的枝叶。归去呀归去，内心充满忧愁。忧思愁绪如烈火一般，又饥又渴，我好难受。戍边的地点总不固定，连个信都没法捎回家）

第二节亦以采薇起兴，但见出时间推移，薇菜已然长出嫩叶柔枝。但思归的心，却随着时间推移愈演愈烈，令人饱受煎熬。战事多发，飘忽不定，无法与家人取得联系。所以，第二节抒发的仍旧是思归之情，只不过这情愈演愈烈；回忆的景象仍然是战事多发的戍边战况，但已与思归之情有了结合。

采薇采薇，薇亦刚止。曰归曰归，岁亦阳止。

---

❶ 诗经［M］.刘毓庆，李蹊，译注．北京：中华书局，2011. 又，本文所引《诗经》原文均据此书，同时，参考了刘毓庆、李蹊的解释。

王事靡盬，不遑启处。忧心孔疚，我行不来。

（采薇啊采薇，薇菜枝条已然老硬。归去吧，归去吧，天气都已经转暖了。可战事仍旧永无止息，连稍稍休息都不可能。忧思愁绪已折磨得我痛苦异常，我在战场上厮杀往来，从没停息）

第三节里，薇菜已然长成，时间也在推移，天气日暖。可战争仍未停息，连休息都不可能，更谈不上回家了。所以，长年征战的我，内心已然愁苦到了极点，但没办法啊，只能不停地厮杀。第三节在情感上延续了前两节的思归之情，但思归之情已达到悲苦境地；而回忆的景象也仍然是战事多艰，厮杀不停。

彼尔维何？维常之华。彼路斯何？君子之车。

戎车既驾，四牡业业。岂敢定居？一月三捷。

（那是什么？是盛开的棠梨花。那高大的是什么？是将军的战车。战车都已准备好了，四匹战马也高大雄健。我哪敢停歇啊，每个月都要多次迎敌作战）

第四节写到，棠梨花开了，又是一年，战争仍未停止。将军的战车整装待发，战马高大雄健，每个月都多次作战，我哪能停歇呢？本节直接展现的是战车、战马，但要表达的却是战事多艰、奔波厮杀之苦。

驾彼四牡，四牡骙骙。君子所依，小人所腓。

四牡翼翼，象弭鱼服。岂不日戒？猃狁孔棘。

（战车驾着四匹战马，雄健强壮。将军凭它冲锋陷阵，战士靠它掩护前行。战马整齐前进，我们背负弓箭时刻备战。我哪能不日日戒备呢？猃狁的进犯异常凶险呀）

第五节继续描述战马、战车，以及作战的景象。所有的人马都时刻警戒，因为外敌的侵犯紧迫、凶险。本节展现的景象仍然是战车、战马，但抒发的情感，除了战争厮杀之苦，就是连平日无战的短暂瞬间也必须戒备、无法放松之苦。长年战争，只带给人们高度的紧张与惊恐。

昔我往矣，杨柳依依。今我来思，雨雪霏霏。

行道迟迟，载渴载饥。我心伤悲，莫知我哀！

（当年离去之时，杨柳抽新，柔条轻扬。如今归来，漫天飞雪纷纷扬扬。道路遥遥渺渺，而我饥渴交迫。内心的悲伤，又有谁知道呢?!）

第六节忆往昔、悲当下。归来的道路漫长多艰，归家的日子遥遥无期。一个人饥渴交迫，流离漂泊，心中无尽悲哀向谁诉说?！本节历来被认为是借景抒情、情景交融的典范，其间有离别之情景，归途之情景。景有依依杨柳、霏霏雨雪、漫漫长路、踽踽前行；情，被明确指出的便是悲哀之情。

那么，归途中的情感到底是有如王夫之所说的有乐的情感，还是如诗中明示的悲哀之情？我们依据情景交融之意象理论进行分析，以揭示该诗该节该句的真情实感。

二、“今我来思”是何情思

综观全诗，其情有思归之苦、征战之苦、归途之苦。

（一）思归之苦

思归之苦明显贯穿于前三节。每节中的“曰归曰归”直抒胸臆，表达了回家的强烈渴望。

第一节中的“曰归曰归”，除了思归之情外，还有同性质的其他情感。“靡室靡家，猃狁之故”，表达了被迫离家、征战夷狄的无奈之情；“不遑启居，猃狁之故”，则凸显了居无定所的漂泊之心。无奈、漂泊与思归共同构成了第一节的情感纽带，在情感上具有一致性。

第二节的“曰归曰归”所蕴含的思归之情更加强烈。“曰归曰归，心亦忧止。忧心烈烈，载饥载渴。”“烈烈”凸显了内心的思归之忧愁如烈火般煎熬着这颗漂泊之心，“载饥载渴”表现了饥渴难忍。而“我戍未定，靡使归聘”则表明，由于漂泊不定，这些思归之苦连个寄托之处都没有！这一节思归之情与上一节同，但更加令人煎熬难忍，无法排解。在情感上，两节同质而递进。

第三节则将思归之愁苦推向高潮。“曰归曰归，岁亦阳止。王事靡监，不遑启处。忧心孔疚，我行不来。”又是一年春暖时节，可是战事从未停歇啊，南北征战、四处厮杀，内心的忧愁苦闷非常强烈，异常苦痛。“岁亦阳止”的物转星移、世事变迁，无法改变四处征战的命运和思归的愁苦，在对比之下烘托出思归之苦痛非常。

可见，前三节在情感上逐层递进。由在外漂泊、盼望归期，到漂泊之心、忧心忡忡，再到忧愁苦闷难以忍受，却又不得不忍受漫长的煎熬。前三节在情感上同质，深度上层层递进。

（二）征战之苦

第四、五两节以表达征战之苦为主。战车备齐、战马雄健，“岂敢定居，一月三捷”。戍边的战士四处征战，每个月都有多次战事。那战车是将军开战之用，也是掩护我们前行的依靠啊。打仗之时，有四处征战、不停厮杀之苦，而停战间歇，也无法安枕：“岂不日戒，猃狁孔棘”。虽然不打仗，但是却不能松懈，一旦松懈，猃狁就会进犯来袭，凶险异常。可见，即使停战片刻，战士们也高度紧张、异常惊恐，无法放松。

四、五两节从戍边的战与不战两方面表达了征战之苦。无论战与不战，都是痛苦的，战事多艰，凶险异常。这多艰与凶险又增添了思归之切。所以，思归之情与征战之情，在情感体验上是同质的，同为苦痛之情、悲苦之情。

（三）归途之苦

从字面来看，最后一节的归途之情，是悲苦哀伤的。归途漫漫、归期遥遥，饥渴交迫、雨雪霏霏。“行道迟迟，载饥载渴”显然是对归途漫漫、艰辛难忍的表达。而“我心悲伤，莫知我哀”则更是直抒胸臆，将常年征战的悲伤之情和盘托出。如此悲伤苦闷，已到了不得不说的境地，唯有直抒胸臆，否则又有谁人知晓呢？

所以，从情感角度来看，最后一节主要表达的是归途的悲苦，以及长年征战郁积心中的苦痛。

由此，全诗从整体上看，由思归之苦、征战之苦与归途之苦组成，在情感基调上是一致的。于是，“今我来思，雨雪霏霏”中，归途中的战士的情感也是悲苦的。也唯有从悲伤哀苦的角度去把握，才能保证整首诗情感基调的统一。由此，归途中的“我”也是满心的苦痛啊！

三、“雨雪霏霏”是何景致

思归、征战、归途三情之苦，是与恰当的景物相融合的。于是，对景物的梳理能帮我们把握归途之情到底为何情。但首先要弄清其间的各类景象。

（一）寥远的时空

《采薇》展开的时间距离和戍边拉开的空间距离，蕴含着漂泊之心、思归之苦。

前三节均以采薇起兴，却有着时序变迁。从“采薇采薇，薇亦作止”到“薇亦柔止”，再到“薇亦刚止”，可以明显感受到画面中的时光流逝。薇菜从发芽到抽出柔条，再到长成老硬，植物的生长，印证着四时的变迁。就这样一年一年过去了，可戍边战士却归期遥遥。心境也随之从“靡室靡家”到“忧心烈烈”，再到“忧心孔疚”。随着时序推移，战士的心境也越发忧愁、煎熬难耐。

戍边的背井离乡使地思归之心倍感漂泊。“不遑启居，猃狁之故”表明，远离故乡是因为戍边打仗，但战事频仍，四处征战，根本无法休息，更不用说有稳定的居所了。从“不遑启居”“我戍未定”“不遑启处”可见，战士永远在漂泊之中，颠沛流离，思归之心尤为迫切。

（二）无尽的征战

廖远之景与思归之心应和、交融，而无尽征战之景也必将带来无尽征战之苦。

如果说前三节主要表现了戍边之漂泊，那么四、五节则主要体现战事多艰、征战劳苦而凶险。“岂敢定居，一月三捷”，战车战马随时备战，每个月都有那么多战事，我又怎能安稳歇息呢；我们在战车的掩护下不断前行，装备时刻都带在身上，没有一天是安稳的，时时刻刻都在警惕猃狁的入侵。这表明战争频繁，战士战时艰辛、不战时亦凶险。可见，戍边战士没有一刻不征战劳苦，没有一时不因战争而殚精竭虑。

（三）漫漫的归途

终于跨过边关廖远的征战，踏上的归途到底是哀还是乐呢？“昔我往矣，杨柳依依”，依依之景，惜别之情，这里的感情绝非欢乐。“行道迟迟，载饥载渴”，一路上饥渴难耐，可归来的道路却也如此廖远。又饥又渴，显然不能让人高兴；而“迟迟”则是路途长远。即使从战场归来，可归家之路亦如此廖远，仍然让人受尽折磨，好似怎么也走不完。此句仍为悲苦之情。漫漫归途弥漫着无尽悲苦之情。不信，且看末句："我心伤悲，莫知我哀。"这难道不是贯穿始终的悲哀之情吗?!

思归之痛贯穿全篇，而景与情谐，不仅廖远征战的景象是哀景，归途遥遥、大雪纷飞、饥渴交迫这些归途之景亦均为哀景。即"今我来思，雨雪霏霏"中归途的大雪纷飞之景，也是"哀景"，绝非王夫之所言"以哀景写乐景，一倍增其哀乐"的"乐景"。

四、"雨雪霏霏"可融何情

与"雨雪霏霏"交融的情，可能是乐吗？通过梳理《诗经》中雨雪意象的情感内涵可以得到答案。《邶风·北风》：

北风其凉，雨雪其雱。惠而好我，携手同行。其虚其邪？既亟只且！

（北风寒凉刺骨，大雪漫漫不止。只有你那么爱我，让我们一起走吧。不要再慢慢等待，一刻也不能忍受）

本节以北风之寒、雨雪之大喻女子丈夫的狂暴和自己饱受摧残的悲凉处境。可见，此处的雨雪意象其情感内涵是悲凉的。下一节：

北风其喈，雨雪其霏。惠而好我，携手同归。其虚其邪？既亟只且！

（那北风狂暴急促，大雪漫天盖地。只有你疼我爱我，让我们一起走吧。难道还要慢慢等待，我一刻也不能忍受）

本节同样以北风之急促和雨雪之盛大喻丈夫之狂暴和自己的悲凉。此处的雨雪之景同样与悲伤凄痛之情交融。且两节在情感基调上统一，表明在本诗中，雨雪意象的情感内涵均为悲凄之情。

《小雅·出车》：

昔我往矣，黍稷方华；今我来思，雨雪载途。王事多难，不遑启居。岂不怀归？畏此简书。

本诗写了从出征到凯旋的情景，表达了诗人征战的复杂情感。本节仿《采薇》诗句而成，意为：我出征之时，黍稷抽穗吐蕊；如今归来，漫天飞雪。王事多难，战事多艰，根本没有休息的时间。难道我不想回家吗？怕只怕没有完成君王交给的任务啊。本节为归途的所见所思。与《采薇》同，见到了漫天飞雪，而思的则是战事艰难、征战劳苦；虽然思乡心切，却怕君王怪罪，故无法早归。可见，此节的情感基调仍然是劳苦艰辛、思乡盼归，并不是什么欢乐之情。

《小雅·信南山》：

上天同云，雨雪雰雰。益之以霢霂，既优既渥。既沾既足，生我百谷。

（天上阴云密布，大雪纷纷扬扬。还有淅淅沥沥的小雨。田野得到滋润，大地湿漉漉，这样庄稼就能茁壮成长了）

这里的雨雪有瑞雪兆丰年之义，故而是欢乐的意象。但不能凭此认为《采薇》中的雨雪意象也可以是欢乐的，因为雨雪之象必须与诗中之情融合，而《信南山》之情感意蕴始终是欢乐虔诚的。该诗是一首冬日祭祖的乐歌，赞美了祖先的丰功伟业，也感谢了天时、地利——它们共同带来了物产丰饶，于是我们要祭拜祖先、敬仰祖先、赞美祖先。这里的情感是欢乐的，因为“报以介福”（神灵赐予巨大的幸福），这幸福就是“疆场翼翼，黍稷彧彧”（田埂整整齐齐，庄稼茂盛生长），是祖先带来的丰饶物产、丰衣足食。因而《信南山》中的雨雪意象是与丰收的喜悦结合的欢乐意象。同理，《采薇》中的雨雪意象则是与归途漫漫之凄苦相结合的悲哀意象。

《小雅·頍弁》：

有頍者弁，实维在首。尔酒既旨，尔肴既阜。岂伊异人？兄弟甥舅。如彼雨雪，先集维霰。死丧无日，无几相见。乐酒今夕，君子维宴。

（高高的皮帽带在每个人的头上。你的美酒多么香醇，你的菜肴多么丰盛。难道都是些生疏的外人吗？不，都是兄弟、娘舅和外甥啊。如同下雪前会先下些米雪冰晶，这是末日回光返照之征啊。死丧的日子没几天了，相见的机会没多少了。今夕要开怀畅饮，要尽情享受这宴会）

这是一首王侯贵胄宴请亲戚的诗，全诗忧喜交加，忧愁多而喜悦少。除本节外，其他章节中更是弥漫着挥之不去的末世气息。前两节的“忧心奕奕”“忧心怲怲”表明心神不宁、忧愁满怀，而“庶几说怿”“庶几有臧”表明见到朝思暮想的人后，心情才略有好转喜悦。可第三节并没有延续这种仅有的喜悦，而是急转直下，个人的忧愁弥漫为旷世的悲凉。在这种末世的萧瑟悲凉之下，其雨雪意象也无法不浸满悲凉的气息。

《小雅·角弓》：

雨雪瀌瀌，见晛曰消。莫肯下遗，式居娄骄。雨雪浮浮，见晛曰流。如蛮如髦，我是用忧。

（在上者的影响如阳光一样巨大，就像雪下得再猛，阳光一出即刻消融。在上者不肯谦虚退让，人们都会效仿而傲慢无礼。雪下得再厚，阳光一出即化为流水。在上者的影响这么大，不好的影响会让我们像蛮夷那样互相残害，这是我深深担忧的）

在上者之教化如日光之化雪，这里的雨雪是喻体，并没有明确的情感内涵。但此二节从反面以警示尊上，表明作者对上行下效的深深忧虑。

以上是《诗经》中出现的其他雨雪意象。其中，两处为喻体，无明确情感内涵；一处蕴含瑞雪兆丰年之喜悦情感；其他四处雨雪意象均非欢乐意象。可见，雨雪多为悲凄忧愁之象。而其到底为乐景或哀景，则必须根据诗歌文本蕴含之基本情感来判断，切不可妄自揣测。

五、结　语

本文根据意象理论对“今我来思，雨雪霏霏”的基本情感进行了分析，指出其蕴含的情感是悲哀之情；因而，雨雪之景也不可能是乐景，而是哀景。所以，王夫之所言“雨雪霏霏”“以哀景写乐景，一倍增其哀乐”违背了全诗的基本情感，也不符合情景交融之意象理论。而后，通过对《诗经》中其他雨雪意象进行分析，发现《诗经》中的雨雪意象多蕴含悲怆忧思之情，但其具体为哀景或乐景，应基于具体诗歌的情感基调来判断。

【参考文献】

[1] 诗经［M］. 刘毓庆，李蹊，译注. 北京：中华书局，2011.

[2] 陈明富，张鹏丽.《诗经》“雨雪霏霏”考辨——兼析《十三经注疏》对《诗经》八处“雨雪”之训释［J］. 西南交通大学学报：社会科学版，2014（1）.

孔子因材施教教育方法探微

■ 龙红莲*

【摘　要】因材施教是孔子教育思想中最有价值的部分之一，它一直深受我国教育界的重视和提倡，非常值得高校教师借鉴和运用。孔子的因材施教有哪些内涵呢？本文从其实施的基础、不同的策略以及实施的具体原则几个方面来探讨。

【关键词】因材施教　知人　教育策略　实施原则

孔子在其一生孜孜不倦的教学过程中，依据自己的教学实践和经历，发现并整理出一套行之有效的教育方法和一系列卓有成效的教学措施及技巧。这些教育方法和措施是中华民族几千年文明中的精髓和瑰宝，也是孔子教育思想中最有价值的部分，非常值得我们高校教师借鉴和运用。孔子总结出来的教育方法很多，具体而言，主要有教学相长、启发诱导、注重内省、教育民主、有教无类、因材施教、言传身教、学思结合、知行合一、自我修养、道德教化等。本文择取孔子的一种最富有成效的教育方法——因材施教，谈谈自己的看法。

"因材施教"语出《论语·为政》中"子游问孝""子夏问孝"之宋代朱熹集注。孔子根据教育对象在性别、心理、知识结构、民族、个性、爱好等方面的不同以及培养目的和方向的差异，采取不同的教育措施，授予不同的教育内容。经过一代代教育家的继承和发展，在宋代，由朱熹将他的这种教育方法总结为"因材施教"。从此以后，孔子的因材施教就一直深

* 龙红莲（1973～），四川泸州人，文学博士，贵州师范学院文学院副教授，研究方向为西方美学、世界文学与比较文学。

受我国教育界的重视与提倡。那么，因材施教有哪些内涵呢？

一、因材施教的基础——知人

孔子认为，要实施因材施教，首先教育者要知人。老师作为教育者，应当对学生的性格、才能、天赋、兴趣、品性等方面非常了解，只有在知人的基础上，才可能进一步因材施教。然后，在知人的基础上，对不同的学生采取不同的教育策略。在这两个方面，孔子都做得非常到位。

（一）知人的方法

孔子对自己的学生以及身边的人甚至是古往今来的统治者的品性和禀赋都非常了解，做到了知人。如何才能做到知人？孔子知人的方法有哪些？孔子说："视其所以，观其所由，察其所安，人焉廋哉？人焉廋哉？"（《论语·为政》）也就是说，（要了解一个人）应看他言行的动机，观察他所走的道路，考察他安心干什么，这样，这个人就无法隐瞒自己了。通过孔子的这段话，可以知道，他了解一个人主要从其言论、行为和动机之间的关系来考察。不但要考察教育对象是否言行一致，考察他是否名副其实，还要考察他行动背后深层的动机和意图。

1. 考察教育对象的言行是否一致

对于自己的学生以及有交往、有机会接触的人，孔子主张通过言行来考察其品性。孔子在言行方面既重视言，更重视行！子曰："君子不以言举人，不以人废言。"（《论语·卫灵公》）孔子主张，君子不根据言论而推举、选拔人才，也不因某人有缺点、错误而废弃他的言论。孔子还说："质胜文则野，文胜质则史。文质彬彬，然后君子。"（《论语·雍也》）孔子认为，真正的君子应该是言论、外表与行为、内心和谐统一的人。如果一个人很有思想，品性也高尚，但不修边幅，就会显得粗野。反过来，如果太注重外貌和言辞，不注重内心的修为，就会显得虚浮。只有外在和内在兼备，才能称得上是君子。在《论语·卫灵公》中孔子又说："辞达而已。"通过这句话，孔子重申了对言行关系的态度，即言只是为了表达内心的一个工具。对言行不一、言过其实的人，孔子对之一向持否定态度。在《论语》中，孔子对那些刻意雕琢言辞、花言巧语，对人过分谦恭、表面上和颜悦色的人进行了批评，认为这些夸夸其谈的人不但不足信，而且鲜有仁德，人们应当引他们为耻，“巧言令色，鲜矣仁”（《论语·学而》）。子曰：“巧言、令色、足恭，左丘明耻之，丘亦耻之。匿怨而友其人，左丘明耻之，丘亦耻之。”（《论语·公冶长》）子曰：“巧言乱德，小不忍则乱大谋。”（《论语·卫灵公》）孔子教导君子要“先行其言而后从之”（《论语·为政》），即真正的君子应当先去实践自己想要说的话，等到真的做到了才把它说出来。孔子认为，如果无法做到言行一致，倒不如“君子欲讷于言而敏于行”（《论语·里仁》）。因此，子曰：“君子耻其言而过其行。”（《论语·宪问》）

关于言行关系，孔子对学生的要求非常严格。他非常欣赏子路的言行观，认为“子路有闻，未之能行，唯恐有闻”（《论语·公冶长》）。他认为，子路闻道的目的就是为了指导自己的实践，而不是仅仅停留在字面上、口头上；因此，子路每学到一些道理，就害怕还未实践又学到了新的道理。对于那些向他问道的统治者，孔子如此劝导他们：“其身正，不令而行；其身不正，虽令不从。”（《论语·子路》）

2. 考察教育对象是否名副其实

在考察一个人的性格和品性时，孔子坚持要通过亲自考察和体会，反对穿凿附会、道听途说。他在《论语·阳货》中说：“道听而涂说，德之弃也。”他认为，一个人善恶、好坏、廉贪、是否有德行，并不由个别人说了算，也不能由多数人说了算，而是要亲自去体验和考察。子曰：“众恶之，必察焉；众好之，必察焉。”（《论语·卫灵公》）就是说，一个人无论是受到大多数人的厌恶还是欢迎，我们都应该仔细分析他受欢迎或被讨厌的原因。深一层的含义是，君子应当明辨是非，不从众。子贡问（子）曰：“乡人皆好之，何如?”子曰：“未可也。”“乡人皆恶之，何如?”子曰：“未可也。不如乡人之善者好之，其不善者恶之。”（《论语·阳货》）翻译过来是，子贡问孔子说：“全乡人都喜欢、赞扬他，这个人怎么样?”孔子说：“这还不能肯定。”子贡又问孔子说：“全乡人都厌恶、憎恨他，这个人怎么样”孔子说：“这也是不能肯定的。最好的人是全乡的好人都喜欢他，全乡的坏人都厌恶他。”孔门七十二贤之一的子贡，深得孔子的真传，他也继承了孔子不为世俗毁誉的思想。他在评价商纣王时如是说：“纣之不善，不如是之甚也。是以君子恶居下流，天下之恶皆归焉。”子贡认为，纣王之所以声名狼藉，并非是由于他本身的品性就是如此不堪，而是由于人们喜欢落井下石，看到一个人倒台之后，就把天下的所有恶名都归在他身上；事实上，纣王远没有人们想象的那样残暴。孔子评价一个人的得失、善恶不但不会偏听偏信、道听途说、盲目从众，更不会根据其入狱与否来判断其品性好坏。在《论语·公冶长》中，孔子说：“可妻也。虽在缧绁之中，非其罪也。”然后以其子妻之。孔子在谈到公冶长时认为，他是一个可以托付子女的人，虽然他曾经入狱，但罪过并不在他，他是被冤枉的。于是，将自己的女儿许配给了他。

3. 考察教育对象行动背后深层的动机和意图

子曰：“吾与回言终日，不违，如愚。退而省其私，亦足以发，回也不愚。”（《论语·为政》）孔子的学生颜回，对老师的教诲从来不表示异议，也从不在孔子的面前发表自己的意见，看起来就像个笨蛋一样。可是孔子通过私下里考察颜回的言论，却发现他对老师的教诲每每有发挥之处。因此，孔子知道，颜回并不像表面看起来那样愚笨，反而是个有智慧的人，不显山露水，不卖弄小聪明。他表面上看起来很愚笨，其实却很有智慧。因此，他认为仅仅依据对象在某个时间、某个地点、某种情势下的言辞和行为来评价其性格、品性、才能、德行是不够的，要考察其背后的动机和因由。

4. 考察教育对象的品性要注重场合

孔子非常赞赏做事讲究场合的人。孔子在评价大禹时说：“禹，吾无间然矣。菲饮食而致孝乎鬼神，恶衣服而致美乎黻冕，卑宫室而尽力乎沟洫。禹，吾无间然矣。”（《论语·泰伯》）翻译过来的意思是：对于禹，我实在找不出缺点来批评他了。他对饮食很简朴，而尽力去孝敬鬼神；他平时穿的衣服很粗劣，而祭祀时穿得华美；他自己住的宫室很简陋，而致力于修治沟渠水道。对于禹，我实在找不出缺点来批评他了。孔子认为，不能根据大禹在祭祀时的华美衣着就断定其是一个生活奢靡的人，也不能依据其平时的粗劣打扮而认为其勤俭节约。孔子认为，一个人只有注重场合，依据不同的时空、场合来调适自己言行，才称得上是一个识时务的、明智的人。他自己就将之运用于实践。《论语·乡党》中记载了孔子的言行：

朝，与下大夫言，侃侃如也；与上大夫言，訚訚如也。君在，踧踖如也，与与如也。（孔子在上朝的时候，国君还没有到来时，同下大夫说话，温和而快乐的样子；同上大夫说话，正直而公正的样子。国君已经来了，恭敬而心中不安的样子，但又仪态适中）

入公门，鞠躬如也，如不容。立不中门，行不履阈。过位，色勃如也，足躩如也，其言似不足者。摄齐升堂，鞠躬如也，屏气似不息者。出，降一等，逞颜色，怡怡如也。没阶，趋进，翼如也。复其位，踧踖如也。（孔子走进朝廷的大门，谨慎而恭敬的样子，好像没有他的容身之地。站，他不站在门的中间；走，也不踩门槛。经过国君的座位时，他脸色立刻庄重起来，脚步也加快起来，说话也好像中气不足一样。提起衣服下摆向堂上走的时候，恭敬谨慎的样子，憋住气好像不呼吸一样。退出来，走下台阶，脸色便舒展开了，怡然自得的样子。走完了台阶，快快地向前走几步，姿态像鸟儿展翅一样。回到自己的位置，是恭敬而不安的样子）

孔子还说："邦有道，危言危行；邦无道，危行言孙。"（《论语·宪问》）既然君子的处事要依据不同的时势，那么，就不应仅凭言语来判断一个人的品性、才能、德行，也不能依据一个人在具体情境中的行为来判断其为人。因此，孔子认为，评价一个人的得失、成败、聪明与愚蠢、善恶、忠奸，要探究其在特定的场合中、其言行背后的动机和因由，这样才能全面地了解一个人。

（二）知人的内容

通过考察一个人的言行是否一致，是否名副其实，来考察其行动的时机和动因。孔子的目的是找出教育对象的性格特点、个人天赋、兴趣爱好、心理特点，等等，为下一步的因材施教打下坚实的基础。

1. 考察教育对象的个性特点

孔子认为，要教好学生首先要依据学生的性格来开展教学工作。《论语·先进》说："柴也愚，参也鲁，师也辟，由也喭。"（高柴愚直，曾参迟钝，颛孙师偏激，仲由鲁莽）孔子用极为简洁的几个字就鞭辟入里地概括出了自己的学生高柴、曾参、颛孙师、仲由的性格特征。

2. 考察教育对象的天赋所在

孔子对弟子的天赋以及适于从事的职业往往能做出恰如其分的评价。孔子说："回也其庶乎，屡空，赐不受命，而货殖焉，亿则屡中。"（《论语·先进》）他认为，颜回的道德学问已近乎完美，可是他一生都在贫困中挣扎。子贡则不安于本分，但做买卖却能够预测行情，一猜就中。可见，对颜回和子贡的优缺点以及擅长的职业，孔子非常了解。在《论语·先进》中，他还根据弟子的言行特点、个人修为、天赋才能，帮助他们进行职业规划。他熟悉自己的学生，了解其各自的优长，认为执政用人贵在取其所长，因才器使。《论语·先进》中说：

从我于陈蔡者，皆不及门也。（曾跟随我从陈国到蔡地去的学生，现在都不在我身边受教了）

德行：颜渊，闵子骞，冉伯牛，仲弓。言语：宰我，子贡。政事：冉有，季路。文学：子游，子夏。（弟子中德行最好的是颜渊、闵子骞、冉伯牛、仲弓。表达能力强的是宰我、子贡。有领导能力的是冉有、季路。擅长文学的是子游、子夏）

在《论语·雍也》中：

季康子问："仲由可使从政也与？"子曰："由也果，于从政乎何有？"曰："赐也可使从政也与？"曰："赐也达，于从政乎何有？"曰："求也可使从政也与？"曰："求也艺，于从政乎何有？"（季康子问孔子："仲由这个人，可以让他管理国家政事吗？"孔子说："仲由做事果断，管理国家政事有什么困难呢？"季康子又问："端木赐这个人，可以让他管理国家政事吗？"孔子说："端木赐通达事理，管理政事有什么困难呢？"又问："冉求这个人，可以让他管理国家政事吗？"孔子说："冉求有才能，管理国家政事有什么困难呢？"）

端木赐、仲由和冉求都是孔子的学生，他们在国务活动和行政事务方面各有其特长。孔子所培养的，就是能够辅佐君主或大臣从事政治活动的人。在《论语·雍也》里，孔子对他的三个学生都给予了较高评价，认为他们已经具备了担任重要职务的能力。子曰："片言可以折狱者，其由也与？子路无宿诺。"（《论语·颜渊》）孔子认为，只听单方面的供词就可以判决案件的，大概只有仲由吧，而子路在履行自己的诺言时从不拖延。由此可见，孔子对学生及周围人的禀赋和才能非常了解，知道他们适合从事什么职业。

3. 考察教育对象的德行

孔子认为，真正的君子须言行一致，那些整日夸夸其谈却无法将承诺付诸实践的人没有教育的价值，是不可雕也的朽木。

子曰："回也，其心三月不违仁。其余则日月至焉而已矣。"（《论语·雍也》）（孔子说："颜回这个人，他的心可以在长时间内不离开仁德。其余的学生则只能在短时间内做到仁。"）

孔子对于颜回在德行追求上的孜孜不倦给予了很高的评价。他说：

语之而不惰者，其回也与！（《论语·子罕》）（听我说话而能毫不懈怠的，只有颜回一个人吧）

惜乎！吾见其进也，未见其止也。（同上）（孔子说到颜回："可惜呀！我只见他不断前进，从来没有看见他停止过。"）

孔子非常欣赏颜回安贫乐道的德行，他说："贤哉，回也！一箪食，一瓢饮，在陋巷，人不堪其忧，回也不改其乐。贤哉，回也！"（《论语·雍也》）孔子认为，颜回的品行十分高尚。一箪饭，一瓢水，住在简陋的小屋里，别人都忍受不了这种穷困清苦，颜回却没有改变他的好学之乐，品行是多么高尚啊！

孔子不但对自己的学生，而且能对历史人物的德行做出独到的评价。

子言卫灵公之无道也，康子曰："夫如是，奚而不丧？"孔子曰："仲叔圉治宾客，祝鮀治宗庙，王孙贾治军旅。夫如是，奚其丧？"（《论语·宪问》）

孔子在谈到卫灵公无道时，季康子说："既然如此，为什么他没有败亡呢？"孔子回答说："因为他有仲叔圉接待宾客，祝鮀管理宗庙祭祀，王孙贾统率军队。有这些人辅佐，他怎么会败亡呢？"

子曰："吾未见刚者。"或对曰："申枨。"子曰："枨也欲，焉得刚？"（《论语·公冶长》）

在谈到鲁国人申枨时，孔子说他没有见过刚正不阿的人。有人回答他说，申枨就是刚正不阿的人，而孔子却认为申枨私欲太重，算不上是刚正不阿。在谈到伯夷、叔齐的秉性时，孔子说："伯夷、叔齐不念旧恶，怨是用希。”（同上）孔子认为这两个人心胸开阔，对过去的冤仇既往不咎，不斤斤计较，因此人们对他们也就不会心存怨恨。在谈到鲁国人微生高时，孔子说：“孰谓微生高直？或乞醋焉，乞诸其邻而与之。”（同上）孔子通过微生高的日常行为判断出他是一个吝啬、斤斤计较的人——别人向他借点醋，他都要从邻居那里讨要，然后再转借给别人。

4. 考察教育对象的智力水平

孔子认为，不同的教育对象，其智力和天分有很大的差异。在实施因材施教之前，应当对其智力水平和领悟能力有充分的了解。在《论语·公冶长》中有一段孔子与子贡关于领悟力的对话：

> 子谓子贡曰：“女与回也孰愈？”对曰：“赐也何敢望回。回也闻一以知十，赐也闻一以知二。”子曰：“弗如也，吾与女弗如也！”（孔子问子贡：“你和颜回比，谁好些？”子贡说：“我怎能和他比。颜回听到一件事能知道十件，我听到一件事只能知道二件。”孔子说：“是不如，我认同你比不上颜回啊！”）

5. 考察教育对象的学习态度

孔子认为，个人的智力和领悟力是天生的，但除了天赋的能力外，学习的态度是关系到一个人能否成功的重要因素；因此，天赋不足尚可通过后天的勤奋来弥补，可是，一旦学习态度成问题，这个人就失去了教育的价值。《论语·公冶长》中记载：

> 宰予昼寝。子曰：“朽木不可雕也，粪土之墙不可圬也！于予与何诛？”子曰：“始吾于人也，听其言而信其行；今吾于人也，听其言而观其行。于予与改是。”（宰予大白天睡觉。孔子说：“腐烂的木头不可以雕刻，用脏土垒砌的墙面不堪涂抹！对于宰予这样的人，还有什么好责备的呢？”又说：“起初我对于人，听了他说的话就相信他的行为；现在我对于人，听了他说的话却还要观察他的行为。这是由于宰予的事而改变的。”）

《论语·雍也》中记载了一段孔子与鲁哀公的对话：

> 哀公问：“弟子孰为好学？”孔子对曰：“有颜回者好学，不迁怒，不贰过。不幸短命死矣！今也则亡，未闻好学者也。”（哀公问孔子：“你的学生中谁是最好学的？”孔子回答说：“有个叫颜回的最好学，他

从不把脾气发到别人身上，也不犯同样的错误。不幸年纪轻轻死了！现在没听说有像颜回那样好学的人了。”）

孔子认为颜回是学习态度最好的学生。《论语》中还有一句话充分体现了孔子对学习态度的重视：“知之者不如好之者，好之者不如乐之者。”（《论语·雍也》）

二、因材施教的具体原则

孔子通过考察教育对象在不同场合的言行及其背后的动机，全面而深入地了解了他们的性格、适合从事的职业、品性、天赋才能和学习态度后，就可以有针对性地实施教学了。在《论语》中，孔子付诸实践的因材施教的具体原则大体有下面几种。

（一）依据教育对象不同的性格特征因材施教

弟子向孔子请教时，针对同样的问题，孔子能够根据不同的人的不同性格，给出大意相同又各有所侧重的回答，或者是完全相反的回答。子路好勇，容易轻举妄动，所以当他提出“君子尚勇乎”的问题时，孔子回答说：“君子义以为上，君子有勇而无义为乱，小人有勇而无义为盗。”（《论语·阳货》）《论语·先进》中记载了孔子回答子路、冉有关于“闻斯行诸”的问题。

子路问：“闻斯行诸？”子曰：“有父兄在，如之何其闻斯行之？”冉有问：“闻斯行诸？”子曰：“闻斯行之。”公西华曰：“由也问‘闻斯行诸’，子曰‘有父兄在’；求也问‘闻斯行诸’，子曰‘闻斯行之’。赤也惑，敢问。”子曰：“求也退，故进之；由也兼人，故退之。”（子路问：“听到了就该去做吗？”孔子回答：“家有父兄在，如何能一听到就去做呢？”冉有问：“听到了就该去做吗？”孔子回答：“听到了就该去做。”公西华问：“仲由问‘听到了就该去做吗’，你说‘有父兄在’；冉求也问‘听到了就该去做吗’，你说‘听到了就该去做’。我很困惑，大胆再问一问。”孔子回答：“冉求胆子小，遇到问题好退缩，所以我激励他做任何事情都要抓住最佳时期，决定了就要立刻去做；仲由胆子大，敢作敢为，比较鲁莽，于是我教育他凡事三思而后行，可以先请示父兄，商量以后再去做。”）

从表面上看，孔子的回答自相矛盾、反复无常，其实，这正是孔子因材施教的高明之处。正是因为冉有、子路的性格差异，所以，要达到教育的目的，孔子采取的教育内容和措施也有所区别。

（二）依据教育对象的智力水平和领悟力因材施教

孔子把学生大致分为“上智”“中人”“下愚”（《论语·阳货》）三类。如前所述，孔子弟子中，既有“闻一知十”的颜回，又有“闻一知二”的子贡，智力水平参差不齐。孔子认为人们的学习能力、智力水平和领悟力差别相当大，因此，对不同天分的对象，教育内容和方式一定要有所差别。子曰：“中人以上，可以语上也；中人以下，不可以语上也。”（《论语·雍也》）中人的意思是道德和资质在社会中居中等水平的人，类似于老子的“中士”。《老子·第四十一章》说：“上士闻道，勤而行之；中士闻道，若存若亡；下士闻道，大笑之。不笑不足以为道。”《论语·雍也》中的那句话与老子的意思类似：具有中等资质或道德水平以上的人，可以告诉他较高的学问或道理；具有中等资质或道德水平以下的人，由于他们的领悟力、接受力较差，只能对他们讲些浅显易懂的知识。孔子还认为，具有最上等资质和最下等资质的人都应当排除在教育之外：“唯上知与下愚不移。”（《论语·阳货》）因为智力水平高、领悟力强的人可以无师自通，而天性愚顽的人即便是天下最好的老师也无法施展自己的才能。因此，只有上知与下愚之状态坚若磐石、不可改变。孔子又说：“生而知之者，上也；学而知之者，次也；困而学之，又其次也。困而不学，民斯为下矣！”（《论语·季氏》）孔子还说：“可与言而不与之言，失人；不可与言而与之言，失言。知者不失人，亦不失言。”（《论语·卫灵公》）也就是说，孔子认为对不同资质和领悟力的人要采取不同的教育策略。

（三）依据教育对象不同的道德水平因材施教

孔子以“仁”为核心的教育思想，再加之以德育至上、重视理想教育、强调“修身为本”、以育人为中心的教育理念已经渗入了我国的教育思想。道德教育和礼乐思想一直是孔子教育的核心思想。他强调“内圣外王”，认为君子应该“修身、齐家、治国、平天下”；大处要以德治国、以礼治国，小处要注重自身的道德修养。因此，如何做到仁、义、孝并成为君子都是道德修养的重要内容。孔子对不同人的问题，往往会依据提问人的道德水准和不足之处给出自己的回答。下面，以孝和仁为例，谈谈孔子是如何因材施教的。

1. 孔子关于“仁”的不同回答

《论语》中提到“仁”的地方非常多，孔子对“仁”的回答也往往不同。他甚至在很多场合亲口承认，自己也不知道“仁”是什么，不知道某些行为究竟是不是“仁”的体现。

子曰：“不仁者不可以久处约，不可以长处乐。仁者安仁，知者利仁。”（《论语·里仁》）（孔子说：“没有仁德的人不能长久地处在贫困中，也不能长久地处在安乐中。仁人是安于仁道的，有智慧的人是知道仁对自己有利才去行仁的。”）

宰我问曰：“仁者，虽告之曰‘井有仁焉’，其从之也?”子曰：“何为其然也？君子可逝也，不可陷也；可欺也，不可罔也。”（《论语·雍也》）（宰我问道：“对于有仁德的人来说，别人告诉他井里掉下去一位仁人，他会跟着下去吗?”孔子说：“为什么要这样做呢？君子可以到井边去救，却不可以陷入井中；君子可能被欺骗，但不可能被迷惑。”）

颜渊问仁。子曰：“克己复礼为仁。一日克己复礼，天下归仁焉。为仁由己，而由人乎哉?”颜渊曰：“请问其目。”子曰：“非礼勿视，非礼勿听，非礼勿言，非礼勿动。”颜渊曰：“回虽不敏，请事斯语矣。”（《论语·颜渊》）（孔子的弟子颜回请教如何才能达到仁的境界。孔子回答说，努力约束自己，使自己的行为符合礼的要求。如果能够真正做到这一点，就可以达到理想的境界了，这是要靠自己去努力的。颜回又问，具体应当如何去做呢？孔子答道，不符合礼教的事，就不要去看、不要去听、不要去说、不要去做。颜回听后向老师说，我虽然不够聪明，但愿意按照先生的话去做）

樊迟问仁。子曰：“爱人。”问知。子曰：“知人。”樊迟未达。子曰：“举直错诸枉，能使枉者直。”樊迟退，见子夏，曰：“乡也吾见于夫子而问‘知’。子曰：‘举直错诸枉，能使枉者直。’何谓也?”子夏曰："富哉言乎！舜有天下，选于众，举皋陶，不仁者远矣。汤有天下，选于众，举伊尹，不仁者远矣。"（同上）（樊迟问什么是仁。孔子说："爱人。"樊迟又问什么是智。孔子说："善于识别人。"樊迟没有想通这番话。孔子便说："把正直的人提拔出来，使他们的地位在邪恶的人之上，这就能使邪恶的人正直起来。"樊迟出来了，见到子夏说："刚才我见到老师，问什么是智，老师说：'提拔那些正直的人并使他们在邪恶的人之上，这就能使邪恶的人正直起来。'这话是什么意思？"子夏说："这是含义多么深刻的话啊！舜有了天下，在众人中选用了皋陶，那些不仁的人也就远离了。汤有了天下，在众人中挑用了伊尹，那些不仁的人也就远离了。"）

樊迟问仁。子曰："居处恭，执事敬，与人忠。虽之夷狄，不可弃也。"（《论语·子路》）（樊迟问什么是仁。孔子说："平常在家规规矩矩，办事严肃认真，待人忠心诚意。即使到了夷狄之地，也不可背弃。"）

仲弓问仁。子曰："出门如见大宾，使民如承大祭。己所不欲，勿施于人。在邦无怨，在家无怨。"仲弓曰："雍虽不敏，请事斯语矣！"（《论语·颜渊》）（仲弓问什么是仁。孔子说："出门办事如同去接待贵宾，役使百姓如同去进行重大的祭祀。自己不愿意要的，不要强加于别人。做到在诸侯的朝廷上没人怨恨，在卿大夫的封地里也没人怨恨。"仲弓说："我虽然不聪敏，也要照您的话去做！"）

（宪问）"克、伐、怨、欲不行焉，可以为仁矣？"子曰："可以为难矣，仁则吾不知也。"（《论语·宪问》）（原宪问："好胜、自夸、怨恨与贪欲这四者都能克制，可算得仁吗？"孔子说："可算难了。若说仁，那我就不知道了。"）

司马牛问仁。子曰："仁者其言也讱。"曰："其言也讱，斯谓之仁已乎？"子曰："为之难，言之得无讱乎？"（《论语·颜渊》）（司马牛问仁。孔子说："仁者说话常迟钝。"司马牛说："说话迟钝，就说是仁吗？"孔子说："因知做来难，说来哪得不迟钝？"）

子贡问为仁。子曰："工欲善其事，必先利其器。居是邦也，事其大夫之贤者，友其士之仁者。"（《论语·卫灵公》）（子贡问怎样修养仁德。孔子说：“工匠要做好工作，必须先磨快工具。住在一个国家，要侍奉大夫中的贤人，与士人中的仁人交朋友。”）

子张问仁于孔子。孔子曰：“能行五者于天下，为仁矣。”请问之。曰：“恭、宽、信、敏、惠。恭则不侮，宽则得众，信则人任焉，敏则有功，惠则足以使人。”（《论语·阳货》）（子张向孔子问仁。孔子说：“能够处处实行五种品德，就是仁了。”子张问是哪五种。孔子说：“恭敬、宽厚、信实、勤敏、慈惠。恭敬就不致遭受侮辱，宽厚就会得到大众的拥护，诚实就会得到别人的信任，勤敏就会工作效率高，慈惠就能更好地使唤人。”）

上述孔子关于“仁”的回答，都是针对求教对象的不足之处给出的。孔子认为，做到安贫乐道是最难的，所以“仁”就是能够长久处于贫困和安乐中。而宰我的品性单纯，易于为他人而身处险境，因此告诫他：“仁”就是不受外界的欺骗和迷惑。回答颜渊时，孔子说“仁”就是“克己复礼”，这也是针对颜渊的德行、品性而提出的。其他的回答，也无不是针对樊迟、仲弓、司马牛、子张、子贡等人的不足之处提出的。

2. 孔子关于“孝”的不同回答

孟懿子问孝。子曰：“无违。”……

孟武伯问孝。子曰：“父母唯其疾之忧。”

子游问孝。子曰：“今之孝者，是谓能养。至于犬马，皆能有养。不敬，何以别乎？”

子夏问孝。子曰：“色难。有事，弟子服其劳，有酒食，先生馔；曾是以为孝乎？”（《论语·为政》）

对于何为“孝”的问题，孔子告诫孟懿子要“无违”，是因为孟懿子对待父母不是非常顺从，往往有忤逆父母心愿的情况。而孟武伯的父母身体不好，常常身有疾患，因此孔子就着重强调了这点。对于子游来说，由于其生活条件优渥，不存在经济上的困难，因此孔子认为能赡养父母、给父母优越的物质给养并不能体现他的孝道，而是要体现在对父母的关爱上。对于子夏，由于他脾气不算太好，偶有无意给父母脸色看的情况，故而孔子劝诫他要和颜悦色地对待父母。

（四）依据教育对象的才能因材施教

学生各有不同的天赋，“知者乐水，仁者乐山；知者动，仁者静。”（《论语·雍也》）在孔子弟子中，颜回好仁，子路好勇，子贡好商，冉求好政。教学内容的多样性为学生未来的发展提供了成才的基础和可能。孔子开设的具体课程可分为初级和高级。初级课程包括礼、乐、射、御、书、数六艺，高级课程有《诗》《书》《礼》《乐》《易》《春秋》。孔子曾说，颜回好仁、子路好勇、子贡好商、冉求好政。这些课程的设置使他们的天赋才能都得到最大限度的发挥。《论语·先进》说：“从我于陈蔡者，皆不及门也”“德行：颜渊、闵子骞、冉伯牛、仲弓。言语：宰我、子贡。政事：冉有、季路。文学：子游、子夏。”孔子设立的德行、言语、政事、文学四科，使颜渊、闵子骞、冉伯牛、仲弓、宰我、冉有、季路、子贡、子游、子夏的特长得到了充分发挥。

浩然正气：孟子辩论建构点的支撑

■ 熊　尧*

【摘　要】 孟子一生基本上都游说于诸侯之间，其辩论的技巧直至今天仍为大众津津乐道。本文意在探索其辩论技巧建构点支撑的同时，尝试陈述其当时的现实意义。

【关键词】 孟子　辩论　建构点　浩然正气

孟子身处礼崩乐坏的社会大动荡时期，各家学派代表人物纷纷现身说法，力图使自家的主张成为诸侯国的治国纲领。在这样的历史大背景下，师承孔伋的儒家学派重要代表人物之一的孟子，当仁不让地登上历史的舞台。孟子以其渊博的学识、过人的智慧和见解、逻辑性严密的辩论，在“百家争鸣”中大放异彩，在中国思想史上留下了浓墨重彩的一笔。为了说服诸侯国的国君采纳自己的施政主张，同时也是为了达成政见的统一，辩论自是必不可少的。有理不在声高，一个成功的辩者如果没有自己固定的主张（一家之“理”）及支撑点（立足的有利依据），是很容易被人击败的。那么，孟子辩论的支撑点是什么呢？我认为，就是他自己形容的“浩然正气”。这个“浩然正气”是“其为气也，至大至刚，以直养而无害，则塞于天地之间。其为气也，配义与道；无是，馁也。是集义所生者，非义袭而取之也。行有不慊于心，则馁矣”。这种“浩然正气”无形而浩大，客观存于天地之间，必须配之以义与道。若有行止不合于道义，那么这种气也就不存在了。综观《孟子》里记载的辩论之事，细加揣摩，其支撑点皆出于此处。“学会文武艺，货卖帝王家。”任何一种施政主张，如果没有当

* 熊尧，就职于贵州民族大学文学院。

权者的认同，都不可能得到落实，必须借助“官场”这个平台才有可能显示出其是否优越。春秋时期的当权者普遍在“霸天下”这一利益的驱使下，对到来的各家学说的游士采取听而择用的开放形式。这一方面是为自己的霸业“负责”，另一方面也促成了以“游于艺”这种形式做学问。在这种相对开放的学术背景下，孟子以配之以道义的“浩然正气”的施政纲领，游事于齐宣王，然“宣王不能用。适梁，梁惠王不果所言”。[1] 究其原因，是他的“王天下”思想与诸侯的“霸天下”思想冲突而致。

孟子渴望自己充盈着“浩然正气”的王道思想能被诸侯采纳，但其骨子里却透露出一种传统知识分子的清高，这在他与齐宣王的相见、相处中体现得淋漓尽致。

> 孟子将朝王，王使人来曰：“寡人如就见者也，有寒疾，不可以风。朝将视朝，不识可使寡人得见乎?”对曰：“不幸而有疾，不能造朝。”明日，出吊于东郭氏。公孙丑曰：“昔者辞以病，今日吊，或者不可乎?”曰：“昔者疾，今日愈，如之何不吊?”王使人问疾，医来。孟仲子对曰：“昔者有王命，有采薪之忧，不能造朝。今病小愈，趋造于朝，吾不识能至否乎?”使数人要于路，曰：“请必无归而造于朝。”（《孟子·公孙丑下》）

士非礼不能召，这在后来有才之士身上有着很好的传承，大概就是“师承”于孟子吧。孟子原意是要以礼拜见齐宣王的，但没想到齐宣王托病相召，这有些弄巧成拙的意思。于是孟子以相同的理由拒绝召见，齐王再派了使者和医生来，意图将孟子一军，更没想到的是经过别人帮忙遮盖的孟子却并不承情，反而夜宿于齐大夫景丑家。于是与景丑的一番论辩，引出了“非礼不能召”的一通言论：

> 故汤之于伊尹，学焉而后臣之，故不劳而王；桓公之于管仲，学焉而后臣之，故不劳而霸。……汤之于伊尹，桓公之于管仲，则不敢召。管仲且犹不可召，而况不为管仲者乎?（同上）

孟子推崇的是王道，鄙薄的是霸道，所以很不屑于与管仲相提并论。然而，对于和自己还有一箭之仇的管仲，齐桓公尚且执礼以待，齐宣王却

---

[1] 司马迁. 史记·孟子荀卿列传第十四［M］. 北京：中国戏剧出版社，2006：289.

托病相召。两相一比，自己自然落了下风，心里肯定就不舒服，报复式的也托病以辞，就很好理解了。孟子骨子透出的这种傲气，为后来学者采纳并加以发扬光大的例子很多。比如，诸葛亮硬是让刘备跑满三次才肯相见出山。或者，即使自己很想出仕，但顶多也很隐晦地以“坐观垂钓者，徒有羡鱼情”的形式点到即止。至于在“党锢之祸”中以为没被当权者发现、被捕而愤怒地站出来表明身份、自请赴刑的学者，更是“迂腐”地将这种孤傲而又执拗的性格很好地诠释了一番。

有些人认为三纲五常是禁锢人性的“假道学”，是儒家封建思想中用以残害人性的具体体现，其实我认为这点还是值得商榷的。在《离娄下》中，孟子是这样与齐宣王论辩的：“君之视臣如手足，则臣视君如腹心；君之视臣如犬马，则臣视君如国人；君之视臣如土芥，则臣视君如寇仇。”如果说这里完全颠覆了“君为臣纲”的说法的话，应该还是很恰当的。相同的论述在孟子论述“王道”和“霸道”的言论中还有很多。他推崇实行王政而得天下的禹、汤、文、武，痛恨的是失道而丢天下的桀、纣、幽、厉。“得道者多助，失道者寡助”是他对这一施政理念高度精准的概括。“天下之本在国，国之本在家，家之本在身”，所以君王“其身正而天下归之”。如果不能视臣民如手足，即使城高池深、兵革坚利、军粮充足，也会因人心涣散而导致大败。对于“男女授受不亲”，孟子是这样回答淳于髡的：“男女授受不亲，礼也；嫂溺援之以手者，权也。”事急从权，不必拘泥于“礼”的限制。对于治儒学的孟子来说，这种论调与其说是一种突破，倒不如说是对被误解的纲常伦理的一种人性化的阐释。没有人性化的理念，断不会做出人性化的论辩。从其出发点来解读孟子的辩说之言，或许可以算是一条可行之道。

孟子“保民而王”的思想发展到后来，经唐太宗创造性的改进，变成了著名的以舟喻君、以水喻民而水可载舟亦可覆舟的经典。急功近利的齐宣王曾这样问孟子：“德如何可以王矣?”孟子的回答是“保民而王”，认为汤以七十里、文王以百里而王的源头都是施行仁政“保民”。“以力服人者，非心服也，力不赡也；以德服人者，中心悦而诚服也，如七十子之服孔子也。”用类比的方式论述了心服与口服的本质区别：口服可能是来自外力的强加干涉，而心服是发自内心的拥护，这种拥护就像孔子的学生所谨守的师道尊严一样。有人认为，孟子所论的“劳心者治人，劳力者治于人。治于人者食人，治人者食于人”是一种对“劳心者”的维护和对“劳力者”的愚化。其实，在社会化大分工发展的今天，应该承认他的先见之明：合理分工，优化资源配置，人尽其才、物尽其用已成为一种定势；以按劳分配为主体，多种分配方式并存，在他的这句话中也有所萌芽。孟子并不认为君主是处于金字塔尖的：“民为贵，社稷次之，君为轻。是故得乎丘民而为天子，得乎天子为诸侯，得乎诸侯为大夫。”君轻于社稷，社稷又轻于民。“孟子的‘民贵君轻’思想不愧为当时成体系的激进主张，它在客观上有利于当时社会的进步，因而和消极作用相比，其历史功绩是主流。”❶孟子主张以有道之臣民伐无道之君。对于桀、纣、幽、厉之流的暴君，可以看出他是没有丝毫同情之心的。只有“以不忍人之心，行不忍人之政”者，方能“治天下可运于掌上”。在武王伐纣一事上，他并没有半点纠结就表示了赞同。“王道不外乎人情，礼是王道的一部分，按儒家说是通乎人情了。”❷或许就是这种通乎人情的“保民而王”的思想，成了后来史家衡量“仁政”与“暴政”的标尺。

针对当时四分五裂的社会现实，孟子因势利导，在其辩论之中渗透“大同”的思想，亦不可谓不精彩。首先，孟子从西伯侯（文王）善养老者说起：“五亩之宅，树墙下以桑，匹妇蚕之，则老者足以衣帛矣。五母鸡，二母彘，无失其时，老者足以无失肉矣”。这几句话看似简单论述桑麻之事，但若考虑到“西伯侯善养老者”这一前提，再从其表达文王“制其田里，教之树畜，导其妻子，使养其老”的目的上来解读，那就是与民同乐的大同理想的表现了。其次，再来看《梁惠王下》孟子和齐宣王关于此思想的一段经典对话：“曰：‘独乐乐，与人乐乐，孰乐?’曰：‘不若与众’……‘今王与百姓同乐，则王矣。’”“‘与民同乐’虽然还不是还艺术于人民，但认为人民与统治者在文艺娱乐上可以平等，这就富于人民性的因素，应该给予高度的评价。”❸即使这里他只是以乐舞欣赏为例，向宣王宣讲“与民同乐”则可以称王天下的道理，但其实“以孟子之见，尽管大王

❶ 姜荣海．孟子“民贵君轻”思想述评［J］．齐鲁学刊，1984（5）：35.

❷❸ 童庆炳．中国古代文论的现代意义［M］．北京：北京师范大学出版社，2001：87.

独自或与少数贵族欣赏乐舞，和与民众一块欣赏乐舞一样可以得到快乐，但因为'与民同乐'更符合仁道，所以'独乐乐'抵不上'众乐乐'，'与人同乐'抵不上'与众乐乐'"。[1] 在孟子的论辩中，很多地方都在告诫统治者要身体力行地体察民情，设身处地为老百姓着想，凸显出难得的大同思想。试想，在周天子名存实亡、诸侯挖空心思谋图霸业的乱世之中，一个手无缚鸡之力的儒生，不辞辛劳，颠沛地游走于诸侯国之间宣讲自己背离时势的仁政思想，坚守着"威武不能屈，富贵不能淫，贫贱不能移"的正义之道；不说其智慧和仁心如何，光是其心志之坚、胆识之过人在今天依然都值得敬仰。

"乱世出刁民。"在孟子的论辩思想中，并没有回避这个问题，也没有因为"民贵君轻"而袒护"刁民"。他认为，之所以会出现盗贼，是因为缺乏教化；要改变这个事实，就需要借助于教育。在人民能吃饱穿暖的基础之上，"谨庠序之教，申之以孝悌之养"，这样，才能"使民不为盗"。孟子要通过教化使老百姓懂得礼义，培养其浩然正气。拥有安居乐业的基础，又有浩然正气，民不为盗也就水到渠成了。这里，不妨再来说一下孟子学说中做学问的目的。"得天下英才而教育之"是他所说的"三乐"之一。什么样的人算是英才呢？"出仕则为帝王师"就是肇端于孟子的思想。为帝王师一方面可以辅佐君主建功立业，一方面又能维护自己的"道"，使之发扬光大。他举了汤之于伊尹、齐桓公之于管仲的事例，其实也流露出浓浓的、想为帝王师的向往。后世诸多贤能学者其实也在此有所效法：诸葛亮与刘备初次见面，就自顾自地取出地图为刘备定下三分天下的基调；辛弃疾赞颂、羡慕张良"一编书是帝王师"。类似的例子还很多。"有王者兴，必来取法，是为王者师也。"武王曾以子牙为师。孟子的论断就是，君王既然取法于某人，那某人成为取法者（君王）的老师是毋庸置疑的；一旦成为帝王师，便自上而下形成了统一的思想，离建立一个大同社会也就不远了。

孟母三迁的故事被广为传颂，甚至被很多人奉为圭臬。孟子对含辛茹苦抚育自己的母亲所怀有的感恩之情肯定是很深厚的，这种感恩之情衍化为他反对薄葬的心理。社会发展到今天，若重新对此定义，古时候厚葬父

---

[1] 祁志祥．中国美学原理［M］．太原：山西教育出版社，2005：33．

母的思想对于孟子来说是没有错的，提倡薄葬也是值得肯定的。“父母存，不许友”以及“阿意屈从，陷亲不义；家贫亲老，不为禄仕；不娶无子，绝先祖祀”，都是他根据当时的情况力主孝悌、仁道的一种表现。当面临两难的抉择时，人们常会用“人在江湖，身不由己”来开脱，但孟子不这样认为，他要舍身而取义：

鱼，我所欲也；熊掌，亦我所欲也。二者不可得兼，舍鱼而取熊掌者也。生，亦我所欲也；义，亦我所欲也。二者不可得兼，舍生而取义者也。（《孟子·告子上》）

人生于世，有可为与不可为时，应择义而为。对于孟子是这样，对于我们又何尝不是？

孟子的辩论，立足于自己所养的“浩然正气”。其文调高雅，其意蕴幽深。他近乎“固执”地“道性善”“主民贵”“行仁政”“法先王”“讲礼义”，以“舍我其谁”之势傲立于诸侯之间，直击“以五十步笑百步”的自恋，不屑与嬖奚者流为伍，辩证地把民贵君轻的仁政思想教之于上位者，展示了一代大儒的浩然之气。他的辩论技巧、方法论与仁政思想完美结合，多数方家学者皆单独列论，但对其辩论建构点的支撑却鲜有提及。在此，尝试性的一己之见，只期“知其人”而“论其世”，还原一代大家浩浩大论的出发点。

庄子美学的吊诡性

■ 陈火青*

【摘　要】庄子一方面否定现世之美，一方面肯定形上大美，表现出吊诡性。在学科视域下，否定现实的美与艺术，有其非美性，这是无须隐讳的。认为道是美/大美，降低了道，错置了道与美的逻辑分位，是将“道—物”模式平移为“道—美”模式的结果，忽视了“道—人—美”中人的存在。美并不能直接等同于道本身，应是“道”加“殊理”。大美是自然无为的道的一种品格，具有后效于美学的价值。

【关键词】大美　道是美　非美性　吊诡

《庄子·齐物论》曰：“予谓女梦，亦梦也。是其言也，其名为吊诡。”何为“吊诡”？朱骏声曰：“诡借为恑”，马叙伦按：“吊”当为“憰”，吊诡，憰恑，权变也。❷ 我说你在梦中也是在梦中，这样的话就是吊诡。牟宗三说，这是辩证的诡词（dialectical paradox），不是逻辑上的诡词（logical paradox）。吊诡实际上就是老子“正言若反”（《老子》第七十八章）式的讲法。它不属于分析（分解）式的知识范围的讲法，而是属于智慧型的诡词方式，是一种非分解式的说法。道家就是用这种吊诡的方式将人们引入一个智慧之境，而并不是要给人以知识。❸ 这种吊诡讲法同样也贯穿在庄子对待审美和艺术的问题上。“厉与西施”，按通常的看法原本美丑有分，但是在庄子却要得以超转，即“恢诡谲怪，道通为一”（《齐物论》）。恢诡谲

---

* 陈火青，男，湖北黄冈人，博士，贵州师范学院文学院副教授，研究方向为美学、文艺学。

❷ 崔大华．庄子歧解［M］.郑州：中州古籍出版社，1988：101.

❸ 牟宗三．中国哲学十九讲［M］.上海：上海古籍出版社，1997：132～135.

怪亦即吊诡。因此，在说“庄子的美学”时也应注意到，按照庄子的吊诡方式，其实也是在说“庄子的美学非美学”。如此，才不会“执”。吊诡，是非分解说，但在非解说前必有分解说为必要条件，这才符合现代学科要求的“圆而神”的精神。❶ 下面，就先看看庄子在美和艺术问题上的吊诡。

一、“大美无美”的吊诡

庄子的思想中有两个层次的美与艺术，一是在现实世界中的美与艺术，一是在道的层次上的美与艺术。现实世界中的美与艺术被目为世俗之美而为庄子所否弃。《庄子·天道》曰：

> 视而可见者，形与色也；听而可闻者，名与声也。悲夫，世人以形色名声为足以得彼之情！夫形色名声果不足以得彼之情，则知者不言，言者不知，而世岂识之哉！

“悲夫”句，成疏曰：“夫目之所见，莫过形色，耳之所听，唯在名声。而世俗之人，不达至理，谓名言声色，尽道情实。岂知玄极，视听莫偕！愚惑如此，深可悲叹。”世人以形色名声为贵，是因为他们并不知道“道”的精微玄妙从形色名声中是无法得到的，因此世俗所重之形色名声并不足贵。也正因如此，“轮扁斫轮”的故事就直接将书籍视为“糟魄（粕）”。《天道》又曰：“钟鼓之音，羽旄之容，乐之末也。”曹础基注：“歌声舞姿已属于人为造作，失于自然，故说是乐之末。”❷ 人为之乐是“乐之末”，也不是真正的乐。对于形色名声、书文歌舞这些世俗之美，庄子当然是持否弃态度的。他说：“擢乱六律，铄绝竽瑟，塞瞽旷之耳，而天下始人含其聪矣；灭文章，散五采，胶离朱之目，而天下始人含其明矣。”（《庄子·胠箧》）对于感官之类的审美或艺术活动都应加以摈弃，这样才能收视反听，“天机自张，无为之至也”（成疏语）。

对于世俗之美的否弃，是因为有更高层次的美，那就是在道的层面的

---

❶ 牟宗三：中国文化系统的基本精神是“综和的尽理之精神”，即是“圆而神”的精神；西方的文化是以“分解的尽理之精神”，即“方以智”的精神为基本精神的文化系统（牟宗三．中国哲学的特质［M］.上海：上海古籍出版社，2007：127，152）。

❷ 曹础基．庄子浅注［M］.修订本．北京：中华书局，2007：154.

形上之美，所谓“天地有大美而不言”（《庄子·知北游》）、“朴素而天下莫能与之争美”（《庄子·天道》）、“淡然无极而众美从之”（《庄子·刻意》），等等。“大美”“朴素”“淡然无极”都是相对于一般的“美”“众美”而言的，与“天地”“天下”“无极”这样的层面相关联，因此大美等就是道的层面的美，而不是通常的美。大美就应该是绝对的、无限的、超越的、形上的美。至于这种大美具体的规定性如何，姑且先不论，但有一点是明确的，庄子肯定了这种大美。《天道》曰：“美则美矣，而未大也。”又：“夫天地者，古之所大也，而黄帝、尧、舜之所共美也。”这里明显表现出对一种超越于美的“大”的追求，以“大”为美，表现出大美的取向。

由此可以看出庄子在美的问题上的吊诡：一方面否定世俗之美，一方面肯定形上大美。袭用其吊诡的讲法，当是“大美无美”。在《庄子》中已有此种提法，如《至乐》篇提出的“至乐无乐”。《至乐》认为，天下人“所乐者，身安厚味美服好色音声也”，“所苦者，身不得安逸，口不得厚味，形不得美服，目不得好色，耳不得音声”。天下人为“好色音声”等世俗之美（只从审美论）所乐所苦，得之则乐，不得则苦。一方面，“若不得者，则大忧以惧”，对“活身”养生有害。另一方面，“今俗之所为与其所乐，吾又未知乐之果乐邪，果不乐邪？”世俗（审美）之乐，是乐还是不乐呢？“吾未之乐也，亦未之不乐也。”世俗（审美）快乐谈不上快乐不快乐，“此深鄙之之意”。[1] 那么真正的快乐何在？“吾以无为诚乐矣，又俗之所大苦也。”成疏：“以色声为乐者，未知决定有此乐不？若以庄生言之，用虚淡无为为至实之乐。”以“无为”为乐，所以“至乐无乐”，最大的快乐不是世俗（审美）的那种快乐。[2] 只有达到无为即与道为一的精神状态，才能带来最大的快乐。

---

[1] 林希逸．庄子鬳斋口义校注［M］．周启成，校注．北京：中华书局，1997：277.

[2] “至乐无乐”，陆树芝曰：“至乐则无世俗之乐”，阮毓崧曰：“忘乐而后乐足”（崔大华．庄子歧解［M］．郑州：中州古籍出版社，1988：49）；曹础基说：“最大的快乐就是无所谓快乐。”（曹础基．庄子浅注［M］．修订本．北京：中华书局，2007：206）实际上否定的都是世俗之乐。

二、庄子思想的非美性

庄子“大美无美”的吊诡给中国现代美学的研究带来了困境。中国古代“有美无学”，学科意义的美学是从西方引入的。而西方的文化是“方以智”的精神的文化系统，是以“分解的尽理之精神”为其背后基本精神的，这与中国文化的“综和的尽理之精神”即“圆而神”的精神无疑有很大的距离。从西方引入的学科美学无疑也具有西方“方以智”精神所成就的“学统”的特点，其“分解的尽理”有两大特征，“一、外向的，与物为对；二，使用概念，抽象地概念地思考对象”。[1] 透露出来的就是“知性形态”，其讲法即言说方式就是“分解”（指精神而非指具体的讲法）。而这又恰恰为中国古代“非分解”说的“综和的尽理之精神”所欠缺，同时也是中国古代“学统”没能转出的缘故。

> 道家对于超知性境界及对“超知性境”之思维法，皆意识的很清楚。可是对于可道世界以及知性范围内的事，则不能正面而视，不能道出其详细的历程以及其确定的成果。[2]

因此，要达到“超知性境”与知性领域“两头双彰”，必须要经历“知性领域”的一次“充实”，这就要求进行现代学术体系下的研究。现代的美学家在研究庄子美学时正是取了两种态度，一种是讨论美学史上的庄子美学本身是怎样的，一种是想对庄子美学进行现代转化。但是，一些做现代转化的美学家却常常混淆了两者之间的界线，将现代转化当作了庄子美学本身，这就造成了庄子美学的泛化现象，好像庄子美学怎么讲都行，结果是庄子美学本身失去了规定性，也失去了阐释上的有效性。因此，研究庄子美学时要明确两者之间的界限。现在要建立现代学术体系下的美学，正如李泽厚、刘纲纪指出的：

> 仅从思想史（美学史是各种思想史中的一种）的研究来说，任何真正有科学价值的研究，都要从现代科学发展的高度对古人的思想作

---

[1][2] 牟宗三．中国哲学的特质［M］．上海：上海古籍出版社，2007：157，160.

出某种说明，指出它在某门科学发展史上的意义。❶

研究庄子美学也不例外，应从美学学科的高度对庄子美学本身有所说明，要对它进行一次“知性领域”的“充实”。但庄子本身在知性领域又是囫囵的，易造成理解与阐释的障碍与歧异。

如果从作为学科的美学来看，庄子否弃世俗现实的美与艺术，有其非美的一面，是反美学的。20世纪20～40年代，从事文艺理论与批评的一些研究者如郭绍虞、罗根泽、朱东润、朱维之等大多持这种看法，同时期的一些日本学者如铃木虎雄和青木正儿也持相似观点。他们的观点可以归纳为三。其一，庄子思想作为道家思想的重要部分，与儒家思想处于相对立的地位。其二，庄子思想本身并不是针对文艺而发，并无意指导或推动文艺的发展，并无多少关于美和文艺的观念。其三，从思想倾向看，庄子是否定文学和艺术的，但却从多方面给后世的谈文论艺者以深远的影响。70年代末至80年代初，施昌东、蒋孔阳等认为庄子是美与艺术的否定论者，其思想在美学上是一种虚无主义、相对主义。

不过，自徐复观于60年代在台湾指出庄子的道“不期然而然地”会归于今天所谓的艺术精神，李泽厚、刘纲纪于80年代初在大陆提出“庄子的哲学是美学”之后，人们基本上就不提庄子的非美一面了。徐复观说：

> 老子之所以否定世俗之美，是因为这只是刺激感官快感之美，是容易破灭之美……在反对世俗之美的后面，实要求有不会破灭的、本质的、根源的、绝对的大美。（这）为庄子所继承。❷

李、刘二氏也只论述了老子：

> 老子对审美观照艺术的活动决没有从根本上完全否定，他只是要求审美和艺术不应产生“令人目盲”、“令人耳聋”这样的有害的后果，而应该同人的生命的自由相一致。
>
> 看来似乎是否定美的老子，其实并不否定一切的美。关键在于老子所肯定和追求的美，不是那种外在的、表面的、易逝的、感官快乐

❶ 李泽厚，刘纲纪．中国美学史·先秦两汉编［M］．合肥：安徽文艺出版社，1999：13．．

❷ 徐复观．中国艺术精神［M］．桂林：广西师范大学出版社，2007：43．

的美，而是内在的、本质的、常住的、精神的美。[1]

这些看法都是很深入的、精微的，指出了老庄的“美”的追求，那种认为庄子或老子完全不要美的观点是不准确的。

但问题是，世俗的、感官快乐的美难道就不是美吗？人类审美意义上的美不正是这些世俗之美吗？现今学科意义上的美学难道不正是要面对或基于这世俗之美吗？那种不会破灭的、本质的、根源的、绝对的大美如果没有这世俗之美，又会在哪里呢？[2] 如果说美是无功利的，那么世俗之美怎么就是只刺激感官快感的美呢，怎么又会造成有害的后果呢？如果说美是感官快乐的，那么哪些世俗之美又不是不易破灭的美呢？如果说庄子只反对那些会产生有害后果的世俗之美，哪些世俗之美又是不会产生有害后果的美？这样的一些问题，庄子并没有明确说明。庄子原本是不是要说明什么审美的问题，也就不得而知。

这个问题也许可以换个角度来看。一般认为，庄子是反对儒家的“仁义礼乐”的，《天道》说：“退仁义，宾礼乐。”如果说儒家美乐被当作学科或审美意义上的美乐来理解，那么基本上可以推断庄子是反对学科或审美意义上的美乐的，因为儒家所说的美乐也不能脱离世俗之美乐。一般还认为，墨子与儒家相对立，是“非乐”的。墨子从功利出发来非乐，是因为“他把审美和艺术活动看作是一种单纯的娱乐，所谓‘乐（yue）以为乐（le）也’”。[3]“‘乐’只能‘亏夺取之衣食之财’，不能给老百姓任何物质利益。”[1]这与老庄从“活身”“养生”、得道等出发来否定感官享乐之美乐，出发点虽不同，态度上却没有分别。所以郭沫若在《庄子的批判》中批判庄子学派思想中的“矛盾”，说他们在批评墨家时认为“墨家的非乐节用太过”，但他们的相关言论“不是做得更过吗？”[5] 由此可见，老庄“那些看

[1][1] 李泽厚，刘纲纪．中国美学史·先秦两汉编［M］．合肥：安徽文艺出版社，1999：199～200，156.

[2] 徐克谦：“这种‘大美’到底还能不能算是一种美恐怕就是值得怀疑的了，因为它似乎已经失去了美之作为美的一切规定性”“脱离了人，脱离了人的意识与感觉去寻找绝对的‘美’是荒谬的，也是办不到的。”（徐克谦．庄子哲学新探——道·言·自由与美［M］．北京：中华书局，2005：213～214）

[3] 叶朗．中国美学史大纲［M］．上海：上海人民出版社，1985：50.

[5] 郭沫若．庄子的批判［M］//胡道静．十家论庄．上海：上海人民出版社，2008：102.

来是否定审美和艺术的言论，是对人类进入文明社会之后早期那种把审美和艺术活动同放肆疯狂的感官享乐追求混而为一的错误做法的批判”。[1] 只是，他们在泼洗澡水时，将婴儿也一同泼了出去。庄子否弃的正是学科审美意义上的美，这不能说不是一种遗憾。其实，我们无须为古人讳，非要把反美的说成是美学的才见其高度。在中西美学史上，表现出非美性的美学家大有人在，况且，那些反美学的理论不一定就对美学没有价值。

三、道是美/大美吗

庄子对道的层面的美的诉求无疑更有价值，因为在理论上人们可以否定审美和艺术，但在现实中却并没有多大的可能性——美与艺术看来确实与人的存在有着内在的关联。当人们在一定程度上有意无意地悬置或忽视庄子对美的否弃，将视野转向庄子的“大美”“至美”等道的形上之域时，打开了一个广阔的理论空间。庄子哲学似乎对美学有着惊人的预设，二者的亲密关系事实上也在后世的美学中一再展现。在20世纪三四十年代，方东美曾指出，道家的世界是超化到“艺术天地”的；日人竹田复指出，老庄的文学思想以到达“无我之境”为理想，抛弃人为美而寻求自然美。钱穆亦就那些技与道的故事言：“盖庄生之人生终极理想，夫亦一适字可以括之。而其所以达此之工夫，则曰无心、曰忘。然而此等境界，其实则是一种艺术境界也。”[2] 四五十年代，唐君毅也提出“道家之纯粹艺术精神”区别于儒家“统于道德之艺术精神”。[3] 这些，大约与当时流行人生境界、艺术境界、人生艺术化之说有关。真正将庄子美学提升到中国纯艺术精神之王座上的是徐复观，他的《中国艺术精神》基本上可以看作是研究庄子美学及其影响的专书。

徐复观在论及道与美、与艺术精神之关系时，多次指明，道的本质就

---

[1] 李泽厚，刘纲纪．中国美学史·先秦两汉编［M］．合肥：安徽文艺出版社，1999：196.

[2] 钱穆．庄老通辨［M］．北京：生活·读书·新知三联书店，2005：292.

[3] 唐君毅．人文精神之重建［M］．台北：学生书局，1974：102～103．唐君毅：“物我之别忘，而游心于万象，与天地之一气，此观天地之大美之艺术境界。物我相忘，而以神遇，不以目视，以游刃于虚，此成人间之大巧之艺术精神。”

是艺术精神、就是美。❶ 这里有两层含义：一是在根源上，道是美和艺术之所以成立的根源。他说：

老、庄的道……此最高的艺术精神，实是艺术得以成立的最后根据。

（老、庄的道）在人生宇宙根源之地来找美何以能成立的根据……西方若干思想家，在穷究美得以成立的历程和根源时，常出现约略与庄子在某一部分相似相合之点。

庄子为了易于与世俗之美相区别，所以有时称这种根源之美为“大美”、“至美”。❷

二是在本质上，将道与美、与艺术精神相等同。他说：

老、庄的所谓道，尤其是说庄子的所谓道，本质上是最高的艺术精神。

道是美……道的本身即是大美。❸

说简单些，道是美的根源，道是美的本质。徐复观的这一发现可以说开创了整个庄子美学研究的新局面，其功甚巨，影响极大。“道是美”成了一些美学家所喜讨论的话题，可能是受了徐氏的影响，当然也可能是独立展开的，因为徐氏的书直到1987年才有大陆版。如皮朝纲认为：“庄子是把‘道’视为美的最高境界的”，“是把‘道’这种绝对精神作为审美对象的。”❹ 又如李、刘二氏：“庄子认为那永恒无限、绝对自由的宇宙本体——‘道’是一切美所从出的根源。庄子论‘道’同时也是论美。”❺ 再如王向峰：“美的根源在于道”“道是大美”。❻ 应该说，这种看法发现了道的层面

---

❶ “艺术精神”一词由徐复观所光大，其一义就是艺术的精神境界或艺术的境界。也正因此，他常用“最高”“崇高”之语修饰之。其二义是指艺术精神本质或艺术本质，这主要是由西方美学而来的一种本质主义的表述，即认为不同艺术有一种本质上的普遍共同性。根据中国传统的“工/功夫论”与“境界论”，境界即由工夫对道体之体悟所开显；工夫不离本体、本体不离工夫，所以得道之境界就是把握了道之根本，境界也即本体。如此，徐复观才能将道与艺术精神在本质上相等同。顺便指出，徐氏在此谈艺术精神主要是从艺术哲学的角度来谈的，可以置换为审美精神或美的本质。

❷❸ 徐复观．中国艺术精神［M］．桂林：广西师范大学出版社，2007：38，40，44，42，44.

❹ 皮朝纲．庄子美学思想管窥［J］．四川师院学报：社会科学版，1980（4）：1.

❺ 李泽厚，刘纲纪．中国美学史·先秦两汉编［M］．合肥：安徽文艺出版社，1999：196.

❻ 王向峰．老庄美学新论［M］．北京：人民教育出版社，1999：2～3.

的大美的价值，却又将道的本质简单地等同于美的本质，在创造性阐释的同时未免有些片面化。

严格来说，根源与本质是不能简单等同的。在庄子，道有宇宙论与本体论的双重意义，二者往往混合在一起，因此也可以将二者等同来看。说“道”是美与艺术的根源，为一些学者所乐道，甚至被认为对解决美的本体问题有所助益。这实是出于偏爱，其实并没有太多意义。因为道，“神鬼神帝，生天生地”（《大宗师》）。道是“造化”“生生者”，是天地万物的根源。以这种创生论推衍出美与艺术的根源在道，实在是循西方美学的理路所做的创见。把美附着在多少有些神秘的道上，并不能解决什么美与艺术的本源问题，也不能区分出道德、审美与认识，因为天地万物都来源于道。一般而论，美是一种属人价值，美必然与人相关。认为道是美的根源，似乎美可以先于人或独立于人而存在。杜夫海纳说：

> 审美对象使我们不得不保留发展“自在—为我们”这一公式的两个命题：一方面，有一种审美对象的存在，它禁止我们把它归结为再现的存在；另一方面，这种存在与知觉挂钩并在知觉中完成，因为这种存在是一种呈现。❶

美有“为我们”存在的一面，没有人的审美知觉也就没有美，也不是任何存在都是美。认为道是美的根源，这种推理的失误在于，将“道—物”的创生模式简单地平移为“道—美”模式，而实际上美的存在并不是完全现成的，它是通过人的中介而存在，是一种“道—人（德）—美”的模式。再说，庄子设定道也并不想解决什么美与艺术的根源问题。西方一些美学从根源之地寻找根据大多是基于现实的文艺与审美的，而庄子却并不以此为基础，并割裂了现实之美与形上之美的关系，甚至还表现出非美与反艺术的倾向。

将道在本质上直接等同于美的本质或艺术的精神本质，最起码是降低

---

❶ 杜夫海纳．审美经验现象学［M］．韩树站，译．北京：文化艺术出版社，1996：260.

和窄化了道。道的内涵十分丰富。[1] 以陈鼓应为例，即归纳了六方面的内涵：(1)“道为无限性之实存体”，指明了道的永恒性、普遍性与无限性；(2)“道为一切存在之大全”，表明宇宙的统一性。以上两方面是“道体”。(3)“道为大化发育流行之过程”，这是道的恒动性；(4)“道为万有生命的泉源”，指的是道的创生性。这两个方面是“道用”。(5)“道为主体精神所上达之最高境界”，这是道落实为人生境界者；(6)“道蕴含天道与人道”，此为道论之两端。最后这两方面是从“天人”关系言道。总之，“道是形而上的终极的实体，也是一个无限流行展示的宇宙历程”。[2] 这些内涵显然不是美所能全部涵盖的，尤其是道体和道用方面。

道与美并不居于同一层次，将它们在本质上直接等同，错置了二者的逻辑分位。从道与美的关系看，美顶多处于道的一个从属层级的分位，是体之用、一之多、本之末。《知北游》曰：“天地有大美而不言，四时有明法而不议，万物有成理而不说。”这三句基本上可以作互文来解，都是对道的无为状态的描述，所以大美只是道的众多表现或特性之一，二者在逻辑分位上并不能构成本质上的等同。《知北游》的下文说“原天地之美而达万物之理”，似乎美比“理”还低一个层次。又“美则美矣，而未大也”(《天道》)，美比“大”也低一个层次。如果“理”与“大”能指称道，美也只是一个附属的位置，与道在逻辑上不可等同。

例如，徐复观在作这种本质等同即道是美的推理时，在逻辑上就显得不严密。《庄子·天下》言：

---

[1] 高亨：“道之主要性质十端：一曰道为宇宙之母；二曰道体虚无；三曰道体为一；四曰道体至大；五曰道体长存而不变；六曰道运循环而不息；七曰道施不穷；八曰道之体用是自然；九曰道无为而无不为；十曰道不可名不可说。”（高亨．老子正诂［M］．北京：中国书店，1988：2~3）方东美认为道有四大层面：道体、道用、道相与道征（刘梦溪．中国现代学术经典·方东美卷［M］．石家庄：河北教育出版社，1996：122~128）。傅伟勋：道的六大层面是：(1) 道体；(2) 道原；(3) 道理；(4) 道用；(5) 道德以及 (6) 道术。从道原到道术的五个层面，又可以合称为“道相”（傅伟勋．从西方哲学到禅佛教［M］．北京：生活·读书·新知三联书店，1989：384~385）。唐君毅：道之六义，一是“通贯异理之用之道”；二是“形上道体”；三是“道相之道”；四是“同德之道”；五是“修德之道及其他生活之道”；六是“事物及心境人格状态之道”（唐君毅．中国哲学原论·导论篇［M］．北京：中国社会科学出版社，2005：225~234）。

[2] 陈鼓应．论道与物关系问题（上）——中国哲学史上的一条主线［J］．哲学动态，2005(7)：55~56.

天下大乱，贤圣不明，道德不一，天下多得一察焉以自好。……不该不遍，一曲之士也。判天地之美，析万物之理，察古人之全，寡能备于天地之美，称神明之容。……后世之学者，不幸不见天地之纯，古人之大体，道术将为天下裂。

徐说，“美”与“理”“全”“纯”“都是对道术本身的陈述”，于是断定“庄子认为道是‘美’的，天地是‘美’的”。确实，在庄子，道体是完美的，但是美与理、全、纯一样，都是附属于道或天地的，并不具有独立的地位，或者说它们只是道的众多质素与品格中的几种。道在逻辑分位上处于本位、上位。徐氏又根据“圣人者，原天地之美”“天地有大美而不言”“德将为汝美”（《知北游》）进一步断言，“道是美，天地是美，德也是美”。❶原本“天地有美”等，是表明天地具有一种“完美/整全（美、理、全、纯）”的特性或品格，❷ 是事实判断。说“天地是美的”，是价值判断，在徐氏更变成本质命题“天地（本体）是美（本质）”，其间是不可混同、无法推理的。而且，《天下》处的“美”，成疏为“两仪淳和之美”，杨柳桥译为“善美”，❸ 其他多作“完美”；《知北游》中的“美”，成疏为“二仪覆载，其功最美”，陆西星解作“大美犹言大功”（《南华真经副墨》），曹础基注为“好处、功德”，❹ 杨柳桥亦作“美德”，❺ 其他多解为其美自显而不言（重在“不言”之品性、功德）。可见，这些美多有美德之义（以美德为美，这并非美学意义上的美）。这又混淆了审美价值与道德价值。

美虽然可以以道作为本体，但并不能直接等同于道本身，也不能直接

---

❶ 徐复观．中国艺术精神［M］．桂林：广西师范大学出版社，2007：43～44．又，郑开说：“他们（老庄）所称的‘美’，与我们所说的‘美’迥然不同，仅仅是‘物’的属性而已。”他举例说，“庄子所称的‘天地之美’，也不过是对天地之形的描述，尚非对无形之道的描述。”（郑开．道家形而上学研究［M］．北京：宗教文化出版社，2003：262）如果是这样，那么徐复观认为美是“对道术本身的陈述”就理解有误。

❷ 徐氏在第二处省略的是：“是故内圣外王之道，闇而不明，郁而不发，天下之人各为其所欲焉以自为方。悲夫，百家往而不反，必不合矣！”这段主要说“道术”的整全被分裂。

❸ 杨柳桥．庄子译诂［M］．上海：上海古籍出版社，1991：698．

❹ 曹础基．庄子浅注［M］．修订本．北京：中华书局，2007：256～257．

❺ 杨柳桥．庄子译诂［M］．上海：上海古籍出版社，1991：430．又，“德将为汝美”之“美”，马叙伦作“容”。

以道的本质来淹没美的本质。存在主义美学家N. 哈特曼曾指出：

> 如果不把美严格地理解为具有充分美学价值的东西，而暗中划归其他类别（伦理学、形而上学）的理想性，那么，确实也就只能这么想了（按：把美说成是理念本身的附属物）。“美”在严格的意义上根本就不是理念本身，而是——用黑格尔的话来说——“理念的感性显现”。[1]

可见，美以某种方式与道相联系，但并不直接同于道，正如真与善一样。如果把美等同于道之理念，美就无以与真、善相分别。庄子的思想中实际上已经暗示了这一规定，就是他指出的“万物殊理”。

道生万物。万物虽同源于道，有道作为本性之一面，但万物亦各有“殊理”“仪则”的一面。《庄子·天地》篇：“留动而生物，物成生理，谓之形；形体保神，各有仪则，谓之性。”“性”是人或物之不可更易之先天禀分，道生物后存于物者也，但既生之后，则各有轨则。此处，“理”是样态、形式。与形式相通的则是规律，理（形式）即结构之规律。《则阳》曰：“万物殊理，道不私，故无名。”成疏：“夫群物不同，率性差异，或巢居穴处，走地飞空，而亭之毒之，咸能自济，物各得理，故无功也。”又：“依乎天理”（《养生主》），“尔将可与大理矣”“是所以语大义之方，论万物之理也”（《秋水》），等等。张岱年说，“理”“谓是常则或规律”，“皆以分殊言”，“无‘一而不二’之意”。[2] 可见，万物虽皆禀有道之本性，然各得其理，具有新的规定性。若以此审之于美、真、善者，则宜以“道”加“殊理”论之。而与万物不同的是，美、真、善的“殊理”不是天生与俱的，而是人所赋予的。三者在重新获得各自的独特规定后，则各各明了，亦判然有别。

而这正是后世尤其是魏晋六朝的哲学、美学在体悟庄子的哲学之后所做的创造性转化，庄子哲学本身也正充满了这种“后效”于美学的巨大潜

---

[1] N. 哈特曼．体系中的伦理学与美学［M］//刘小枫．德语美学文选．上海：华东师范大学出版社，2006：32.

[2] 张岱年．中国哲学大纲［M］//张岱年全集·第二卷．石家庄：河北人民出版社，1996：85～86.

在力量。以宗炳为例，其《画山水序》云：“圣人含道应物，贤者澄怀味象。”❶ 圣人是有道之士，可籍内心之道以应世间物事，此为一“道—物”结构。贤者则澄怀味象，要经由一“象”之中介，庶几亦能体道，此为一“物—象—道”结构。圣人是一种道的人生实践，贤者则是一种品山水、画山水之审美活动。❷ 宗炳在论画，但亦可推及一切艺术与审美。“澄怀味象”与“澄怀观道”相同，“味象”与“观道”是同一过程，味与观皆感性活动。审美非能直接由物（山水）到道，而是由物到象（山水之象）到道。象中存道，象可明道；味象可得道，味象也是审美。象就是道的感性显现，这就是美，可谓美是道的感性显现，或美是道之象。“象”正是美所具有并区别于真、善的“殊理”。宗炳这一命题正是对庄子思想的有效发展与转化。

四、大美具有后效价值

当然，这并非要否定大美这一观念于美学的价值。从大美等道的层面的形上之美来看，它主要是指道的一种品格。道的特性是自然无为，所以大美实是一种自然无为的品格。对于人来说，可以通过修道而得道为德，德就是将道内在于人作为人的本性。人得道为德，就获得了一种道的或德的精神与境界。❸ 而这种精神与境界，于人生是全方位的。就道德说，它是“至仁”；就美学说，它是“至美”；就知识说，它是“至真”；就政治说，是无为之治（至德之世）；就终极关怀说，它是永恒（无时间性，“不死不生”）。大美可以成为德之内的一种精神或境界，可以说是一种自然无为的美的精神，或一种自然无为的美德精神，因为它是以德为统率的。如果要

---

❶ 凡此文引自：严可均．全宋文·卷二十一［M］.北京：商务印书馆，1999：191～192.

❷ 叶朗说，圣人句“是哲学的、政治的、实用的关系”，贤者句“是审美的关系”（叶朗．中国美学史大纲［M］.上海：上海人民出版社，1985：208）。

❸ 根据徐复观考证，“精神”合用，起于庄子；精与神二字在老子是就道之本身而言，在庄子，则“将老子的客观的道，内在化而为人生的境界”。就是说，将客观性的“精”“神”内化为“心灵活动的性格”，心是“精”，心之精所发出的无穷妙用就是“神”，合之为“精神”，是心的状态或境界，或曰“精神的境界”（徐复观．中国人性论史·先秦篇［M］.上海：华东师范大学出版社，2005：236）。

称作美，可以称之为道德精神意义上的美。这与庄子所否定的审美意义上的现实之美相区别。

事实上，庄子思想或哲学“后效”于后世美学的，就包含这种道德精神意义上的美。后世的人们不但没有跟从庄子否弃艺术和美，反而将庄子这种道德精神意义上的形上之美落入（结合进）现实之美，这既让形上之美有了归依，也提高了现实之美的境界，也可以说，是实现了形上之美与现实之美的统一。这样，就从庄子哲学（与老子哲学一起）创造性地转化出具有道家思想特色的广义上的道家美学。还以宗炳的《画山水序》为例。贤者可由“物”到“象”到“道”，“味象”的审美体验，同时也是“观道”的体验；体道要借助于象，它们的对象是自然山水或山水画所呈现的“象”，而不是作为自然物的自然山水，更不是道之本身。道在象中，象可显道，有象才有道，象在整个过程中并不被舍弃。这种作为美的“道之象”，既是现实具体的，又是通向超越之道的，可以认为是有限与无限、形下与形上的统一。而庄子的大美在道的层面，体道所得的是德；大美是德之一，体验的对象是道本身。作为自然的、具体的物或者有限的、形下的物象，在体验中最终是要被抛弃的。大美作为一种德的精神是舍弃了有限的无限，是超越的、绝对的。可以认为，宗炳的、作为美的“象”中包含了那种作为德的精神的“大美”，或者说将无所依托的“大美”下落到具体的美的“象”之中，也即实现了二者的统一。

由此，大美无美的吊诡使得庄子的美学非美学。一方面，庄子哲学肯定了一种道德精神意义上的美学；另一方面，它本身又并不成为审美意义上的美学。严格来说，所谓的庄子美学只不过是庄子哲学“后效”于美学的一种潜在性与必然性，是广义的道家美学之一部分。庄子哲学本身才是庄子的，而庄子的后效美学则属于庄子与后世美学家和文艺理论家所共有的。

浅析佛教受生信仰

■ 张贤明　周　周*

【摘　要】受生信仰从宋代以来一直在中国民间社会有广泛影响，历史上一些寺院文书和小说中都曾记录这种信仰。受生信仰依据的《佛说受生经》一直未受研究者重视，但是根据经典创制的受生仪式依然在全国许多地方举行，相关科仪文本也不断被发现。本文试图通过对《佛说受生经》版本的分析和各地科仪文本的大致分类，让研究者对佛教受生信仰有所了解。

【关键词】受生经　受生信仰　佛教科仪

宋代以来，我国历史上曾经流行过一种还受生钱的信仰活动，即以《受生经》所宣扬的每个人都负欠冥司受生钱的思想为依据而开展的一种佛教仪式活动。这种仪式活动在各地流传中名称多种多样，各不相同。有的称为还官钱、生醮或寄库醮、救大苦，有的称为做三通表或缴受生钱，还有的称为做七十五司、缴地府，等等。各地的仪式程序、内容也有所不同，但举办的目的都是一样的：还受生钱。其依据在《受生经》所说：每个人在受生为人时都从阴曹官那里借了受生钱，投生为人后要及时偿还。如果及时偿还，现世、后世都会有种种好的报应；如果欠钱不还，生前、死后都会有种种恶报。这是活人欠阴间的阴债。具体如何偿还，方法众多。侯冲在《佛说受生经》题解中说："可以烧冥钱，可以转读佛经，可以拜忏，

* 张贤明（1976～），男，哲学博士，贵州师范学院中国哲学研究所副教授，研究方向为佛教文献学；周周（1973～），男，穿青人，教育学博士，贵州师范学院文学院副教授，研究方向为语文教育理论与实践。

甚至可以只是斋僧。只要能达到目的，并没有划一的手段。”❶ 当然，从历史和现实看，焚烧纸钱是主要的形式之一，在历史演变中也有过烧《金刚经》偿还的情况。普庵曾说过：“佛只说经典，不说化纸钱，只言转念大乘，不曾焚经准纳。”❷ 上例是一位农妇请求普庵祖师为其焚烧纸钱代为填还受生钱，普庵把纸钱掺入泥中用来泥墙用，让僧人为其诵《金刚经》，并说当时一些商贩印制《金刚经》供人焚烧会遭受恶报。这种法事活动现在在全国许多地方依然存在。从科仪的数据来源可以看出，江苏靖江、江西铜鼓、福建诏安、湖南、湖北、广东梅县、广西、云南、贵州等地都有这种法事存在。这一活动在历史上最早出现的记录，是北宋明道三年福建地区施仁永预修生七并建寿❸生会、烧纳寿生钱的斋牒。因为《受生经》可能出现于五代宋初，一直被当作伪经，所以在历代的经录中没有记录，只在《嘉兴藏》和《大正藏》中有经文收录。北宋时，龙舒居士王日休对当时社会上的寄库现象提出批评：

> 予遍览藏经，即无阴府寄库之说。奉劝世人以寄库所费，请僧为西方之供，一心西方，则必得往生。若不为此而为阴府寄库，则是志在阴府，死必入阴府矣。(《大正藏》第47册，第265页，中)

后来的僧人也一直对此经和这种信仰活动进行批评。清代的弘赞明确提出，《受生经》和《北斗经》都是伪经，但不会是近代伪撰。尽管这种信仰活动被许多以正统自居的僧人攻击，但从现存的明清科仪材料看，受生信仰在民间影响很大。关于受生科的材料在江西、福建、重庆、贵州、湖北、湖南、云南等地都有所发现。在各地的地方志中也有关于填还受生钱的记录，如民国的合川县志、云南的地方掌故，等等，包括台湾地区也有记录。

---

❶ 方广锠．藏外佛教文献·第十三辑［M］．北京：中国人民大学出版社，2010：110～111.

❷ 谭伟伦．印肃普庵（1115－1169）祖师的研究之初探［M］//谭伟伦．民间佛教研究．北京：中华书局，2007：228.

❸ “寿”和“受”在《受生经》中有混用的情况，可以不作区分。

一、《受生经》版本及受生信仰在历史上的影响

《受生经》目前发现最早的文本保存于俄藏黑水城文献中。文本表明是在金代使用："所牒南瞻部洲修罗管界大金国陕西路今月日状告。"❶ 这个版本的《受生经》结构相对完整，语义流畅。经文内容以佛经中常见的阿难和世尊的对话形式展开。阿难问世尊世间众生贵贱、贫富、寿夭不同的原因，世尊告知，世间众生在受生为人时都负欠冥司受生钱，各依十二相属不同，转生后记得填还的得富贵长寿，不填还的会贫贱。阿难又问穷人如何还纳受生钱，世尊回答，可以转读《金刚经》来折还钱数；此外，如众生不还受生钱会有一十八种横灾，得贫贱、病苦种种恶报，还纳后会有十大菩萨护佑及一切福星照耀。世尊又进一步补充道，人死后"七七"之前，家人代为填还受生钱可以救三世父母、七代先亡、九族冤魂。之后，世尊再次强调还纳受生钱的种种好报。此经未被明代以前的大藏经收录，经录中也无记载，可以判定为中国人撰述的经典。虽然它采取了标准的佛经形式，但是经文中透露出对祖先死后命运的关心和强烈的现实功利思想，尤其是焚烧纸钱可以赎债的思想在印度佛经中是没有先例的。在黑水城文献未被发现之前，民间广为流传的是明代版本的《受生经》。这个版本相较黑水城本，结构明显残缺、错乱，语义不通，有些地方的文义甚至是矛盾的。如阿难和世尊的对话缺少背景铺垫，说金星、木星等是灾星也令人费解，给人的感觉是文字有脱漏。它的内容、形式与一般的佛经也有很大差异，是以唐贞观十三年唐僧西天取经开头的，表现出明显的中国文化的特色。尽管经文的结构有些混乱，但主题思想和黑水城本一样，都是劝人填还受生钱。

在全国各地流传的受生科仪文本中，也保存了一些民间流传的《受生经》抄本。除了个别字句的差别，各本内容大致是一致的。如广西《桂西民间秘密宗教》中附录的《受生经》、云南地区的抄本《受生经》、湖北地

---

❶ 侯冲．佛说受生经［M］//方广锠．藏外佛教文献·第十三辑．北京：中国人民大学出版社，2010：123.

区的《受生经》抄本，内容没有大的差异。这些佛经抄本也反映了佛教经典在传统大藏经外另有一个流传、保存的渠道，许多抄本保存、传抄甚至在数百年之上。尽管藏经之外流传在民间的、在法事科仪中使用的有许多被疑为伪经，但迄今为止，我们对这些经典的产生、流传、保存情况基本上是知之甚少，《受生经》只是其中的一个例子。还有许多类似的经典如《佛说眼明经》《佛说妙沙经》《佛说黑暗经》，在《桂西民间秘密宗教》中也有记载，各地科仪文本中也都有这样的一些经典在流传，如江西地区的《佛说受生因果妙经》。这些经典在历代的大藏经中是找不到踪迹的，其中多数为中国人所撰述，在佛教科仪中扮演着重要角色。历史上类似的情况也一直存在，只是很少有资料保留下来，如敦煌地区的翟奉达为亡妻马氏所做的七七斋写经的材料就是很好的例子。当时，十个斋日所抄写的经典一半以上是伪经。[1] 佛教科仪和疑伪经之间的关系是很密切的，如十王忏依据的《十王经》、血湖忏依据的《血盆经》、地藏忏依据的《地藏菩萨本愿经》等。现在，各地发现的《受生经》抄本全部为明代的入藏本。出现这种情况的原因可能有二：一是黑水城本当时流传不广，只在个别地区流传使用；二是因为，现在收集到的受生科仪几乎全部来自长江以南地区，可能黑水城本的受生经流传在北方地区却没有保留下来。

二、受生信仰在各地的表现形态

受生科仪虽曾在历史上流行过，但是传统史料对佛教科仪的材料很少有保存，所以具体的科仪过程现在已无法考证。在历史上留下来的、有限的材料中，我们只能知道一些当时举办的大概情况。如从北宋明道三年福建地区施仁永举办预修生七烧赛寿生钱的牒文中，可以知道当时填还受生也包括斋僧、诵经，并且在法事结束后会给斋主阳凭作为凭证。同时还发现，它是和其他预修法事一起举行的。在南宋洪迈的《夷坚志》中也有一则填还受生钱的故事：

---

[1] 方广锠．佛说水月观音经［M］//方广锠．藏外佛教文献·第一辑．北京：中国人民大学出版社，1995：352. Stephen F. Teiser. The Scripture on the The Kings and the Making of Purgatory in Medieval Chinese Buddhism［M］. University of Hawaii Press Honolulu，1994：116.

鄂渚王氏三世以卖饭为业，王翁死，媪独居不改其故。好事佛，积蓄有余则尽买纸钱入僧寺，如释教纳受生寄库钱。素不识字，每令爨仆李大代书押疏文。媪亡岁余，李犹在灶下，忽得疾仆地不知人，经三日乃苏。初为阴府逮去至廷宇下见紫金官负据案坐，引问乡贯姓名讫，一吏导往库所令认押字。李曰："某不曾有受生钱，此是代主母所书也。"吏复引还，金紫者亦问，李对如初。曰："汝无罪，但追证此事耳，汝可归。"❶

可以看出，受生信仰当时在民间广为流传。一个不识字的老人尽其所有积蓄，请僧人填还受生钱。故事中的误会反映出，当时可能已经有各种表牒文书和阴阳牒凭的使用，否则不会出现仆人李大代为签押造成的误会。阴阳牒凭的使用就是避免同名之人预修造成误会。故事中的王氏因不识字、别人代为签押才导致到冥府后无法领取预修填还的功果。明代，受生信仰已经广为流传。如当时流传较广的市民小说《西游记》中，在听到老人说预修亡斋时，朱八戒说，只听说预修填还斋、预修寄库斋，哪里有预修亡斋！现在各地保存的科仪文本多是明清时期抄写，也证明了其在明清时期的流行。科仪文本是法师在举行法事时诵念所用，正是因为这种法会活动较多，所以才会有众多文本传抄并保存下来。

各地流传的受生科仪文本尽管思想是一致的，但具体操作过程各地有自己的特色。如胡天成在《民间祭礼与仪式戏剧》中反映的重庆地区填还受生钱大致包括如下程序：（1）向冥府受生院上受生表。这主要包括启语即开坛、请圣即请佛法僧三宝，受生院内曹官、六禄官、库官、土地、冥京一切曹僚，等等，让他们到坛场为填还作证盟。上表文，表文的内容主要包括填还人的姓名、住址、出生、年庚、受生钱投纳的具体地点——掌某相某曹官库内。（2）诵经、礼忏。这也是大部分科仪的主要内容之一。诵经即法师在乐队的伴奏下念唱佛经，此处是念诵《受生经》。礼忏也是配合忏文进行礼拜，这个过程是斋主可以参与的过程。最后是回向、谢恩。（3）填还受生钱。其主要内容包括启语、请圣，和第一个程序中请圣相同，主要是迎请地府众圣降临法会。然后是宣读意文，即详细叙述法会的时间、

❶ 洪迈．夷坚志·第二册［M］．北京：中华书局，2006：775.

地点、具体程序、举办人，等等。从意文基本可以了解一场法事的大概内容。最后是焚化纸钱和阴牒。当然，如果是活人预修填还，还会给阳凭作为填还的证据。[1]

江西宁都地区有一则填还受生钱的个例，结构相对简单。实际上，在具体举办法事的时候，法师会根据斋主的要求决定法事时间的长短，或是配合其他的法事科仪，总之是十分灵活的。此处，举的是做一天法事的例子：早晨唱赞，实际上应该是礼赞佛圣恩德的开坛启语，然后是请圣（各地所请名单互有差别，但是受生院的曹官、库官一般都包括在内），接着是分座拜《消灾延寿药师宝忏》过程。这与重庆地区的诵经礼忏大体相似，只是诵的经典各异。中午上供奏表，下午放焰口，化受生钱后回向结束。实际上，法事举行之前也有许多相关的工作要做。如果是生前预修要确定具体的举行日期，则有具体的“男女合案图式”用来查询。哪些日期可以举行，哪些日期不宜举行，具体每个人欠多少元辰钱、多少受生钱以及需要看多少经，每个属相的人都不相同，都要由法师提前根据表格查询后确定。没有相关的配套科书是无法举行填还的。

填还受生一般分为生前自己预修填还和死后别人代为填还两种情况，称为阳填还和阴填还。二者的法事程序差异不大，区别只是：死后代填还是一次还完，只发给阴牒焚烧；而生前可以做三次填还，每次法事结束后阴牒随箕焚化，阳凭给付斋主生身佩受，等到亡过后举行法事时再把阳凭焚化，亡人根据阳凭到阴司对案领受功勋。如《填还冥府寄库仪》中：“候至百年限尽，对合阴券阳凭，字号花押无讹，亲领原案良因，求生善道。生生世世感洪恩。”

填还受生既可以单独举行，也可以在其他法事中穿插举行，同时，填还科具体还包括一些独立的小科仪，如请车夫力士科、请辞曹官科、犒赏科、给阴阳牒、化箕，等等。法事没有具体的时间规定，由法师根据实际情况掌握。在法会举行过程中还会使用到大量的表、疏、文牒等文书，都要提前由法师写好，在法事过程中焚烧。在受生科仪文本中，可以看到佛

[1] 此段内容主要参考了胡天成《民间祭祀与仪式戏剧》中“预修填还”部分的论述（胡天成．民间祭祀与仪式戏剧［M］．贵阳：贵州民族出版社，1999：750～758）。

道在民间融洽相处的现象。如许多科仪文中的请圣包括宝树王子、弓矢大神的名字，他们应该是道教《灵宝天尊说禄库受生经》中提到的神灵，但是在佛教的请圣仪式中一样会出现。

三、受生科仪文本大致的分类

目前保留下来的明清时期的受生科仪本，文字差异很大，结构也有所不同，各有其自身的特点。大致来说，可分为三类。

第一类是包含唐太宗入冥还受生和唐僧到西天取经故事及偈子的文本。唱偈后接着是礼赞观音菩萨、受生圆相如来、受生院六十诸相属、宝树王子、弓矢大神，然后请释迦佛、圆相如来、地藏菩萨或十地位菩萨。接着，法师禀职叙述自己的身份、法会举行的时间、斋主或孝信个人的居住地址、生庚，内容可长可短。紧跟着，是一段迎请元辰受生的真言，有时各地真言会有差别。接下来，再次礼请、赞颂佛法僧三宝功德，礼请受生圆相如来、六十相属、曹官、库官、车夫士等，有的地方请的神灵少些，有的多些。请圣降临之后是安座，礼请他们降临坛场主要是证盟填还功德。请圣之后，有些科仪本会就此结束。这类科仪本从名称也可以看出主要内容是请圣，如《佛门请受科》《请受生科》。有的本子在安座之后会有箱簀供养元辰和受生院曹官，元辰圣众既可和受生圣众一起迎请，也有的请受生之后再单独请元辰。佛教《受生经》中虽然没有天曹、元辰、星官掌管人六禄的思想，但是道教《灵宝天尊说禄库受生经》的说法是人受生为人，身归地府，命属上天星辰掌握，所以礼请时二者都要礼请到，填还时既要填还地府受生钱又要填还天曹、元辰钱。

第二类是配合《佛说受生因果妙经》使用的科仪本，如《瑜伽元辰受生》《受生数目》。这种类型的受生科仪结构比较完整，篇幅也比较长，一般分为上下两卷。上卷是礼请众圣降临，请的神灵众多，远远超过第一类的请圣名单。诸佛、四大菩萨都在被请之列，甚至家堂香火神、土地神都在列，融合了儒释道三教的神灵信仰。下卷是一段经文配上几句赞语，形式和《销释金刚经科仪》十分相似。这种以经配合赞的形式在佛教科仪的发展中有悠久的历史，也是经忏佛教的一大特色。这一类的科仪篇幅较长，可以独立组成一场法会，不像第一类那样需要配合一些相关的小科仪才能完成。并且，它的组合自由，可以把经抽出来单独使用，只诵经或赞语。

第三类的结构相对简单，如《填还科仪》《填还冥府寄库仪》。此类科仪本除了礼赞、请圣、证盟、禀职述斋意、供养等结构和前两类相似，一般既不出现宝树王子、弓矢大神，也没有前两类都出现的爱敬长者的名称。爱敬长者的名称在《佛说受生因果妙经》中是世尊对话的主要对象，在藏经中没有关于其身份的资料，只是在契丹藏中出现过名字。这一类受生科也没有唐王入冥司与龙王对是非以及唐僧取经的赞偈，显示出受生科在各地流传时形态上的丰富性。此类的请圣名单也相对较少，礼赞也比较简单，可能是一种在大的法会中使用的简略本。

另外，在实际法事中还有用《受生宝卷》❶ 作为法会科仪文本的情况。宝卷的篇幅比较长，故事性较强，有完整故事情节。它们一般是由两个部分组成：唐太宗入冥与龙王对是非后，在阴府借过王大寄库钱还魂；唐僧西天取经。宝卷故事结构严谨。唐太宗是在地狱经阎王亲口告知要还受生钱，唐僧取经又在三藏中找到了经典上的依据——《受生经》所说，所以大众便对还受生钱无法怀疑。第一类受生科中的两个短短的偈子，在宝卷中成为有完整情节的长篇故事，但基本思想还是《受生经》的劝人还纳受生钱。这一类受生科仪和《西游记》中唐王游地狱的情节有些相似，小说和受生宝卷的形成可能有一定的关系。

---

❶ 《受生宝卷》有两类内容的文本存在，一类主要讲蔡衵误入冥司，借钱为其父救命后，还钱修造洛阳桥，又名《洛阳桥宝卷》；一类是文中提到的唐太宗入冥和唐僧取经故事。

从女德典范到社会楷模

——木兰的唐前接受

■ 孙秀华　郭宏玮*

【摘　要】就文学原典来考察，在唐代以前，木兰最初的形象并非是巾帼英雄，而是女德典范，继而又成为社会楷模。这种接受过程本身即是一种文化现象，值得追根溯源，详加探究。

【关键词】木兰　女德典范　社会楷模　唐前　接受

木兰替父从军的故事，家喻户晓，为人传颂。而追根溯源，详加探究，在唐代以前，木兰的形象从女德典范转变为社会楷模，其接受过程本身即是一种文化现象。

一、女德典范

据现存文献，木兰的故事最早完整地出现于宋代郭茂倩所编的《乐府诗集》第二十五卷《横吹曲辞·梁鼓角横吹曲》。首句为“唧唧复唧唧”的《木兰诗》因入选了各版本中学语文教材而为国人所熟知。其诗曰：

唧唧复唧唧，木兰当户织。不闻机杼声，惟闻女叹息。问女何所思，问女何所忆？女亦无所思，女亦无所忆。昨夜见军帖，可汗大点兵。军书十二卷，卷卷有爷名。阿爷无大儿，木兰无长兄。愿为市鞍马，从此替爷征。东市买骏马，西市买鞍鞯，南市买辔头，北市买长

---

* 孙秀华（1970~），男，山东平邑人，文学博士，贵州师范学院文学院副教授，研究方向为中国古代文学与文化；郭宏玮（1969~），女，山东平邑人，贵州师范学院教务处讲师，研究方向为中国古代文学、中学语文教学。

鞭。旦辞爷娘去，暮宿黄河边，不闻爷娘唤女声，但闻黄河流水鸣溅溅。旦辞黄河去，暮至黑山头，不闻爷娘唤女声，但闻燕山胡骑鸣啾啾。万里赴戎机，关山度若飞。朔气传金柝，寒光照铁衣。将军百战死，壮士十年归。归来见天子，天子坐明堂。策勋十二转，赏赐百千强。可汗问所欲，木兰不用尚书郎，愿驰千里足，送儿还故乡。爷娘闻女来，出郭相扶将。阿姊闻妹来，当户理红妆。小弟闻姊来，磨刀霍霍向猪羊。开我东阁门，坐我西阁床。脱我战时袍，著我旧时裳。当窗理云鬓，对镜帖花黄。出门看火伴，火伴皆惊忙。同行十二年，不知木兰是女郎。雄兔脚扑朔，雌兔眼迷离。双兔傍地走，安能辨我是雄雌。

综合分析这首《木兰诗》，以之作为文学文本对象进行原初文学接受。以读者为主体，在特定审美经验的基础上对文学作品的价值、属性和信息进行主动的选择、接纳或抛弃，力求把握本文的深层意蕴。积极能动地阅读和再创造，得到的木兰原典文学形象是女德典范。

排除后世民间传说等影响，非但人物名为“木兰”而非“花木兰”，更为关键的是原典的文学文本并没有将木兰塑造为女英雄。这首《木兰诗》写战争极为简省，只有“万里赴戎机，关山度若飞。朔气传金柝，寒光照铁衣。将军百战死，壮士十年归”寥寥几句。可见征战本身不是歌咏的重心所在，人物的闪光之处不是在此处展现，也即木兰不是被塑造为战争中的王者。诗作根本不着眼于她的战场拼杀，更无从谈论其英雄业绩。相反，诗中倒是突出了木兰的女德。

《礼记·昏义》有曰：“教以妇德、妇言、妇容、妇功。”这便是女子的“四德”。《后汉书·列女传·曹世叔妻》对于女子四德有这样的解说：

幽闲贞静，守节整齐，行己有耻，动静有法，是谓妇德。择辞而说，不道恶语，时然后言，不厌于人，是谓妇言。盥浣尘秽，服饰鲜洁，沐浴以时，身不垢辱，是谓妇容。专心纺绩，不好戏笑，洁齐酒食，以供宾客，是谓妇功。

《木兰诗》开篇即写“木兰当户织”，是为妇功；写木兰替父从军，可见其孝亲，而功成身退表明贞静守节，是为妇德；“当窗理云鬓，对镜帖花黄”，可想见其妇容；诗末之“雄兔脚扑朔，雌兔眼迷离。双兔傍地走，安能辨我是雄雌”，言语得体大方，“择辞而说，不道恶语”，是为妇言。逐一对照，木兰恰可谓女德典范。

二、社会楷模

实际上，郭茂倩的《乐府诗集》录有“古辞”《木兰诗》二首，而第二首并不为人所熟知。其全诗如下：

木兰抱杼嗟，借问复为谁？欲闻所慽慽，感激彊其颜。老父隶兵籍，所力日衰耗。岂足万里行，有子复尚少。胡沙没马足，朔风裂人肤。老父旧羸病，何以彊自扶。木兰代父去，秣马备戎行。易却纨绮裳，洗却铅粉妆。驰马赴军幕，慷慨携干将。朝屯雪山下，暮宿青海傍。夜袭月支虏，更携于阗羌。将军得胜归，士卒还故乡。父母见木兰，喜极成悲伤。木兰能承父母颜，却卸巾鞲理丝簧。昔为烈士雄，今复娇子容。亲戚持酒贺，父母始知生女与男同。门前旧军都，十年共崎岖。本结兄弟交，死战誓不渝。今也见木兰，言声虽是颜貌殊。惊愕不敢前，叹重徒嘻吁。世有臣子心，能如木兰节。忠孝两不渝，千古之名焉可灭。

《乐府诗集》在“木兰诗二首”题目下有这样的文字：“古今乐录曰木兰不知名浙江西道观察使兼御史中丞韦元甫续附入”。中华书局1979年版《乐府诗集》将这段文字标点为：“《古今乐录》曰：‘木兰不知名，浙江西道观察使兼御史中丞韦元甫续附入。’”语焉不详，不够审慎，让人如堕五里雾中。韦元甫是唐朝人，卒于唐代宗大历六年（771）。《古今乐录》是南北朝时期南朝陈代的和尚智匠的作品，自然不会知道唐代人韦元甫。又据北宋《文苑英华》卷三三三载《木兰歌》题为唐人韦元甫作，则这首《木兰诗》其二的作者是韦元甫当可信从。因此，这段文字应标点为：“《古今乐录》曰：‘《木兰》，不知名。’浙江西道观察使兼御史中丞韦元甫续，附入。”也即郭茂倩表明：《古今乐录》所提到的那首《木兰诗》（其一），不知道作者为谁；第二首则是唐代浙江西道观察使兼御史中丞韦元甫的续作，现一并附录在这里。

对于唐人韦元甫的这首《木兰诗》进行文本细读，可以看出，较之第一首而言颇有出入，明显减少了民歌的铺排，如省掉了到四方“市”上的购置，删掉了“归来见天子”及辞官的情节等；但也有所增饰，如与“旧军都”的“本结兄弟交，死戎誓不渝”。较突出的是增加了“生女与男同”的思想因素，有着对女性群体性揄扬的意味，让人一下子联想到杜甫《兵车行》的诗句：“信知生男恶，反是生女好。生女犹得嫁比邻，生男埋没随百草”以及白居易《长恨歌》的诗句：“遂令天下父母心，不重生男重生女”。基于唐代的风气开化，女性社会地位的提高，尤其是武则天称帝的社会现实，以木兰为德行楷模不仅教化女子，而且推广到教化世人、教化“臣子”，是很自然的一种文化接受。

那么，韦元甫的这首《木兰诗》是从哪些方面把木兰树立为社会楷模的呢？该诗末尾画龙点睛，有四个关键词：节、忠、孝、名。这里的“名”是指“功名业绩”，也即规劝“臣子”要“立功”。木兰替父从军即为孝亲，是解救父难的大孝。而诗中凸显木兰的“感激”和“慷慨”，表明其主动作为，勇纾国难，这是“忠”。“节”则不仅是指木兰“十年”征战，千军万马中保持贞洁操守。《史记·乐书》曰：“大礼与天地同节。”《正义》解释说：“天有日月，地有山川，高卑如形，生用各别。大礼辨尊卑贵贱等差异别，是大礼与天地同节。”可以说，节是与大礼和天地联系在一起的，是最高的道德与行为准则。也就是说，韦元甫的《木兰诗》认为，木兰孝、忠、成就功名业绩，又进退有度，符合礼制，完全可以作为社会楷模，名垂千古。

当然，并不是所有的唐代诗人都从同样的角度歌咏木兰。如杜牧诗《题木兰庙》曰：“弯弓征战作男儿，梦里曾经与画眉。几度思归还把酒，拂云堆上祝明妃。”可能更知女儿心的小杜在此诗中表现的木兰，会在梦里对镜梳妆，不爱武装爱红装。所以说，木兰的文化接受是复杂的。不过，从女德典范到社会楷模，唐代以前对于木兰的这种文化接受的变迁还是显而易见的。从文学原典来考察，即主要立足于宋代人编纂的典籍《乐府诗集》而言，呈现出的的确是这样的风貌，尽管这样的风貌之呈现肯定会受到宋代政治、经济、社会、文化环境的影响，同时也会受到编纂者主观取舍的影响。

【参考文献】

［1］郭茂倩．乐府诗集［M］．北京：中华书局，1979.

［2］魏绍飞．木兰形象的文化变迁——从乐府《木兰诗》到卡通《花木兰》［D］．成都：四川大学，2006.

［3］王丰硕．基于叙事范式的传播研究［D］．济南：山东大学，2012.

钱澄之研究述略*

陈 欣**

【摘　要】明末清初的学者、诗人钱澄之是为近世考论清初学术者所忽略的一个人物。钱澄之在当时以诗文著称，但由于社会、历史等多方面原因，使得钱澄之及其著作在很长一段时间内湮没无闻。他的文学成就和学术贡献与其研究现状相比，显得极不和谐。钱澄之研究大致可分为三阶段，即清代、民国至20世纪80年代和20世纪80年代至今。

【关键词】钱澄之研究　清代　民国　20世纪80年代

钱澄之（1612～1693），字饮光，初名秉镫，字幼光，晚号田间，安庆府桐城县（今属安徽）人。明末清初杰出的学者、诗人和思想家，在经学、史学、文学等诸多方面都取得了值得肯定的结果，著有《田间诗学》《田间易学》《庄屈合诂》《田间文集》《田间诗集》《所知录》等。张舜徽曾说："近世称述清初学术者，恒称顾炎武、黄宗羲、王夫之为三大儒，而不知当时桐城钱澄之实亦不废大家，足与三人媲美"，"不知近人考论清初学术者，何以忽之。"（《清人文集别录》卷一）钱仲联曾指出，钱澄之"在诗文方面，可说是桐城文派、桐城诗派的先导"。❸然而长期以来，学术界对其关注的程度与其地位不相匹配，而且他的学术贡献又常为文学成就所掩盖。

---

* 基金项目：2012年度贵州师范学院博士项目（12BS013）。

** 陈欣（1983～），女，黑龙江萝北人，文学博士，贵州师范学院文学院副教授，研究方向为中国古代文学。

❸ 钱澄之．田间易学［M］．合肥：黄山书社，1998：2.

钱澄之研究大致可分为三个阶段，即清代、民国至 20 世纪 80 年代和 20 世纪 80 年代至今。

一、清　　代

钱澄之在当时以诗文著称，他的诗曾“每一落纸，竟相传写，上自卿士大夫，下至田里负贩妪孺，皆吟诵不去诸口”。[1]

王夫之推许其“诗体整健”（《永历实录》卷十七）。朱彝尊《静志居诗话》卷二十二：“诗屡变而不穷，要其流派，深得香山、剑南之神髓而融会之。……昔贤评陶元亮诗云：‘心存忠义，地处闲逸，情真景真，事真意真。’《田间》一集，庶几其近之。”[2] 沈德潜《明诗别裁集》卷一一选钱澄之诗八首，小传云：“幼光自抒情性，无意工诗。五言似陶公，亦在神理，不在字句。”[3] 陈田《明诗纪事》辛签卷十选钱澄之诗二十首，按语云：“田间五古似柴桑，七古拟张、王，乐府亦近香山。残明逸老，可与邢孟贞肩随。”

从清人所编的诗选中可以看出，钱澄之的诗作在当时传播广泛、影响深远。钱谦益《吾炙集》录入钱澄之诗 68 首，这显然是非同一般的推许；陈维崧的《箧衍集》，开卷便是钱澄之的《田园杂诗》二首；卓尔堪《明遗民诗》所收诗人 500 余家，但录诗百首以上者仅钱澄之、杜濬、屈大均三人。刘大櫆《历代诗约》遴选汉魏至清初著名诗人的作品，于清初仅录钱谦益、吴伟业、王士祯数家，而钱澄之也在其中。姚永概在《重印钱田间先生文集序》中说，其“诗尤杰出，刘海峰《历朝诗选》于吾县之诗，登先生一人”。[1]此外，《枞阳诗选》《桐旧集》《明诗综》《明诗钞》等都选入了钱诗。当然，此类选诗不能等同于现代意义上的研究，但却直观地表明了钱诗在当时的影响力。

---

[1][1] 钱澄之．田间诗集［M］．合肥：黄山书社，1998：1，576.
[2] 朱彝尊．静志居诗话［M］．北京：人民文学出版社，1990：671.
[3] 沈德潜．明诗别裁集［M］．北京：中华书局，1975：127.

二、民国至20世纪80年代

1911年，钱澄之年谱即《先公田间府君年谱》（钱澄之少子钱撝禄著）在《国粹学报》上刊载。孙静庵编著的《明遗民录》卷十三对钱澄之的生平作了精要的概括。马其昶先生在《桐城耆旧传》卷七中对钱澄之的生平、著述作了概括，并评价道：

> 先生负瑰特之才，郁无所试，以坟典自娱，研经为文，视先代诸公堂庑大别。望溪少时承其绪论，后遂蔚为儒宗。当先生众辱御史，其犹明之遗风哉。而卒以经学文章开启学派，亦考流别者所宜知也。

民国十七年（1928）《民彝》期刊中马其昶的《钱田间先生传》一文与此文的内容基本一致，仅个别字有改动。此外，民国二十六年（1937）《学风》期刊中何晓履的《民族学者钱田间小传》一文对其有研究。但遗憾的是，这篇文章现已很难找到，内容无从得知。

解放以前，各家编写的中国文学史均只字未提钱澄之。直到1964年3月初版的游国恩等人编写的《中国文学史》，才简单地介绍了其生平和作品。新中国成立以后，一向被学术界冷落的清诗开始得到少数研究者的关注。1965年出版的邓之诚的《清诗纪事初编》，对钱澄之的生平等作了恰切的介绍，并做出了允当的评价："秉镫颇负文名，诗文有法，吐辞骏快可喜，尤善论事。"[1]

此期的钱澄之研究属于试探性质，研究视角相对单一，以介绍钱澄之的生平为主。

三、20世纪80年代至今

（一）20世纪80年代

20世纪80年代，钱澄之研究展现出了新面貌，陆续出现了一些研究文章，如刘天行《明末遗民钱澄之的诗歌》、何鹏《试谈钱澄之的文艺思想》、

---

[1] 邓之诚．清诗纪事初编［M］．上海：上海古籍出版社，1984：122.

刘诚《南明抗清斗争的史诗——读钱秉镫〈藏山阁诗存〉》、陈祖武《钱澄之著述考略》、马亚中《“留得真诗在人间”——论钱秉镫的诗》、赵永纪《钱澄之的诗和诗论》、王俊才《钱澄之评述》等。

《明末遗民钱澄之的诗歌》一文认为，钱澄之是“附属”在古典文学史中的“次要的作家”。文章重在研究钱诗中反映现实的诗篇。作者在论文的结尾处总结道：“从总的方面看，他的成就是瑕不掩瑜的，在中国古典文学史上应该给予相当重要的地位。”《试谈钱澄之的文艺思想》一文重点论述了钱澄之论诗论文反对“陈言”、主张用自己的言语抒写真性情的文学思想，并总结出六点关于钱氏如何在诗文创作实践中反对“陈言”的见解。《南明抗清斗争的史诗——读钱秉镫〈藏山阁诗存〉》一文认为，钱澄之是杰出的现实主义诗人，“在反映社会，抒发爱国感情上，精神与杜甫相似”，“诗中的乐府体则得白居易新乐府之致”。论文的第一部分对钱澄之的生平作了较为详尽的介绍，第二部分对其反映南明抗清斗争的诗作进行大篇幅的论述。《钱澄之著述考略》一文难能可贵地对钱澄之的著述包括版本、内容等进行了初步的清理。《“留得真诗在人间”——论钱秉镫的诗》特地拈出一个“真”字来概括钱诗的突出特色和艺术成就，进而探讨了钱诗质朴自然、平顺流畅的语言风格和经“理智制约和感情过滤”后的诗歌意象。《钱澄之的诗和诗论》一文指出直接反映社会现实是钱诗最显著的特点，并阐释了钱诗“诗史”的特点，认为“可证史书之误，可补史书之缺，是研究南明政权的宝贵资料”。《钱澄之评述》认为，钱澄之是明清之际一位很有特点的学者。文章重点论述了钱澄之的学术思想，即“学问立新，贵有创见”“重经但要懂史，守常但要通变”。该文的特色是阐述了钱澄之的政治思想和哲学思想。

此期的钱澄之研究大多停留在宏观把握上，以研究他的诗作为主，且多半是粗线条的勾勒。许多观点只是点到为止，缺乏全面深入的论述和细节的考究。

（二）20世纪90代至今

自20世纪90年代起，钱澄之研究开始深入并细化。研究视域有了一定程度的拓展，出现了研究钱澄之交游的文章——庄学香《钱澄之与阮大铖》、黄语《钱澄之前期交游考》，还有研究钱澄之学术方面的论文——

汪学群《钱澄之的经世易学》、王政《由〈田间诗学〉二南邶鄘卫风看钱澄之说诗》、张永义《以庄继易：钱澄之的庄学观》。《钱澄之与阮大铖》一文论述了钱澄之与阮大铖及其家族之间的特殊关系，并揭示了这种关系对二人生平际遇的影响。《钱澄之前期交游考》对钱澄之诗集《藏山阁诗存》中提及的、其前期交游人物的生平作了介绍，并对他们与钱澄之的交游情况进行了考察，解释了钱澄之的性格、诗风、价值取向等的形成及特点。《钱澄之的经世易学》一文从探讨钱澄之的治《易》历程开始，论述了其易学思想的经世特点。《以庄继易：钱澄之的庄学观》一文重在研究钱澄之的庄学，包括"以意逆志"的解释原则、庄本于《易》的核心主张以及辞达而止的行文风格，认为其"某些观点深受觉浪道盛'托孤说'的影响"。《由〈田间诗学〉二南邶鄘卫风看钱澄之说诗》一文选择《田间诗学》中的"二南"、邶风、鄘风、卫风部分，探究钱氏的释诗方法和诗学观点。

此外，何长江的《试论钱澄之的田园诗及其与陶诗之意象比较》以钱澄之的田园诗为研究点，分别从内容、艺术特点以及与陶诗意象比较三方面展开论述。汤华泉的《钱澄之〈藏山阁存稿〉编集流传考述》从文献学的角度对《藏山阁存稿》的编集与流传情况进行了清理和考察。这对于钱澄之著作的整理、研究是很有意义的。

20世纪80年代以来，各种版本的《中国文学史》层出不穷，然而，钱澄之似乎始终没有得到编者的关注，许多文学史著作或仅提其名，或干脆不提。刘大杰的《中国文学发展史》、袁世硕和张可礼主编的《中国文学史》、郭英德和过常宝主编的《中国古代文学史》对钱澄之的生平和作品作了简略介绍。袁行霈主编的《中国文学史》于一些以往文学史所忽略的作家给予了一定的关注，但对钱澄之也仅是作了百余字的简略介绍。唐富龄主编的《明清文学史·清代卷》和陈文新主编的《中国文学编年史·明末清初卷》，对钱澄之的介绍较其他版本的文学史详尽。

在专门致力于清诗研究的论著中，对钱澄之的研究得以放大。赵永纪的《清初诗歌》一书对钱澄之的生平、诗歌创作、学诗历程以及诗学思想等作了全面、详尽的介绍。《清诗纪事》（钱仲联等编）承陈田《明诗纪事》而来，在《明遗民卷》中汇总了前人对钱澄之的评价，较为全面。朱则杰的《清诗史》把钱澄之研究单列为一节，名为"田园诗人钱澄之"，认为钱澄之的一生“抗清时短而居家时长，因此，他写的更多的还是那种反映隐逸生活的田园诗”。确实，从数量上来看，其后期的田园诗是多于其前期的其他诗作的；从时间上来看，也确实是“抗清时短而居家时长”。但不能就此将钱澄之称作“田园诗人”。对此，钱仲联先生也曾指出：“钱秉镫之后期诗体会到了农民的艰苦，但不能将钱秉镫说成‘田园诗人’，如果这样就颠倒了他一生的主要关系。”❶ 严迪昌《清诗史》把钱澄之与方文作为皖江遗民诗人的代表，予以专章详述，认为“白描自然，冲淡深粹是《田间诗集》的风格整体特点”，并肯定钱氏“身为学者而不以‘淹雅’作筏，不愿做学人之诗”而“纯以情驱”的可贵与高明。

进入21世纪以来，随着《钱澄之全集》（共七册）的陆续出版，安徽一些高校（如安徽大学、安徽师范大学）的中国古代文学专业研究生开始把钱澄之作为研究对象，掀起了小范围的研究热潮，出现了一系列的学术论文和硕士学位论文。赵庆元、吴娜的《情真·词达·气畅·自然——钱澄之〈田间文集〉探析》一文从历履交游、政治理想、文学思想、遗民心态等几个方面分析《田间文集》的思想内容和艺术特色，并试图以公正的态度评价钱澄之在清初文坛上的地位。张铭的硕士学位论文《钱澄之诗歌研究》从钱澄之的家世、生平开始，较为全面地探讨了钱澄之的诗学理论、诗歌创作及艺术等方面的问题，认为“哀伤凄婉的情绪”是钱澄之诗歌的主色调。这一观点是较新的提法。赵庆元、赵春燕的《钱澄之〈田间诗集〉评析》一文主要以《田间诗集》中的诗为研究对象，除往昔论者多谈及的田园诗和反映社会现实的诗外，还探讨了《田间诗集》中的咏史诗和咏物诗，并较有新意地把钱澄之与白居易、钱澄之诗与白居易诗进行了比较。许晓燕的硕士学位论文《钱澄之闽粤桂诗歌研究》以钱澄之前期诗歌创作中的那些反映南明历史的作品为研究对象，选取了一个时间段（从入闽至返里，将近6年）内的作品进行细化研究，论述了其闽粤桂诗歌创作的社会文化背景、主题内容以及艺术成就。赵春燕的硕士学位论文《钱澄之〈田间诗集〉研究》以《田间诗集》为研究对象，对钱澄之后期诗歌的内容和艺术展开论述。论文的特色在第三章“《田间诗集》之心灵图景”，作者

❶ 魏中林．钱仲联讲论清诗［M］．苏州：苏州大学出版社，2004：31.

从诗歌意象和诗人性格等方面分析了《田间诗集》所反映的遗民心态。

综上所述，通过不同时代研究者的共同努力，钱澄之的生平、思想、著述等的研究不断向前推进，取得了不少成果。然而，笔者认为，仍存在一些问题。研究者们大多停留在宏观的把握上，主要研究他的诗作，而且研究得不够深入。钱澄之的学术著作有《田间诗学》十二卷、《田间易学》十二卷，均被收入《四库全书》；另有《庄屈合诂》，不分卷。如此卷帙浩繁的著作，为何只有区区几篇研究论文？可见，关于钱澄之，仍有诸多问题有待进一步研究。1989 年，安徽省将钱澄之著述的整理列入古籍整理出版规划；1992 年，《钱澄之全集》被列为全国古籍整理出版“九五”重点项目。近几年来，安徽省系统整理并陆续出版了钱澄之的著述。截至 2006 年 12 月，《钱澄之全集》共七册均已面世，为钱澄之研究提供了重要的材料。笔者对钱澄之研究历史作以上回顾，是希望以本文为引玉之砖，引起研究者对钱澄之及其著述的更多关注和研究。

“翣”考

■ 黄　琼*

【摘　要】“翣”，历来有三种不同的解释，即武饰、棺饰以及“铗”之借。本文从工具书的义项、大小语境等方面进行研究，认为应释为棺饰。同时，通过古音、形制等方面综合考察翣与扇、箑（萲）、萐等均为同一语源词族。

【关键词】翣　扇　同源

“翣”出自《庄子·德充符》“战而死者，其人之葬也不以翣资；刖者之履，无为爱之”。关于“翣”的解释，大致有如下三种。

（1）武饰。“郭（象）云：翣者，武所资也。战而死者，无武也，翣将安施！成（玄英）云：翣者，武饰之具，武王为之，或云周公作也。其形似方扇，使车两边……”❷

（2）棺饰。“朱桂曜：古未有以翣为武饰者。《说文·羽部》：‘翣，棺羽饰也。天子八，诸侯六，大夫四，士二。’翣乃自天子、诸侯以至于大夫、士所通有，非武人所独有也。是以古人仅谓翣为棺饰，不云武饰。”❸

（3）为“铗”之借。详见近人奚侗之说法。

上述哪一种见解正确？“翣”为何物？各大工具书对“翣”的解释如表1所示。

---

* 黄琼（1982～），女，湖南涟源人，文学博士，贵州师范学院文学院副教授，研究方向为计算语言学。

❷ 王先谦，刘武．庄子集解 庄子集解内篇补正［M］．北京：中华书局，1987：52.

❸ 崔大华．庄子歧解［M］．郑州：中州古籍出版社，1988：200.

表1 各大工具书对"翣"的解释

工具书名	释义一：棺饰	释义二：扇	释义三：钟鼓簨上之饰	其他释义
古汉语大词典①	古代出殡时的棺饰	古代仪仗中用的大掌扇	古代钟鼓架横木簨上的装饰	—
中文大辞典②	羽饰也。其形如扇，置于棺之两旁	扇形饰羽毛之盖也；扇也	钟鼓簨上之饰也	纛也；或作萎、接、翜、翨、箑
辞源③	棺饰。形似扇，在路以障车，入椁以障柩	雉扁	钟磬架横木簨上之饰	—
汉语大词典④	古代出殡时的棺饰，状如掌扇	亦指古代仪仗中用的掌扇；扇子，亦称扇形之物；古代扇形羽饰的车盖，以御风尘	古代钟鼓架簨上的装饰	—
汉语大字典⑤	古代棺饰。垂于棺的两旁	扇。又特指古代仪仗中用的大掌扇	古代钟鼓架上的饰物	—

注：① 上海辞书出版社2000年版，第2347页。

② (台北) 中国文化学院出版社1968年版，第26册，第349页。

③ 商务印书馆1981年版，第3册，第2507页。

④ 汉语大词典出版社1992年版，第9册，第667页。

⑤湖北、四川辞书出版社1988年版，第5册，第3350页。

附说明文字如下。

(1)《辞源》中第三条释义"雉扁"为"雉扇"之误。本证：第一，不知雉扁为何物。第二，统观全条：

> (三) 雉扁。《仪礼·既夕礼》："燕器，杖，笠，翣。"《吕氏春秋·有度》："冬不用翣。"古扇翣，用雉羽或尾编制。唐开元礼改用孔雀，大朝会时陈翣一百五十六分居左右。宋复雉扇之名。参阅《宋史·仪卫志一》。

该条均围绕"扇"而展开，并且"宋复雉扇之名"一句中明确点出"雉扇"二字。旁证：其他工具书中没有与"雉扁"相对应的释目，只有与"扇"相对应的释目。

(2) 通过表1不难发现：第一，与其他工具书相比，《中文大辞典》中多出"(五) 纛也；(六) 或作萎、接、翜、翣、翨、箑"两条释目；第二，各工具书中均包含"棺饰"和"钟鼓簨上之饰"这两条释目；第三，释义二一栏中，各工具书之释义颇有出入。

将诸书中的相关释义一一作比较，笔者发现，释义二中的分歧主要是源于对《周礼·春官·巾车》之“辇车组挽，有翣羽盖”中“翣”的理解。

这条书证，除《辞源》《古汉语大词典》外，其余三家都引用了，并且，还在其后附上了郑玄的注：“有翣，所以御风尘”。《中文大辞典》将其列入“扇形饰羽毛之盖也”一条。《汉语大词典》的处理略同，未将其归入“亦指古代仪仗中用的掌扇”条，而归入“古代扇形羽饰的车盖，以御风尘”条。但《汉语大字典》不同，将其归入“扇”条并列于“又特指古代仪仗中用的大掌扇”之义后。

尤值得注意的是，后两本工具书为了增强其说服力，均在此书证后又举出了一条书证：“晋·崔豹《古今注·舆服》：‘舆车有翣，即缉雉羽为扇翣，以障翳风尘也。’”其中，《汉语大字典》多引“汉朝乘舆服之”一句。由此不难看出，各工具书的处理虽有出入，但至少在两点上看法一致：（1）“翣”与“扇”形似；（2）“翣”的功用为“御风尘”。

再看《庄子·德充符》中的“翣”。可以发现，本文开篇所提到的“武饰”和“为‘铗’之借”这两种意义在以上释义中均没有涉及。《中文大辞典》中虽有“假借”之释目，但在“或作萋、接、翜、翣、翜、箑”条中亦未及于此。尽管如此，还是不能完全排除这两条释义成立的可能，说不定可以为各工具书增添一条释目，因为其“钟鼓簨上之饰”这一释目就仅依《礼记·明堂位》中的一处书证而成立。黄季刚先生提到过“隶属之训诂”，即“随文释义”之法。下面，就依此法将“翣”放入上下文语境中来考察。

先从大语境上来把握。“战而死者”之句出自《德充符》篇。德充符，即“德充于内，自有形外之符验也”之义。[1]“这是一篇道德论”，“文中以寓言的形式，写了五个肢体残缺、奇形怪状的人”，但“他们都是道德完美的形象”。[2] 此处具体描写了卫之恶人哀骀它。他虽然外貌丑陋，但具有巨

---

[1] 王先谦，刘武．庄子集解 庄子集解内篇补正［M］．北京：中华书局，1987：47.

[2] 曹础基．庄子浅注［M］．北京：中华书局，1982：71.

大的亲和力和感召力，原因就是他做到了“才全而德不形”，即“外物尽管千差万别，但内心守道，视之为一，视之为自然，以自然之心境迎接自然之外境，物我为一，皆安于自然”。❶

“战而死者”之句所处的具体段落，正是仲尼回答鲁哀公的问话、提出“才全而德不形”概念的这一段。全段围绕此概念的提出而写。在开头，仲尼讲了一个故事，即“丘也尝使于楚矣，适见豚子食于其死母者，少焉眴若，皆弃之而走。不见己焉尔，不得类焉尔”。随后总结道：“所爱其母者，非爱其形也，爱使其形者也。”紧接着，就是“战而死者”之句。其后半句为：“刖者之屦，无为爱之。”“刖：古代砍脚的一种酷刑。刖者：受刖刑的人。屦：葛麻做的单底鞋。”此句意为：“刖者无足，因而也用不着再爱惜屦了。”❷之后，又是一句画龙点睛式的总结——“皆无其本矣”。这与前面的总结话语相呼应，都是为了说明“本”“使其形者”的重要。结合具体语境不难推断，此处的“战而死者”在其“葬”时，“翣”也应该“无其本”，“无使其形者也”。

按人之常理，“古来征战几人回”。战死沙场常常是暴尸荒野，抑或就地掩埋。“马革裹尸还故乡”还是一种荣耀，怎会盛殓而葬、用棺？既然棺这“本”都没有，就更谈不上“翣”（棺饰）资。

从大小语境（全篇、全段直至全句语境）来看，将“翣”释为“棺饰”是可行的。前引朱桂曜先生的话也否定了“翣”为“武饰”的可能性。并且，从持“‘铗’之借”观点的、仅一家之言的奚侗先生的话中，可以进一步确定“武饰”的不可通。兹转引如下：

> 徧考群经，翣有三义：一为棺饰，见《说文·羽部》及《礼·檀弓》注、《礼器》注、《周官·女御》注；一为乐器簨虡之饰，见《明堂位》注；一为扇，见《少仪》注及《仪礼·既夕》注。未有谓翣为武所用。

奚氏虽看到了“武饰”的不可行，但又“窃疑古本《庄子》必作‘不以接资’”。❸ 从“窃疑”之类字眼来看，他的解释无实可据，可信度不高。

---

❶❷ 何宗思. 庄子洗心［M］. 昆明：云南人民出版社，2006：190，186.

❸ 崔大华. 庄子歧解［M］. 郑州：中州古籍出版社，1988：200.

综上所述，“翣”之释义应为“棺饰”。那么，“翣”作为“棺饰”，究竟是什么样子？

在历代注疏及各种工具书的解释中，涉及如下两方面的形貌描述：第一，突出其下垂之貌。《说文解字》段注：“以其物下垂，故从羽也……翣者，下垂于棺两旁，如羽翼然，故字从羽……”❶《汉语大字典》：“古代棺饰，垂于棺的两旁。”第二，突出其似扇之形。《说文通训定声》：“汉制以木为匡，广三尺，高二尺四寸，衣以画布，柄长五尺。柩车行，持之两旁以从，或以竹为之……按：如今之掌扇……”❷《汉语大词典》：“古代出殡时的棺饰，状如掌扇。”《丧服·大礼》：“黼翣二，黻翣二，画翣二。”郑玄注：“汉礼，翣以木为筐，广三尺，高二尺四寸，方两角高，衣以白布。画者，画云气，其余各如其象，柄长五尺，车行，使人持之而从，既窆，树于圹中。”

由上所述，可以得出一个关于“翣”的大致印象。但它具体是什么样子？下面，就进一步介绍。

《说文解字·羽部》中就已收入“翣”字：“翣，棺羽饰也。天子八，诸侯六，大夫四，士二，下垂，从羽，妾声。”从中，不难得知，“翣”是一个“从羽，妾声”的形声字，其物有“下垂”之貌。但同时，关于其“似扇之形”则没有描述。联系前引的相关书证，再结合前文对“翣”的义项的分析，可以发现，前人多以“扇”训“翣”。那么，“扇”和“翣”到底有什么关系呢？

《说文·竹部》：“箑，扇也。从竹，疌声。箑或从妾。”“篓”为“箑”的或体。“箑”“篓”均为形声字，前者“从竹，疌声”，后者“从竹，妾声”。笔者按，“箑”“篓”两字音同，“疌”“妾”两字声符音同。本证：《说文》中两字均为形声字。“箑”，注为“山洽切”，从“疌”得声，而“篓”为其或体，亦为“山洽切”。其由“妾”得声，两字的声符“疌”“妾”亦音同。旁证：带有“疌”“妾”声符的形声字大多音近，如表2所示。

---

❶ 段玉裁．说文解字注［M］．上海：上海古籍出版社，1981：148.

❷ 朱骏声．说文通训定声［M］．北京：中华书局，1984：148.

表2 带有"疌""妾"声符的形声字

类型	例字	书证
释义	接、捷	《尔雅·释诂》：际、接、翜，捷也；《广雅·释诂一》：捷……又为接
读为	接、捷	《荀子·大略》：先事虑事谓之接；注：读为"捷"①
假借	接、疌	《淮南·精神》：圣人食足以接气；注：皆训……为疌②
假借	接、倢	《淮南·本经》：接经歷远；注：疾也……又为"倢"③
异文	接、捷	《庄子·则阳》：接子；《古今人表》作"捷"
异文	睫、睫	《广韵声系》：案："睫"；五代本《切韵》作"睫"④
或体	唼、唼	《说文通训定声》：喋，字亦作唼，作唼⑤
注音	萐、箑、霎	《广韵声系》：萐、箑……霎，并又所洽切⑥

注：①②③朱骏声：《说文通训定声》，中华书局1984年版，第149页。

④⑥沈兼士：《广韵声系》，中华书局1985年版，第354、355页。

⑤朱骏声：《说文通训定声》，中华书局1984年版，第108页。

据此，(1)可以肯定"罬"与"箑""箑"至少音近。因为据谐声偏旁"妾"，可以推断出"从妾得声"的"罬"与"箑"音近。再据"箑""箑"同音，"罬"与"箑"也就音近。《说文》"罬"字下注有"山洽切"。反切上、下字与"箑(箑)"完全相同，可以进一步得出结论：三字音同。(2)可以引出另一个字——"萐"。《说文·艸部》："萐，萐莆，瑞草也。尧时生于庖厨，扇暑而凉，从艸，疌声。"段注：

> 《白虎通》曰："孝道至则萐莆生庖厨。萐莆者，树名也，其叶大于门扇，不摇自扇，于饮食清凉，助供养也。"《论衡》作"箑脯"，言厨中自生肉脯薄如箑，摇鼓生风，寒凉食物，从艸疌声，山洽切。❶

据中华书局1963年影印版《说文解字》，此处为"式洽切"，而上引段注中则为"山洽切"。反切下字同，均为"洽"。而反切上字不同，一为"式"，属审母；一为"山"，属山母。但二者舌齿可通转。另外，据笔者从《广韵》系韵书系统中所收集的"萐"之读音资料，"萐"的反切上字均为"山"。照此处读音向上系联来判断，段注中注音更为妥当。

至此，(1)在语音方面，据谐声偏旁"疌"可知"从疌得声"的

❶ 段玉裁. 说文解字注［M］. 上海：上海古籍出版社，1981：23.

“萐”“箑”在字音方面很接近，又据上引段注中“《论衡》作‘箑脯’”的“箑脯”异文，进一步证实了上述结论。而且“式”“山”的声母可通转，即“式洽切”与“山洽切”所得切字读音相近，尤其是段注中更为妥当的“山洽切”与“箑”的注音“山洽切”完全一致。由此，可以肯定“箑（篓）”与“萐”字读音相同。（2）在语义方面，上引段注中已明确指出“萐”，“其叶大于门扇，不摇自扇”“薄如箑”，不仅与“扇”形似，而且与“扇”一样，具有“摇鼓生风”的功能。反观《说文》：“箑，扇也。”“箑”与“萐”在语义上也相通。一言以蔽之，“箑”与“萐”音同义通。

既然“翣”与“箑（篓）”“萐”音同，“箑（篓）”“萐”与“扇”义通，那么“翣”“扇”之间又有什么关系？

《方言·卷五》：“扇，自关而东谓之箑。自关而西谓之扇。”注：“今江东亦通名扇为箑。箑，音篓。”笺疏：

> 《说文》：“箑，扇也。”或从“妾”作“篓”。高诱注《说林训》云：“扇，楚人谓之翣。”“翣”、“扇”一声之转。《襄二十五年左氏传》“四翣”，正义引方言作“翣”。《吕氏春秋·有度篇》云：“冬不用翣，非爱翣也，凊有余也。”高诱注：“翣，扇也。”班固《竹扇赋》：“削为扇，翣成器美。”“篓”、“翣”、“箑”，并同。

接下来，笺疏中提到“萐”即“萐莆”，还提到了“射干”。

> 《神农本草》云：“射干，一名乌翣，一名乌吹，一名草姜。”苏颂《圆经》云：“叶似蛮姜，而狭长横张，如翅羽状，故一名乌翣。”李善《高唐赋注》引郭氏《上赋注》云：“射干，今江东呼乌萐。”

故：

> 扇暑谓之萐莆，射干叶横张如扇谓之乌吹，或谓之乌翣，亦谓之乌萐，犹扇谓之箑，或谓之翣也。❶

由此，至少可以得出如下三点结论。（1）在语音方面，首先，从“自关而东谓之箑。自关而西谓之扇”可知，“扇”“箑”为方言读音不同所致。其次，从“‘扇，楚人谓之翣。’‘翣’、‘扇’一声之转”中不难推断出，“扇”与“翣”读音接近，也为方言读音不同所致。（2）在语义方面，从

❶ 钱绎．方言笺疏［M］.北京：中华书局，1991：191，192，191.

上引注疏中可以得出，“扇”与“翣”在语义上有相通之处。(3)“萐莆”之得名与“扇暑”有关，且其形似扇；“射干”又名“乌翣”“乌萐”等，这也与其叶形似扇，“狭长横张，如翅羽状”“横张如扇”有关。

接下来，再从语源方面进行探究。首先，在语音方面，为方便了解这些字的古音，特制表如下（见表3）。

表3 扇、翣、箑（篓）、萐的古音

例 字	扇	翣	箑（篓）	萐
《说文》中的反切	式战切	山洽切	山洽切	山洽/式洽切
《广韵》中的反切	式连切	所甲切	山辄切	山辄切
高本汉拟音	式战切	—	所洽切	所洽切
宋本《玉篇》	尸战切	山甲切	所洽切	所洽切
段氏分部	十四	八	八	八

笔者按：(1)“篓”还有一音“所甲切”，义为“竹篓”，与此处所列的“箑”义无关，故未列入表中；(2) 表中“《广韵》”“高本汉”两项参阅沈兼士先生《广韵声系》所列，下表均同此；(3)“段氏”项为段玉裁古音十七部中的排列顺序。

在表3中，尤其是高本汉先生的拟音中，这些字的读音均可一目了然。在韵部方面，“扇”“翣”的主要元音相同，韵头、韵尾有差别；在声母方面，一为审母，一为山母。

前人在这两字读音方面的研究颇多建树，兹引刘兴均先生的一段分析如下：

> “翣”古音属叶部，“扇”古音属元部，叶部与元部主要元音相同，故可通转。按段氏十七部，为八部与十四部的关系，十部与十四部有合韵关系，行本音在十部，《诗·抑》合韵言（十四部）字。十部也与八部有合韵关系。例如：瞻本音在八部，《诗·桑柔》合韵相、臧、狂字。八部与十四部展转可通。声为舌齿通转。可见，“翣”、“扇”音近。

语音方面的关系到此已基本上讲明，接下来就重点关注语义方面。

对此，前文已多有涉及。且不说《方言》笺疏中的具体书证，单是表1

所列的各工具书中就几乎都给出了一条单独的义项——扇。基于“扇”和“翣”的音近义通，应该能确定两者的同源关系。先来看一则前辈学者的说法：

> 除《说文》以扇释翣外，还有《礼记·少仪》《释文》引卢注，《仪礼·既夕》郑注，《淮南·俶真》“冬日之不同翣”注。可见翣、扇音近义通。翣得名于扇。《说文·户部》：“扇，扉也。从户羽。”段注：“从羽者，如翼也。”扇本门扇，开合如鸟之羽翼，风扇似之，故予之一名。扇从羽有舒展之义，《白虎通·礼乐》：“羽者纡也。”《五行》：“羽之为言舒也，言万物始孳。”可见扇本舒展之义。翣的词源义为“舒展”。❶

笔者按：（1）引文中所引《淮南·俶真》“冬日之不同翣”之“同”为“用”之误。本证：《淮南·俶真》有“冬日之不用翣者，非简之也，清有余于适也。”旁证：（异文）《吕氏春秋·有度》：“冬不用翣，非爱翣也，清有余也。”（2）中华书局1963年影印版《说文解字》中，户部下作“扇，扉也。从户从翅声。”

对于这段引文的内容，有两点疑惑。第一，引文以《白虎通》中的声训为依据，但“由于声训，特别是早期声训主要凭个人主观推断，只依据音同或音近这一点来推测，没有任何古籍材料作为依据”，❷其可信度值得怀疑。第二，引文中通过“翣、扇音近义通”就推知“翣得名于扇”未免太过臆断，尤其后面还谈到“扇本门扇，开合如鸟之羽翼，风扇似之，故予之一名”。可是从“翣”的几个义项来看，作为“棺饰”是其最基本的义项；并且据《说文》来看，还是其本义，作用为“遮蔽”，即“在路以障车，入椁以障柩”。既然要寻词源义，就务必要考虑这一本义，而作为“棺饰”的“翣”是断然不会有如上用途的。

而之所以会产生疑惑，在于论证时是通过“翣”的一个义项“扇”中的例子来证明两者义通，从而探寻其词源义；但在最后检验时，又用“翣”的另一义项（本义“棺饰”）去验证，进而引发疑惑：“翣”“扇”两物相

❶ 刘兴均．《周礼》名物词研究［M］．成都：巴蜀书社，2001：317，317～318.

❷ 赵克勤．古代汉语词汇学［M］．北京：商务印书馆，2005：215.

差太远，是否同源？

那么，在音近的前提下，这种因某一义（非本义）通而确定同源关系的方法是否可取？王宁先生在《训诂学原理》中说：

在词义引申和新词的派生中，使用义发生了变化，而词源义只在某一阶段发生相应的分解，却从不消逝……同源词的使用义不论怎样不同，包含在其中的意义特点，即词源义，是没有改变的……[1]

看来，同源词的使用义是可以不同的，只有词源义才是不变的。

再回到“翣”的词源义。从其“扇”的义项出发，不难看出，这一义项其实由两种不同功能的“扇”构成。其中，占主导的“扇”是“仪仗中用的大掌扇”或扇形羽饰的车盖之类，次要的是“可扇动生风”者——此义项同时还受到“假借”的干扰。另外，《说文解字》段注“箑”条下尚有“《士丧礼下》注曰：‘翣，扇也。’此言经文假翣为箑也”的说法。[2]

由此，就只有从占主导地位的“扇”义之“翣”与“扇”的联系上来寻找词源义。“翣”与“扇”均为器具，作为器具，最重要的特征就是功能。作为“仪仗中用的大掌扇”或扇形羽饰的车盖，其功能为“蔽风尘”，即具有“遮蔽”之用。而作为“扇”，其功能为扇动生风。再联系“翣”的本义——“棺饰”来看，其功能与“仪仗中用的大掌扇”或扇形羽饰的车盖一样，具有“遮蔽”之用，而与“扇”的功能迥然不同。

但二者在形制上极为相似：当“翣”作为“棺饰”时，它具有“似扇之形”；当作为“仪仗中用的大掌扇”或扇形羽饰的车盖之类时，同样与扇形似。同时，“遮蔽”和“扇动生风”的功能都与这一形制密切相关。因为“翣”即使作为“棺饰”之时，持其柄而扇动也会有生风的效果；“扇”也可以用来“遮蔽”，如遮脸之类。而且，段氏指出的“假翣为箑”之类可能还不同于一般的假借，因为两者的形制极为相似。

综上，翣与扇、箑（篓）、萐等均为同一语源词族。

---

[1] 王宁. 训诂学原理［M］. 北京：中国国际广播出版社，1996：105.

[2] 段玉裁. 说文解字注［M］. 上海：上海古籍出版社，1981：205.

论《红楼梦》中晴雯命运的悲剧性

■ 兰　雪*

【摘　要】黑格尔认为，悲剧是两种对立理想或“普遍力量”的冲突和调解。晴雯对自由、平等的向往（“守心”）与王夫人对伦理道德的遵守（“守礼”）是晴雯悲剧命运中的两种对立理想。这两种片面理想的实现都以毁灭对方为条件，导致不可调和的矛盾。最终，晴雯所代表的片面理想遭到毁灭。其所唤起的悲剧感受除了怜悯与恐惧外，还有其理想之合理性所激发的振奋。

【关键词】晴雯悲剧　“守心”与“守礼”　毁灭　振奋

一、引　言

一般来说，根据悲剧理论去分析作品有一定难度，而文科老师能否用恰当的悲剧理论分析课文，对学生理解悲剧、达到理想的教学效果有着至关重要的影响。为此，我们小组四个成员分别对小学、初中、高中以及大学的文科教师做了问卷调查，问卷共80份，每一阶段的问卷调查比例均占25%，以此来了解文科教师对悲剧理论的运用情况及教学效果。

调查结果显示：小学和初中语文老师对悲剧理论了解甚少，在其教学活动中也都没有涉及悲剧；高中语文老师对悲剧有一定的了解，大都比较了解黑格尔的悲剧理论，但在平时的悲剧课文教学中并没有涉及其理论的运用。大学文学专业的老师所说的悲剧一般是一种戏剧类别，在教学中大都是从文学的角度进行诠释，很少涉及美学角度。综上，文科教师对悲剧

---

* 兰雪（1992～），女，贵州毕节人，文学学士，研究方向为美学。

理论虽有涉猎，但在教学活动中几乎没有从美学角度对悲剧课文进行讲解。尤其值得注意的是，虽然中学老师最熟悉的悲剧理论是黑格尔的，但是在教学中却没有运用这一理论对悲剧课文进行分析和讲解。因而，在结合自己的阅读经验的前提下，本文尝试用黑格尔的悲剧理论对《红楼梦》中的人物形象进行分析，为理解中学悲剧课文中的人物形象提供一个范例。

《红楼梦》一直是现当代学者关注的热点，有关晴雯形象的研究论文也数不胜数。晴雯是整个封建礼教的“叛徒”，对命运的抵死反抗体现出她是一个勇敢的女子。以往的学者研究晴雯的悲剧命运主要从以下几个方面着手：第一，基于对晴雯的叛逆精神的分析，揭示曹雪芹的现实主义创作方法和反封建的民主思想，着重讨论其社会意义；第二，从晴雯的性格、身世入手，讨论她“身”与“心”的不平衡所导致的人生悲剧；第三，从晴雯形象的审美特征入手，讨论其形象的审美价值；第四，用王国维的悲剧理论来揭示晴雯命运的悲剧性，认为她的悲剧是“共同犯罪”的结果。

本文采用黑格尔的悲剧理论来研究晴雯命运的悲剧性。朱光潜对黑格尔的悲剧理论进行了系统的总结：

> 就各自的立场来看，互相冲突的理想既是理想，就都带有理性或伦理上的普遍性，都是正确的，代表这些理想的人物都有理由把它们实现于行动。但是就当时世界情况整体来看，某一理想的实现就要和它的对立理想发生冲突，破坏它或损害它，那个对立理想的实现也会产生同样的效果，所以它们又都是片面的，抽象的，不完全符合理性的。这是成全某一方面就必须牺牲其对立面的两难之境。悲剧的解决就是使片面理想的人物遭受痛苦或毁灭。就他个人来看，他的牺牲好像是无辜的；但是就整个世界秩序来看，他的牺牲却是罪有应得的，足以伸张“永恒正义”的。他个人虽遭到毁灭，他所代表的理想却不因此而毁灭。所以悲剧的结局虽是一种灾难和痛苦，却仍是一种“调和”或“永恒正义”的胜利。因为这个缘故，悲剧所产生的心理效果不只是亚里士多德所说的“恐惧和怜悯”，而是愉快和振奋。❶

❶ 朱光潜. 西方美学史·下册［M］. 北京：人民文学出版社，1964：157.

黑格尔的这一悲剧理论正适用于分析晴雯的悲剧命运。晴雯的悲剧正是“守心”与“守礼”这一对对立理想的冲突所引发的。尽管选择“守心”的晴雯被与之对立的“守礼”理想摧毁了，但却因其理想的片面性而彰显了永恒正义的胜利；同时，也因其理想的合理性而激发了振奋的悲剧体验。

二、“守心”和“守礼”
——两种“普遍力量”及其片面合理性

（一）晴雯“心比天高，身为下贱”

说晴雯“心比天高”，是指她对自身价值和独立人格的追求。《红楼梦》第七十四回中，王熙凤带领王善保家的一群人搜查怡红院，袭人等都是自己打开箱子，晴雯却采取了反抗的态度：

> 她挽着头发闯进来豁啷一声将箱子掀开，两手捉着底子朝天，往地下尽情一倒，将所有之物尽都倒出。❶

晴雯狠狠地奚落了前来搜查的老妈子们。她原本就行得端、坐得正，所以并不害怕搜查。但搜查她们的贴身衣物是对她们的极度不信任，她做不到像其他丫鬟那样忍气吞声。尽管她的做法必定会得罪王善保家的，也极可能会引起王夫人的不满。不过，依她的性子坚决不能接受这种形式的“搜查”。晴雯其实早就意识到这样做的后果，但她必须要维护自己的尊严。在她眼里，人都是平等、独立的，没有高低贵贱之分。这正是晴雯反抗精神的集中体现。

说她“身为下贱”，是因为在当时封建社会的大背景下，奴才必须遵从主子的安排，作为下等人的她应该安分守己。宝玉在《芙蓉女儿诔》中说：“其先之乡籍姓氏，湮沦而莫能考者久矣。”晴雯只是一个乡籍姓氏不可考的、身份低微的女子。刚满10岁就被贾府管家赖大买来做小丫头，后来因为贾母十分喜欢她，所以赖妈妈把她送去服侍贾母。贾母非常喜欢晴雯的

---

❶ 曹雪芹，高鹗．红楼梦［M］．北京：人民文学出版社，2008：1029．又，下引均据同书，不另注。

聪明水灵，又见她长得标致可人，便想把她送给宝玉做妾，因此将她赏给了宝玉。虽然晴雯深得主子的赞赏和喜爱，她和宝玉的爱情也得到了贾母的默认，但她身份卑贱是不争的事实。不管她是否愿意，也只是一个“礼物”而已。从她被买进贾府那一刻开始，便注定了她此生只能是一个身份低贱的丫头。

（二）“守心”和“守礼”的合理性

晴雯个性爽朗、直接，和其他卑躬屈膝的奴才有很大的区别。她追求身份的平等和心性的自由，有其合理性。在第三十七回中，秋纹无意中提到自己替宝玉给贾母和王夫人送花的事。因得了贾母赏的几百钱和王夫人给的两件旧衣裳，秋纹便沾沾自喜地炫耀着自己所得的恩典。不料晴雯却讽刺道：

> 呸！好没见世面的小蹄子！那是把好的给了人，挑剩下的才给你，你还充有脸呢。

又道：

> 要是我，我就不要。若是给别人剩下的给我，也罢了。一样这屋里的人，难道谁又比谁高贵些？把好的给他，剩下的才给我，我宁可不要，冲撞了太太，我也不受这口软气。

后来提到去取花瓶，又暗讽袭人因讨好王夫人而每月多得二两银子。其实，如果真的要晴雯去冲撞王夫人，以她的身份和地位是不大可能的，毕竟她只是一个丫头，不能也不敢公然和主子作对。但是她激愤的话语表明了她强烈追求平等的意识，她不喜欢阿谀奉承，也不愿意去迎合和讨好王夫人。她的身体被整个封建道德、礼教所束缚，但她的精神和灵魂是绝对自由的，不为任何人所控制。她只做自己想做的事，不屑于耍手段去博主子的欢心。晴雯代表了自由意识的觉醒，看轻主子的“赏赐”体现了她对新生活的向往和追求。每个人都有追求自身利益和精神自由的权利。因此，从晴雯的角度和立场看，这是合理的。

王夫人性情和善，她一生的行为准则便是对“礼”的遵守。这也有其合理性。在抄检大观园之前，王善保家的在王夫人面前搬弄是非，故意说晴雯的种种不是，王夫人便问凤姐道：

> 上次我们跟了老太太进园逛去，有一个水蛇腰、削肩膀儿、眉眼

又有些像你林妹妹的，正在那里骂小丫头。我心里很看不上那狂样子……

王夫人讨厌言语轻薄之人，看到晴雯做出小姐的样子去责骂下人，便觉得她狂妄自大。“礼”本身就是人们的道德行为规范，也是整个社会的秩序规则。从王夫人的角度看，女子必须要安分守己，而晴雯本就是一个丫鬟，是贾府里身份最卑贱的一类人，根本没有资格去责骂别人。晴雯的做法让王夫人觉得自己所信奉的伦理道德、礼制遭到了严重的挑衅。王夫人所坚守的“礼”是整个封建社会的精神信条，是保证贾府稳定发展的前提条件。这是合理的。

（三）“守心”和“守礼”的片面性

晴雯过度追求精神自由，说明了她“守心”理想的片面性。第七十三回中，宝玉熬夜读书，小丫头们实在太困了，开始打瞌睡。晴雯便骂道：

什么小蹄子们，一个个黑家白日挺尸挺不够，偶然一次睡迟了些，就装出这个腔调儿来了。再这样，我拿针戳你们两下子！

晴雯是宝玉身边的“红人”，会不顾情面地责骂比自己等级略低的小丫头。丫头们白天累了一天，晚上熬夜自然是困顿不堪，但晴雯却认为她们玩忽职守。有时，晴雯对主子也不太尊重。第二十六回中，她和碧痕拌了嘴、不开心，便把气都转到宝钗头上，埋怨道：

有事没事跑了来坐着，叫我们三更半夜不得睡觉。

她因宝钗影响了休息而不开心，却未曾想到宝钗和自己的身份不同。晴雯说话做事都遵循自己的内心，追求自由和精神的独立。她逾越了封建等级，成为自己精神的主人，这无疑是合理的。但是，晴雯没有遵守“礼”的规范制约。她过于随性，忽视了社会伦理；一味追求自我实现，忽略了既定的制度规矩，没有将自由约束在一定的范围内。所以说，晴雯的“守心”是片面的。

王夫人“守礼”的理想是整个封建社会的既定准则，但她过于信奉“礼”，压抑了人性的自由，同样导致了其理想的片面性。第七十四回中，王夫人见到晴雯，看到她随意撩人的打扮便厌恶至极，冷笑道：

好个美人儿，真像个“病西施”了。你天天作这轻狂样儿给谁看……

作为“礼”的典型代表，王夫人的身份、地位决定了她的处事方式。她对伦理道德的遵守，本身也是合理的。她希望宝玉能够走向仕途，极其担心宝玉被“浪样儿”的丫头勾引坏，但却忽略了人的精神自由。她是贾府的权威，可以决定任何一个丫鬟的命运，但她没有意识到传统礼制对人的压制和束缚，不知道自己所信仰的道德规范是扼杀别人精神自由的恶毒武器。她压制了晴雯的躯体，但晴雯的灵魂是自由的。所以说，王夫人的“守礼”有其合理性，但同时又是片面的。

三、“守心”和“守礼”的不可调和

——两种“普遍力量”的对立冲突

（一）“随意任性”与“三从四德”的冲突

王夫人认为一个具有优良品质的女子必须懂“礼”，她最不能容忍身份低微的丫头们自以为是和轻浮浪荡。第七十四回中，王夫人训斥晴雯，听到晴雯说没有靠近宝玉时便信以为真说道：

> 阿弥陀佛！你不近宝玉是我的造化，竟不劳你费心。既是老太太给宝玉的，我明儿回了老太太，再撵你。

王夫人怕晴雯接近宝玉，认为她不稳重，不能好好地服侍宝玉。她最后呵斥晴雯离开时说道：

> 去！站在这里，我看不上这浪样儿！谁许你这样花红柳绿的装扮！

王夫人看晴雯长得像黛玉，又见她打扮得随意妖娆，便断定，留她在宝玉身边是个祸害。因碍于贾母的面子，王夫人不敢说黛玉的不是，但她有权处置一个“不自重”的丫头。晴雯便成了其杀鸡儆猴的牺牲品。王夫人觉得晴雯是个不守规矩的浪荡女子，所以坚决不能让她继续服侍宝玉。

袭人温柔和顺，能讨得主子的欢心，是王夫人眼中贤妻良母的典范。第三十四回中，王夫人和袭人谈到宝玉挨打的事。袭人知道王夫人疼爱宝玉，又担心宝玉的前途，便说道：

> 论理，我们二爷也须得老爷教训两顿。若老爷再不管，将来不知做出什么事呢。

王夫人听到袭人的话既惊讶又高兴，没有想到袭人竟如此懂得她的心思，由不得赶着袭人叫了一声：

我的儿，亏了你明白，这话和我的心一样。

袭人见王夫人悲伤，自己也难过不已。又道：

二爷是太太养的，岂不心疼。便是我们做下人的服侍一场，大家落个平安，也算是造化了。

袭人能揣摩王夫人的心思，知道王夫人喜欢听什么，所以说话能合得王夫人的心意。她的“温柔和顺”得到了王夫人的认同。

晴雯个性洒脱，坦率随意。她追求个人价值的实现，想要自尊和自由。虽然她有时会出于本性责骂小丫头，但从不会过于伪装自己，也不会违背自己的本心去讨好主子。以王夫人为首的遵“礼”派注重伦理道德，认为女子应该有规矩，不能逾越自己的身份去做事，更不应该花枝招展。在王夫人看来，晴雯的“轻佻”打扮会把宝玉带坏，也会让贾府的良好风气受到影响；而袭人能懂得她作为一个母亲的难处，也具备了一个好女子该有的贤惠和安分。这两种理想都有合理性，但要实现其各自的理想就会彻底地毁灭对方。晴雯选择了任性而为，就不能遵从长辈、循规蹈矩地生活；王夫人选择了保守、节制，便不能接受晴雯的放荡不羁。“守心”和“守礼”这两种片面理想相互冲突，导致了不可调和的矛盾。

（二）“风流灵巧”与“父母之命”的冲突

虽然有“贤妻美妾”这一说，但王夫人想要的是听话懂事的丫鬟，而晴雯的所作所为和她的期望是相悖的。在第七十八回中，王夫人告知贾母晴雯得了“女儿痨”，已经将其送出了大观园。当初，贾母把晴雯送给宝玉的目的是想把晴雯留给宝玉做妾，所以听说她被送走了有些吃惊，提起她之前的许多好处便感叹不已。王夫人需要顾及贾母的感受，毕竟晴雯是老太太选中的人，便笑道：

老太太挑中的人原不错。只怕他命里没造化，所以得了这个病。俗语又说，“女大十八变”。况且有本事的人，未免就有些调歪，老太太还有什么不曾经历过的。三年前我也就留心这件事，先只取中了他。我便留心。冷眼看去，他色色虽比人强，只是不大沉重。知大体，莫若袭人第一。虽说贤妻美妾，也要性情和顺，举止沉重的更好些。

王夫人这一番话既夸赞了贾母，也解释清楚了晴雯被赶走的原因。她贬低晴雯也是希望贾母不再过问此事，这样晴雯就没有机会再靠近宝玉。她说晴雯“不沉重”又有些“调歪”，是因为在她看来，晴雯这样的女子是不适合待在贾府，更不适合服侍宝玉的。袭人虽然姿色略差晴雯，但性格和脾气都无可挑剔，这样的女子留在宝玉身边是最好不过了。王夫人把晴雯的“风流灵巧”当作致命毒药，认为宝玉是单纯的孩子，如果晴雯这样风流的人继续待在宝玉身边，必定会闹出许多风波让她头疼，所以坚决要把晴雯赶出贾府。“父母之命”的安排直接导致了晴雯和宝玉的爱情悲剧。

王夫人需要的是能帮助宝玉走上仕途的温顺女子。袭人识得大体、行为大方，一直都在规劝宝玉“走正道”，当然是给宝玉做妾的不二人选。晴雯想和宝玉不受束缚地生活，想要随心所欲、不受礼制的约束。王夫人则害怕晴雯把宝玉带坏。本来，宝玉从小就喜欢在姐妹间厮混，要是再有晴雯这样出众的女子在身边，王夫人会更担心宝玉的未来，害怕他沉溺于女色而无心仕途。晴雯想要独立、平等的爱情，这与当时婚姻大事听于“父母之命，媒妁之言”的礼节相背离；晴雯疾恶如仇的性子，也与袭人的温柔和顺相对立。由此，双方合理的理想相对立，导致了激烈的冲突。

四、“守心”理想的毁灭
——“永恒正义”的胜利

（一）“担虚名”与“夭风流”

两种片面理想冲突的高潮是，晴雯被赶出了大观园，最后在委屈和愤懑中悲惨地死去。晴雯死前见到宝玉时说：

> 我虽生得比别人略好些，并没有私情蜜意勾引你怎样，如何一口咬定了我是个狐狸精！我太不服。今日既担了虚名，而且临死，不是我说一句后悔的话：早知如此，我当日也另有个道理。

晴雯的爱情纯洁无比，但别人都以为她是因勾引宝玉才被赶出去的，所以不得已“担了虚名”，而“大家横竖在一起”的梦也随之破碎。“俏丫鬟抱屈夭风流”是晴雯最后的结局，她的心高气傲被封建制度无情地击垮。晴雯所向往的自由和平等不可能实现。王夫人代表了整个封建社会的力量，晴雯只是孤军奋战，所以她的反抗在封建伦理道德的压抑下显得苍白、无力。晴雯担了勾引主子的虚名，又丢了性命，再不能和宝玉一起嬉戏打闹，她的爱情和梦想在极度绝望中同生命一起消亡。她最突出的悲剧性在于，毁灭了自身，成全了封建礼教的“暂时和谐”。由此，双方的矛盾冲突得以解决。

（二）“片面合理”与“罪有应得”——“永恒正义”的彰显

第七十七回中，宝玉因晴雯被赶走而伤心欲绝，认为她没有犯错，不应该被撵出园子。袭人道：

> 太太只嫌他生得太好了，未免轻佻些。

袭人说的不无道理。晴雯确实从来都不懂得安分守己，很多时候过于放纵自己的本性。个性的张扬让她一度忘记了自己的尴尬处境，洁身自好的她得罪过太多人。所以，出淤泥而不染也成了她悲剧命运的导火索。她直接、坦率的个性与封建社会的礼教格格不入。王夫人为了维护封建礼制、道德，为了规范整个大家庭的规则、秩序，为了让宝玉能在和谐的环境里生活，必须铲除和自己对立的所有力量。晴雯的牺牲自成为必然。晴雯有合理的理想，但她只是片面地追求自我的发展，以自我为中心，忽视了一切外在的秩序和规范。由此来看，晴雯的牺牲“罪有应得”。她过分追求片面理想而导致的形体毁灭，彰显了“永恒正义”的胜利。

（三）“痴心公子”与“芙蓉花神”——晴雯理想的不朽

尽管晴雯的片面理想随着她身体的毁灭而终止，但她所追求的纯洁爱情并没有因此而消亡，因为她的理想有合理存在的价值。宝玉为她撰写《芙蓉女儿诔》，睹物思人、为她填词，这便是她所向往的纯洁爱情的实现。于晴雯来说，死之前宝玉能来看望她，死之后宝玉还能思念她、牵挂她，纵然担了“勾引”的虚名也值了。宝玉的确也无法忘记晴雯。在他心里，晴雯化成了纯洁高雅的芙蓉花神，她是永生不灭的，只是换了地方以另一种形式存在而已。尽管这只是宝玉痴心傻意的杜撰，却也从侧面肯定了晴雯的精神永存。她的生命虽遭到毁灭，但她所代表的理想却不会因此而消失，她的反抗精神并没有因为她的死亡而终结。所以，毁灭的只是晴雯的形体，她所代表的精神和理想，因其合理性而长存不朽。

五、"恐惧""怜悯""振奋"

—— 对晴雯悲剧的审美感受

（一）对片面理想遭受毁灭的"恐惧"

恐惧是悲剧感中不可或缺的部分。朱光潜说：

> 悲剧的恐惧不是别的，正是在压倒一切的命运的力量之前，我们那种自觉无力和渺小的感觉。[1]

晴雯的命运悲剧带给我们一种强烈的恐惧。这种恐惧不是日常生活中经历极大震撼和恐怖事件时的特有感觉，也不是危险逼近时的强烈压迫感，而是因为我们所见到晴雯的毁灭是由封建家长制的强大所导致的。晴雯为了自己的理想而反抗封建礼教，最后惨遭毁灭，这让人觉得毛骨悚然。她与之抗衡的悲惨结局，让人觉得压抑和害怕。她所代表的理想是合理存在的，所以她敢于与整个封建道德、礼制发生冲突，但毕竟力量过于薄弱，导致了自己的毁灭。读者所产生的恐惧，便是对那种看似突如其来而实则蓄谋已久的、强大的压制力量的畏惧。

（二）对不公命运的"怜悯"

怜悯主要是一种痛感，是由悲剧主人公所遭受的痛苦和悲剧命运引起的。对于晴雯的遭遇，人们抱有无限的同情和惋惜。晴雯是被命运吞噬的女子，她肯定"情"的价值，拥有新女性向往自由的独特思想；她追求自我价值的实现，用生命为自己的理想奋斗，但结局却是遭受毁灭。在我们看来，集智慧与美貌于一身的晴雯不该遭受厄运和痛苦；她的生命应该得到延续，她的梦想是合理的，也应该实现。但是，她却因为反抗命运而遭受了无尽的苦难，以至于最后的香消玉殒，这无法不令人悲痛。心比天高，身为下贱，风流灵巧招人怨，一个有梦想的女孩不该遭受厄运却适得其反，让人产生了"怜悯"的情绪。

---

[1] 朱光潜．悲剧心理学［M］．北京：人民文学出版社，1983：89.

（三）精神的“振奋”和灵魂的“升华”

人们虽然对晴雯的命运悲剧感到惋惜，但更多的还是敬佩她面对灾难和压制时的反抗精神，同时，从她的叛逆和不屈中得到振奋和快感。那种明知道会牺牲还是要反抗的决心让人为之折服，她的反抗精神达到了一定的高度。尽管她知道命运的不可违抗，但还是毫不犹豫地与之抗争，不惜以死来换取灵魂的自由。黑格尔说：

> 束缚在命运的枷锁上的人可以丧失他的生命，但是不能丧失他的自由。[1]

晴雯的理想是合理的，是有价值的，她对自由的向往和对封建道德的反抗是有意义的。后来的司棋、鸳鸯、尤三姐、黛玉……众多真性情的好女子都延续着她不屈的精神。这种合理的追求和反抗带给读者极大的震撼和鼓舞，激励着人们为自己的正当理想不断地前行、奋进。

六、结　语

本文以黑格尔的悲剧理论为依据，对晴雯形象的悲剧性进行了分析，希望能为中学语文悲剧课文中人物形象的解读提供一个示范。

《红楼梦》的悲剧在于，毁灭了一个个怀有新梦想的女子，而晴雯又是其中的典型。“心比天高，身为下贱”的她怀有对美好生活的憧憬，也拥有着合理的理想。但就当时的社会而言，“礼”是维持其运转的道德规范。因而，以王夫人为代表的“守礼”派也是合理的。两种片面理想都合理，双方都有实现自己片面理想的理由，但其理想的实现又都以对方的毁灭为代价，这必然引发强烈的冲突。两种力量的不相容导致了至少一方的彻底毁灭，晴雯就是被毁灭的一方。以王夫人为首的封建礼教捍卫者的队伍极其强大，力量的强弱对比决定了晴雯片面理想的破灭，她的死成全了封建伦理道德的“和谐”。由此，冲突得到了解决。虽然她的理想是合理的，但终因其片面性而毁灭，这彰显了“永恒正义”的胜利。于是，悲剧所带给人们的审美感受也是多样的。首先，是“恐惧”。人们不是因为晴雯的悲剧而

[1] 黑格尔．美学·第一卷［M］．北京：人民文学出版社，2011：198.

害怕，而是因为体会到了一种能够轻易摧毁自己的、压倒性的力量。其次是“怜悯”。面对晴雯的悲惨命运以及“守心”理想的合理性，人们产生了发自内心的“同情”和“惋惜”。最后，是强烈的“振奋”感。人们看完晴雯的悲剧命运之后不会有颓败的感觉，是因为看到了她追求自由的大无畏精神，而这种精神是永生不灭的。她追求自由的决心给人以振奋的感觉，让读者从一个独特的悲剧性女子身上得到一种不屈不挠的强大力量。

【参考文献】

［1］黑格尔．美学·第一卷［M］．北京：商务印书馆，2011.

［2］叶朗．美学原理［M］．北京：北京大学出版社，2009.

［3］朱光潜．悲剧心理学［M］．北京：人民文学出版社，1983.

［4］朱光潜．西方美学史·下册［M］．北京：人民文学出版社，1964.

［5］曹雪芹，高鹗．红楼梦［M］．北京：人民文学出版社，2008.

［6］王昆仑．红楼梦人物论［M］．北京：北京出版社，2009.

［7］叶沙．细读红楼［M］．上海：华东师范大学出版社，2010.

［8］陈永宏，陈默．晴雯悲剧作为社会悲剧思考时的多层次文化意蕴——晴雯悲剧成因组论之一［J］．红楼梦学刊，1994（3）.

［9］胡中方．论晴雯悲剧命运的成因及意义［J］．湖北第二师范学院学报，2008（6）.

［10］康福玲．论晴雯的审美价值［J］．河南机电高等专科学校学报，2004（6）.

［11］勇慧．心比天高，身为下贱——试论晴雯的悲剧性格和悲剧命运［J］．武汉科技大学学报，2003（3）.

［12］陶玮．芙蓉辨——论晴雯、黛玉之“芙蓉”［J］．红楼梦学刊，2010（4）.

［13］张云．成长与死亡相伴——以贾宝玉的情感历程为视角［J］．红楼梦学刊，2008（4）.

［14］宋淇．怡红院的四大丫鬟［J］．红楼梦学刊，1998（3）.

［15］袁宪泼，杨美龄．晴雯形象塑造的骚赋渊源考论［J］．红楼梦学刊，2013（5）.

现代文学与文化

城市空间意象的女性文化阐释

■ 刘立辰*

【摘　要】20 世纪 90 年代以来，随着经济的发展，我国的城市化进程也在不断加快，城市和生活在城市中的人成为女性作家笔下重点关注的对象。在她们的作品中，出现了大量的城市空间意象，如卧室、写字楼、酒吧、街道等。这些意象与女性的精神实质有着非常密切的关系，蕴含着深刻的女性文化内涵。

【关键词】城市　空间意象　女性文化

一、城市空间意象

生活在城市中的女性，会更多地将注意力集中在她们熟悉的城市中。女性文学作品是体现女性对城市的认识以及女性精神的最为直观、生动的文字载体。作为城市的符号化意象，这些文字往往承载着女性的生活和精神状态，蕴含着女性对于城市的理解，以及深层次的女性文化内涵。

西方环境设计理论家凯文·林奇在《城市意象》中对城市意象进行了阐释："城市意象是建立在人对都市的感知、体验基础上的心灵地图。"的确是这样，城市意象包含着人们的多种感知、经验和记忆。而在城市中的各种空间是城市最基本的构成单元，是打开人们对城市认识的最初的入口。在这里，人与人之间搭建起协作或对抗的各种社会关系，生活在城市中的人们所显示出的矛盾、冲突构成了作为故事主体的城市。城市景观作为系

---

* 刘立辰（1976 ~），女，辽宁朝阳人，文学硕士，贵州师范学院文学院副教授，研究方向为女性文学。

列物象的集合，拥有着独特的文化、艺术旨趣，而城市意象恰恰是基于人们对于这些物象集合的审美感受而在心底绘制的“心灵地图”。在越来越重视人的精神感受的今天，城市中的人群对于文化的追问、对于各自内心世界的反思，比较多的借助于这一“心灵地图”的启发和引导；在以其独特的视角审视城市空间意象的过程中，生发出对于复杂社会的深刻认识。

女性作家以其细腻的情感特征，感受着不一样的城市。她们是敏感的、细腻的，她们理解的城市空间意象有着独特的女性化特征。在她们所描绘的城市空间意象的背后，隐含着她们对城市的独特理解，隐含着她们对自身命运的深刻思索。这也为本文从女性文化的角度对女性作家笔下的城市空间意象进行阐释提供了理论依据。

二、女性作家笔下的城市空间意象

20世纪90年代以降，中国的城市化发展进程在加快，众多的高层建筑赫然矗立在城市里。女性文学作品中的城市是外在世界的反映，在她们的作品中出现了不同类型的城市空间意象。概括起来，主要有卧室、写字楼、酒吧和街道等。

（一）卧室

20世纪90年代，陈染、林白等女性作家以其充满哲思与隔绝的内省姿态退回到自己的房间——卧室。在她们的卧室中，弥漫着自觉的女性意识。她们用封闭式的生存方式第一次体会到自己作为女人的存在价值，在虚构中建立真实的女性经验世界。

《私人生活》《说吧，房间》，等等，仅从篇名就足以看出问题。走进她们的文本世界，这种趋向则更加明晰：陈染需要的是“阿尔小屋”，是有着围墙的绿顶屋，每个人都有一扇窗子以及永远保持的距离；林白则倾情于飘荡着芳香的雨季、拉上所有窗帘的房间，以及记忆中的沙街。

在陈染的《与假想心爱者在梦中守望》《站在无人的风口》《破开》《沙漏街卜语》《与往事干杯》等小说中，女主人公纷纷走进那间只属于自己的卧室里。她们渴望在这个由男性主宰、操纵的世界里获得一席之地，渴望实现女性本身的生存意义和价值，成为一个真正独立的主体。

“卧室”也是林白最乐于选择的自我象喻。在她的大多数作品中，都是围绕主人公被社会拒绝、排斥后退回到个人的内心世界来展开的，而卧室正是这种内心生活展开的理想空间。《一个人的战争》中，小小的多米在幼儿园“规范”管理的巨大压力下，将蚊帐视为自己的“私人卧室”，开始了她漫长的拒绝和逃避之旅。在《说吧，房间》里，林白毫不隐讳地勾画出女性生存被挤压的现实：受到排斥的老黑只有从社会中退却，除了回到她的“房间”——一个坐落在“赤尾村”的居所，还能去哪里呢？林白的叙述就是从这里出发，通过对“房间”的言说表达了现代女性主体的自我生命感觉与生存困境。

（二）写字楼

张欣、方方等女作家借助城市空间来凸显女性的文化经验和性别体验，真实且淋漓尽致地揭示了忙碌于写字楼中的现代女性——白领丽人的生活现状。这里提到的“写字楼”空间，实指“办公女性”活动的公众空间、职业生活空间，即“职场”。

女性作家笔下的城市职业女性，不是一般的工薪阶层，而是“白领丽人”。她们的职业通常是广告人、服装设计师、公关人员、文艺工作者……这群人是体制改革的新生儿，以不同的方式来到了城市，选择了城市生活。然而，对于处于经济浪潮中的女性而言，城市既是展示自我的大舞台，也是危机四伏的陷阱。张欣的《掘金时代》、林白的《致命的飞翔》等作品都表现了女性在职场中的艰辛——她们无法和男人一样在事业的天地里自由驰骋，要想成功就得付出比男性更多的努力。叶弥的《城市的露珠》同样表现了女性在职场中的艰辛——职业女性对于自身的生存状态强烈不满，她们就像城市的露珠，只有在夜晚才能散发出迷人的光彩。

（三）酒吧

商业气息急剧膨胀的今天，灯红酒绿的生活在都市中遍地可及。“酒吧”作为一种文化符码，正是在这种情形下进入写作当中。棉棉的《告诉我去下一个酒吧的路》将主人公的经历和活动安排在从一个酒吧到另一个酒吧的过程中，以此为叙述的线索：“告诉我通向下一个威士忌酒吧的路，如果我们找不到通向下一个威士忌酒吧的路，我告诉你我们一定会死在这里。”又如卫慧的《像卫慧那样疯狂》《上海宝贝》、棉棉的《糖》《啦啦啦》《九个目标的欲望》等作品，都是以酒吧为核心场景展开，一个属于女性的新空间由此形成并得到极端的体现。酒吧被女性作家纳入城市的系统并被编码，构成女性对于城市的独特理解。酒吧往往与欲望联系在一起，成为“另类”女孩纵情享乐的朝阳之地。

在《上海宝贝》中，女主人公倪可对欲望的追求已经到了癫狂的程度，总是沉迷、躁动于性的幻想中：在梦中，幻想着被“蒙着眼罩的男人”强暴；躺在浴缸里，幻想着一个男人进来将她花瓣一样粗暴地揉碎；在寂寞的家里，希望冰箱里藏着一只老虎，扑向自己，“然后毫不犹豫地强奸我”。同样，棉棉对欲念的裸露和倾泻也不甘示弱：“我们这些人，睡在哪里，都不可能是睡在夜里的。”❶ 酒吧成了她们作品中的主角，天天、赛宁、倪可、《糖》中的“我”最终仍陷入酒吧的意象群中：在音乐、酒精、毒品和性的边缘挣扎。这些“另类”是在以自己的方式希求从堕落中得到救赎，这是一种锋刃式的极端体验。

（四）街道

20世纪90年代以来，城市飞速发展，消费成了城市中的主导行为和话语。每一座城市都在根据消费社会的要求重新构造城市空间，商业一条街、购物中心、连锁超市野火般燃遍城市，街道成为小说中典型的空间场景。

只要稍加留意即可发现，不少的女作家热衷于描写街景、橱窗、灯光和阴影，这使她们的小说始终保持着强烈的时尚味道。例如，卫慧在《像卫慧那样疯狂》的开头写道：

> 我喜欢从深夜最后一班地铁上下来，慢悠悠地走过铺着劣质花岗岩的寂静过道，走进午夜巨大的黑色阴影中……我也喜欢坐在人行道旁边的花草护栏上，面无表情地盯着在眼前晃过的每一条露在短裙下的玉腿，我还喜欢坐在一家挤满了蓝领、灰领的小餐馆，孜孜不倦地啃一堆烧得发酥的骨头……❷

又如，《上海宝贝》中的倪可和天天：

---

❶ 棉棉．糖［M］．北京：中国戏剧出版社，2000：211.

❷ 卫慧．像卫慧那样疯狂［M］．珠海：珠海出版社，2000：2.

> 依偎着走在干净的淮海路上，那些灯光、树影和巴黎春天百货哥特式的楼顶，还有穿着秋衣步态从容的行人们，都安然浮在夜色里，一种上海特有的轻佻而不失优雅的氛围轻轻弥漫。❶

女性和城市感性地契合，女性创作以特有的敏锐，新鲜、生动地表现出了这一时代景观。

三、对城市空间意象的女性文化阐释

（一）卧室——孤独与迷惘的生存体验

自从英国女权先驱伍尔夫强调妇女无论是在经济、社会地位还是写作上都应该拥有“一间自己的房间”以来，女性作家一直在为争取“一间自己的房间”而努力奋斗。它不仅是女性的栖身之所和理想的逃世之地，也是实现自我意识的重要物质基础。因为：

> 唯有在这种封闭的空间里，女性才可能潜思默想，收心内视，清理自身异己的经验内容，打捞自己的女性经验，寻找那种业已稀疏的已经被社会理性层面掩盖和遗忘的东西。❷

无论是倪拗拗（《私人生活》）还是黛二（《另一只耳朵的敲击声》），无论是多米（《一个人的战争》）还是七叶（《回廊之椅》），小说中的女性都从纷繁复杂的公共空间退守到自己的卧室，在远离男性的空间里通过镜像凝视自己。女性作家通过叙写男人无法感受、无法体验的空间打破了许多禁区。

对于20世纪90年代的陈染、林白而言，“卧室”已经成为一个特定的称谓。作为女性精神的栖息之所，它以其幽闭性和隐秘性构成了女性世界隐喻与隐语的空间，成为女性自立与自闭同在的、双重意义上的一个意识符码。但同时，也应该看到，“卧室”本身的封闭性也使之成为女性精神的炼狱、困厄女性的牢笼。幽闭在私人空间里的女性在自虐而又他虐的矛盾纠缠中，无法在现实生活中找到自己的位置，无所事事而又百无聊赖，只

---

❶ 卫慧．上海宝贝［M］．沈阳：春风文艺出版社，1999：9.

❷ 赵勇．怀疑与追问——中国的女性文学能否成为可能［J］．文学评论，1996（6）：58.

能借助于孤芳自赏、虚拟的“飞翔”来忍受孤独。比如，《另一只耳朵的敲击声》中的黛二，她幽闭寓所，经常记录一些行为怪异者和精神错乱者的言行；《私人生活》中自称“零女士”的倪拗拗，整天沉溺于内心生活中，最终不得不进入精神病院；而《一个人的战争》中“虚构的孩子”多米，则脱胎换骨，成了一个幽灵。“自己的房间”里往往上演的是自闭、自恋、自虐的悲剧，这也构成了这一时期女性主义文学的尴尬处境，因为一旦拉上窗帘就看不见他人，看不见历史，看不见世界。女性在为自己打造出一个“精神憩园”的同时，也把自己打入一个没有出路的牢房。

（二）写字楼——自我与个性的价值实现

当人类解放的旗帜亮出，特别是妇女解放的号角吹响，中国的“娜拉”们终于挣脱家庭的羁绊，走出那幽闭已久的“房间”，到广阔的社会天地里追求自由。忙碌于写字楼的女性与困守卧室的女性形成鲜明的对照，也可以说是另一类女性的存在方式，表现了女性生活的不同侧面。女性作家通过描写回到社会集体空间中的商业女性，为我们揭示了职业妇女在新的价值追求过程中所产生的心灵困惑和焦灼。她们无法和男人一样在事业的天地里自由驰骋，女性要成功需要付出比男性更多的努力。而事实上，女性在创建事业的过程中，更多的还要面对事业与家庭双重角色难以平衡的棘手难题。她们在商场上冲锋陷阵，却在感情上两手空空。事业的成功往往以家庭的困顿为代价，带给她们一份抹不去的失落。

女作家萧红在几十年前就曾感叹过：“女性的天空是低的，羽翼是稀薄的，而身边的累赘又是笨重的。”女性煽动理想的翅膀在天空中飞翔没有多久，就被现实的强大力量毫不留情地拉回到地面上了。几乎没有一个知识女性不经过这样一个从理想回归到现实的、痛苦的精神过程。虽然出走后的“娜拉”在现实中遭遇尴尬，陷入窘境，但是“这种现状也使人们看到一丝希望的曙光……它给妇女带来沉重的精神负担，同时也加速了男性的自审和妇女自我意识的觉醒”。❶ 张欣为我们塑造了一系列奔波、忙碌于写字楼中，不沉溺于物欲的女性形象。诸如千姿、寒池、飘雪、可馨等，虽然背负着事业和家庭的十字架，但也找到了与男性平等地参与社会、参与

---

❶ 韦澍一．关于当代女性角色紧张的社会心理分析［J］．社会科学战线，1994（3）：114.

竞争，实现自我价值的思维方式和行为方式。当然，这一实现过程仍将是相当漫长的。张欣等人是在多彩而躁动的外部世界完成对系列都市职业女性的书写的。在更广阔的“写字楼”空间中演绎女性，与困守“卧室”的女性形成了互补，或者说，是现代女性生活的两个不同方面、两种不同的空间意象展现出她们生活的丰富性、复杂性。

20世纪90年代末期，在困守“卧室”和奔波于“写字楼”的女性之外，又出现了处于都市生活边缘、以惊世骇俗的前卫姿态反叛传统的新新人类女性。她们在拥有了足够多的物质之后，却失去了内心的体认，在物欲中挣扎、在本能欲望中沉浮成了她们的一切。于是，她们尖叫着冲出“卧室”和“写字楼”，涌向灯光闪烁、充斥着摇滚乐的酒吧，酒吧成为她们展示自我的舞台。

（三）酒吧——现实与梦幻的欲望追求

20世纪90年代末期，卫慧、棉棉等一批70年代出生的女作家登上文坛，其作品中的女性多是追求欲望狂欢和感官刺激的都市边缘人——她们在半隐半现的光与影中疯狂地酗酒、吸毒、做爱，通过放纵女性的生命本能来证明自己的女性自主权，通过控制男性欲望，反抗男性的束缚。从这个层面上来看，酒吧不仅是一个物质消费的场所，也是一个文化消费的场所。酒吧在中国特殊的文化背景下出现，已经成为一种女性空间意象——不但能呈现当代人独特的经验和感受，还能表现出作家们欲望化的写作意图。

在传统文化和意识中，所谓的“伦理”枷锁扼杀和泯灭了女性的自然欲望和社会欲望，女人完全没有“人”的目的和本体的意义，而是被降为一种手段和工具。因此，本来充满感性欲望的女人的存在被“扭曲”“变形”为一种道德符号。女性不能为自己活着，只能为道德原则而活。为了这个道德原则，就必须牺牲女性个体活生生的生命存在，从而达到、符合男性中心文化理想的标准。

文学是人类欲望的一种表达。在女性意识尚未浮出水面的时代，女性只是想象的客体和对象，不仅自身的欲望被剥夺，还要无条件地顺从男性欲望。随着越来越多的女性主体意识的觉醒，欲望从刻板陈腐的传统秩序和规范中获得了解放，女性对自我欲望的述说欲越来越强烈。卫慧、棉棉作品中所具有的显著特点，就是“另类”女孩对性探索的欲望体验。她们笔下的女性往往是自愿交出身体，而且一切源于身体的欲念都被赋予了存在的合法性。性在后者的眼中已经无须遮羞布，仅是人的一种本能与天性——既是公开的秘密也是“单纯的欲望”，是实现女性欲望的突破口。

不可否认，卫慧、棉棉的作品以前所未有的大胆，带给读者全新的阅读感受。但是，她们对性的恣意渲染却将性的描写带入了另一个极端。卫慧作品中弥漫的阳物崇拜、自虐和自恋以及她和棉棉作品中共有的相当粗俗的性描写，都是这种极端立场的露骨表现。文学的描写是和美的体验联系在一起的。如果将女性欲望实现的渴求抒发到了非理性的疯狂状态，那么文学就失去了灵魂与精神。女性可以讲述、表现自己的欲望，但如果过分依赖肉体，过分强调性，则会走进泛性的误区。这是这些作家在城市书写中应避免的问题，也是这类“酒吧”意象给予我们的警示。

从“卧室”“写字楼”来到喧嚣的“酒吧”，在空间符码的转换过程中，20世纪90年代的女性文学呈现出一种敞开的姿态，一种介入现实的力度。然而，夜幕下上演的酒吧游戏在多大程度上能代表这个时代的生活面貌呢？真正能够介入现实的本质，介入生活的灵魂和心脏，不仅仅沉醉于酒吧里的浮光掠影，还要到更广阔的空间中去寻找。这个新的空间就是“街道”。在街道上，城市既表达出它清晰的世俗生活，也表达出它暧昧的时尚生活。真正的生活之流在街道上喷薄而出，街道完成了对现实生活的有效言说。街道，是一个没有寂静黑夜的城市剧场，永不落幕。

（四）街道——寂寥与喧嚣的城市风尚

街道是城市的面孔，是城市的表情，反映了一个城市的政治、经济、文化和技术的发展水平。人们的日常生活，如购物、休闲、探亲、访友，都离不开街道。随着现代城市的发展，街道两侧高楼林立，街道的宽度和空间形态随之发生了巨大的变化；百货公司、购物中心、商业广场层出不穷，健身房、美容院如雨后春笋。女性穿梭于这些空间中，在消费的过程中体现出自身的价值。

俗话说：妇女能顶半边天。谈到消费，女性就不只是顶半边天了，女性是城市消费的主要承载体。而女作家们对于消费社会流行的价值观念有着天然的亲和力，较之男性更为敏感。在她们的叙事中大量出现的、消费社会的象征符号里，城市的街道是消费气息最浓厚的地方。女性作家在讲述的故事中表达自己对消费社会或赞赏或批判的态度。安妮宝贝在《清醒记·生日》中就凸显了女性对于商品的热爱与痴迷：

> 一条印度黑色芒麻裙子。大块玉石和贝壳镶在鞋面上的凉鞋。小一码。只有一双。打折。还是买了下来。香精沐浴露中，有迷迭香、松木、薄荷的气味……2004年7月的生日，是这样度过的。

类似的描写在作者的小说、散文中随处可见。素素也曾在《猎艳》中提到：

> 对我们而言，买衣服纯粹是体验买衣服的快感，买衣服是对自己审美鉴赏力、流行辨识力的一种测试。这是一种生活方式。

关于消费与女性的关系，女性主义批评家米卡·娜娃指出，消费主义“就是一个将女性看和被看的欲望合法化的环境——它让女性能够同时拥有成为观看、欣赏的主体和客体，只要她去商场，就能同时拥有……愉悦/权力”。中国古代妇女地位低下，女性丧失了独立的性别意识，总是以男性的审美来梳妆打扮，沦为了男性审美的“客体”。白居易的诗句“峨眉精心描，着意为君妆，君且不言好”说的就是这种心态。正如波伏娃在《第二性》中所提到的，特殊时期的中国由于经济条件的限制，甚至要求女人把自己变成性爱客体，使她们成为时装的奴隶。

随着社会的进步，现代社会给女性提供了更广阔的舞台，她们在几千年旧思想的茧壳中破茧而出，开始了对女性自我的内心追求。她们崇尚独立自主，开始兼有审美主体、客体的双重身份，不再被男性的审美意识所左右。尤其在进入消费社会以后，女性对服饰的要求也有所提高。女性服饰可谓是千姿百态、百花齐放、各领风骚，这在某种程度上体现了女性地位的提高和社会的进步。女性是城市消费的主体。这一时代景观被女性作家生动呈现，是对城市中女性意识的进一步凸显。

四、结　语

20世纪90年代以降，随着城市化进程的加快和西方女性主义理论在中国的深入发展，这一时期的女性主义文学作品，以女性的生存感受和自我意识为发端，进至女性追求自身价值时所面临的困境、欲望的展现，再到女性成为城市的代言人、在城市中尽情地自主消费，等等。女性作家将女性置于卧室、写字楼、酒吧、街道等城市空间中。通过对这些空间的言说，女性从惧怕窥视、走入卧室的自恋和自审，转向在办公领域占有一席之地、在酒吧里放纵生命的本能和欲望，再转变成街道空间的主导者；在此过程中，真实地表现出城市女性生活中的独特感受。她们的书写是具有挑战性的。女性作家按照自身具备的性别意识书写的城市无疑具有了更多的女性化特征，同时，城市也成了传达她们女性意识的载体。而空间意象又是城市精神的承载者，通过文学作品中的空间意象反映出的女性意识和城市精神最贴近，也具有很强的代表性。女作家笔下的城市空间意象，构成了中国当代文学的独特景观。

现如今，距离20世纪90年代已经过去了近20年。在这个时候反思女性文学作品，从女性文化的视角来解读其中的城市空间意象，能为今天的女性文学作品创作提供更加积极的借鉴意义。

论张爱玲小说中女性人物的悲剧性

■ 董 静*

【摘 要】张爱玲小说中的女性人物有着独特的悲剧性。从亚里士多德的悲剧理论出发，可以对张爱玲笔下的女性人物进行悲剧情节、悲剧命运、悲剧性格和悲剧感受等方面的剖析。小说的女性人物对于命运的反抗始终无法摆脱封建礼教和男权社会的束缚，又因经济地位的不稳定导致一系列的过失选择，促使其自身走向悲惨的境地。张爱玲小说对于女性命运的描写让读者感受到悲剧引起的怜悯和恐惧的情感体验。

【关键词】情节 命运 性格 怜悯 恐惧

一、引 言

在教学活动中，运用悲剧理论分析悲剧作品，对于文科任教老师来说是很有必要的。要想引领学生更好地理解作品的悲剧性，关键在于任教老师对于悲剧理论的熟悉程度和对作品的分析能力。为此，笔者和其他三位小组成员就文科老师对于悲剧的理解和对悲剧课文的教学做了相关的问卷调查。调查对象为小学、初中、高中、大学四个阶段的文科老师，调查问卷共80份，每个阶段的问卷占总调查量的25%。调查结果显示：小学未涉及悲剧课文的教学；初高中悲剧课文较少，初高中老师对于悲剧理论都是略知一二，并不系统、全面；大学文学专业教师分析悲剧作品时很少使用美学理论。在调查者中，有近60%的人认为造成悲剧的原因是个人性格、

* 董静（1991～），女，贵州黔南人，文学学士，贵州龙里县摆主小学教师，研究方向为美学。

人生命运的不测，这符合亚里士多德的悲剧理论。但在教学活动中，教师并没有运用亚里士多德的理论对悲剧课文进行讲解分析。那么，如何利用亚里士多德的悲剧理论，从美学的角度分析课文，让学生更好地理解悲剧作品的悲剧内涵，让悲剧的教学更加深入呢？笔者结合自己的阅读，选择张爱玲的作品作为研究对象，运用亚里士多德的悲剧理论对其笔下的女性形象展开分析，希望能为中学的悲剧课文教学提供一个参考。

张爱玲塑造的女性人物有着独特的悲剧性。学者们以往的研究，多是从张爱玲的人生经历及其自身的悲剧意识出发对小说进行分析，认为张爱玲的人生经历和婚姻生活是她小说创作的灵感源泉。一些研究是从张爱玲小说创作的心态上来把握其文章的脉络和内涵。如宋家宏的《张爱玲的"失落者"心态及其创作》和赵顺宏的《论张爱玲小说的错位意识》等文章认为，对张爱玲小说创作产生重要影响的是她的婚姻生活，这是其小说独特悲剧性的根源。胡孜娴在《论张爱玲小说中的孤独意识》中指出，张爱玲小说所独有的苍凉美感与她自身独特的审视视角有关。张爱玲的孤独意识使得小说人物的灵魂往往压抑而无所寄托。傅雷在《论张爱玲小说》中指出："也许因为作者身经危城劫难的印象太强烈了，自己的感觉不知不觉过量地移注在人物身上，减少客观探索的机会。她和她的人物同一时代更易混入主观的情操。"❶ 这是张爱玲自身的悲剧意识在小说女性人物的命运坎坷描写上的体现。

以上学者都是从张爱玲自身的悲剧意识、家庭婚姻和人生经历来分析其小说人物所呈现的悲剧根源。对于张爱玲小说的人物形象，特别是对于女性形象从情节和人物命运角度展开的悲剧分析很少。下面，就运用亚里士多德的悲剧理论，从悲剧情节、悲剧命运、悲剧性格和悲剧感受四方面对张爱玲笔下的女性人物展开分析。

二、悲剧情节分析

亚里士多德认为，"情节乃悲剧的基础，有似悲剧的灵魂"；悲剧为了

---

❶ 傅雷．傅雷经典作品选［M］．北京：当代世界出版社，2002：164.

引发读者怜悯和恐惧的情感，往往伴随着故事突转和发现性的情节叙述，最终导致苦难性的结局。情节的突转是指发生突如其来的事件，行动按照我们所说的原则转向相反的方向。情节的发现是指主角从不知到知的转变。[1] 张爱玲小说中的情节适合运用亚里士多德的悲剧情节理论来分析。

（一）突转性情节

张爱玲《金锁记》中的情节所具有的突转性凸显了曹七巧的悲剧。曹七巧，出身卑微的下层女子在豪门大院的钩心斗角中，以青春的大好年华做赌注，熬到了分家。拥有了家产的七巧也不再是当初那个小心翼翼、自卑敏感的女子，但对于情爱，她有着依恋。小叔子姜季泽是七巧情爱的归宿。七巧等到丈夫死了、婆婆死了，拥有了丰厚的家产。这个时候，曾经对七巧冷淡的姜季泽出现了。姜季泽是七巧在姜家苦苦煎熬、等待下去的动力，是她曾经美好的眷恋。但是当姜季泽要七巧卖掉乡下田地去买自己的房子时，七巧才悟出姜季泽与她已经不再是情爱的纠葛，而是金钱的来往了。姜季泽的这次出现，让七巧对于情爱的眷恋彻底破灭。她不再相信任何男人，选择相信自己手中的金钱——只有金钱才是最可靠的，也是最安全的。七巧从一个盼望美满爱情的女子转变成不相信爱情，只相信金钱的魔鬼。姜季泽的突然出现和爱情计谋被识破这一突转性的情节，使得七巧选择金钱作为保护自己的利器，却不想金钱也成为使自己陷入悲剧命运的凶器。最终，曹七巧成了金钱的奴隶。

（二）发现性情节

《金锁记》中的发现性情节让七巧认为，情感都是虚假的，爱情、亲情都变了质。七巧熬过了大半的青春，分到家产后独自带着儿女，依靠分得的家产生活。姜季泽是七巧情爱的寄托，他对七巧诉说着自己的情意，七巧心动了。但当她试探之后得知姜季泽只是为了骗取她手中的钱财时，她是愤怒的、悲伤的。这一发现，为七巧命运的发展埋下了伏笔。七巧发现，情爱不过是假象罢了，爱情太虚假，没有金钱来得真实。她不断地教导女儿，男人都是不可信的。她嫉妒别人爱情的甜蜜美满。女儿长安与童世舫

---

[1] 亚里士多德．诗学［M］．罗念生，译．北京：人民文学出版社，2002：19，28，29.

恋爱时，她嘲讽女儿一点都不矜持，没有规矩，并向童世舫暗示长安有抽大烟的恶习。七巧已经没有了作为母亲该有的姿态。姜季泽对七巧感情的欺骗，让七巧发现爱情不过是场阴谋。这样的发现，打破了七巧对于美满情感的向往，让她嫉妒他人的美好感情，最终导致了亲情的缺失。

三、悲剧女性的命运分析

亚里士多德通过分析俄狄浦斯的遭遇指出了悲剧命运的可怕和不可抗拒，而张爱玲笔下的女性也受制于命运，走向了悲惨的结局。她们挣扎于生活与情爱之间，在封建礼教的束缚下，男尊女卑的思想意识已牢牢扎根。她们往往把自身命运寄托在男人身上。这些不可抗拒的力量造成了张爱玲笔下女性的悲剧。

（一）作为不可抗力量的封建礼教

在封建礼教的残害下，女性在婚姻的选择上没有任何权利。“父母之命，媒妁之言”是传统社会中包办婚姻的最佳注解。

张爱玲笔下的曹七巧正是一个被封建礼教这一不可抗力量卷入悲剧命运的女性。长兄如父，女子必须遵循“三从四德”。因哥嫂贪图姜家的彩礼，她被迫嫁到姜家。她的婚姻自己不能做主，她不得不嫁。这是封建社会女子婚姻的不自由。封建制度中森严的等级观念，使得出生在社会底层的七巧与姜家的背景格格不入。她在姜家的地位十分尴尬，丫鬟都瞧不起她。她空有少奶奶的名分却得不到该有的尊重。嫁入豪门并没有让她获得幸福。她变得自卑又敏感，刻意讨好身边的每一个人，想要融入姜家这个大环境中。七巧对姜季泽心生爱慕，但在封建礼教中这样的感情是不被允许的。更何况爱情对于七巧来说是阴谋，季泽哄骗她只是为了获取钱财。七巧是受害者，她是孤独的。在封建礼教的压制下，她无奈地选择了用金钱保护自己。

（二）作为不可抗力量的男权

封建礼教中男尊女卑的思想意识，导致女性往往以男人来体现自身的人生价值。张爱玲笔下的女性就因受制于这种不可抗拒的男权力量而陷入悲剧。

《倾城之恋》中的白流苏认为："一个女人再好些，得不到异性的爱，也就得不到同性的尊重。女人们就是这点贱。"❶ 她把异性的爱作为得到他人尊重的依据，这就体现出女人是男人的附属品，要靠男人来实现自身的价值。从第一段失败的婚姻中跳出来的白流苏，依然选择了一个男人来实现自己的终极目标。她清楚范柳原有多少风流韵事，也清楚她终究只是一个情妇的地位。由此，不仅表现出男人在社会地位上高于女性，在情感关系中也掌控主权。男人有权选择自己理想的对象，而女性则不断地改变自身以迎合男性的需求。白流苏不愿失去自身的淑女身份是因为害怕范柳原嫌弃自己。男权的思想意识，使得女人在做出决策之时往往以男人为中心。

再如葛薇龙，她自愿把自己变成获取金钱的工具，自愿为了乔琪而堕落。这个曾经受过高等教育、拥有梦想的女子，为了一个男人日渐凋零，在形形色色的社交场中周旋。这是男权社会下女性奴化的表现。为了男人不断放弃自身的生存权利，以取悦男人来满足自身对于情感的追求。男人的要求是女人行动的标准，而女性内心的真实诉求会被她们自身压抑或忽略。这也是男权社会下女性没有话语权，没有选择权的表现。

（三）作为不可抗力量的经济需求

张爱玲笔下的女性人物大多为了寻求经济上的安全，最终导致了物欲的膨胀。《沉香屑·第一炉香》中的梁太太，嫁给老男人做姨太太，等到男人去世后拥有了丰厚的家产来挥霍。这时的梁太太因物欲的不断膨胀，使得道德约束不断地被打破。让自己的丫鬟勾引男人，让自己的侄女做社交场的新人，为的是不断地寻找男人，寻求经济上的稳定、物质上的享受。

《倾城之恋》中的白流苏，直接把婚姻作为长久的经济稳定器。前一段婚姻失败、钱财被家人骗光后的白流苏并没有工作，而是在第二次前往香港时，在万不得已的情况下做了范柳原的情妇。"除了做他的情妇之外没有第二条路，然而如果迁就了他，不但前功尽弃，以后更是万劫不复了。"❷白流苏以情爱为手段为自己寻求的理想归宿仅仅出于经济上的考虑罢了。物欲使人沦陷，女性在利益和自身生存的选择上都是无奈的。她们以自己的婚姻为代价，为自己寻求一条出路，以获得长久的稳定生活。用婚姻来解

❶❷ 张爱玲．张爱玲文集［M］．合肥：安徽文艺出版社，1992：58，73.

决自身的生存、经济问题，这是封建社会女性的生存困境。

四、悲剧女性的悲剧性格分析

亚里士多德在人物与境遇的关系中提出了人物选择论，认为悲剧的主角并不是坏人，他“不十分善良也不十分公正”，而之所以陷入厄运是由于他犯了错误。[1] 张爱玲笔下的女性人物都是平凡的小人物，她们的性格里有着瑕疵的部分。正因如此，她们才会因犯了过错而促成悲剧的发生。

张爱玲塑造的女性，面对金钱和物质的诱惑所做出的抗拒都显得不坚定。这作为性格上的过失造成了她们的悲剧。葛薇龙，一心求学的女大学生，她清楚姑妈所生活的环境并不单纯。她认为：“只要我行得正，立得正，不怕她不以礼相待，外头的人说闲话，尽他们说去，我念我的书。”可以看出，最初的葛薇龙去投奔姑妈只为了住宿上的稳定。她心底想的是一心求学，根本看不起姑妈的种种行径，也认为自身可以抵抗住那些诱惑。但在面对衣橱里那些各式各样美丽的服装时，她忍不住锁上房门一件件试穿，想着“看看也好”。衣橱锁住了她求学的心，三个月的时间让她对生活的选择变得现实，认为找个有钱、合适的人就可以嫁了。那个曾经要努力学习、找个工作、好好生活的葛薇龙已经不存在了。葛薇龙不是没有认识到自己一步步陷入物欲的深渊。“薇龙连忙把身上的一件晚餐服剥了下来，向床上一抛，人也就膝盖一软，在床上坐下了，脸上一阵阵的发热。”[2] 她清楚这样的自己跟姑妈是没有区别的，她不喜欢过去的自己，更加厌恶现在和各种男人周旋的自己。但她是不坚定的。在决心要远离这样腐朽堕落的环境时，赶巧生了一场病。为此，她没有离开姑妈家。这场病让葛薇龙留了下来，留在了金钱的享乐之中，留在了与乔琪情爱的纠葛中，变成了又一个梁太太。葛薇龙面对姑妈特意布置的诱惑陷阱并没有坚定地抗拒，华美的服饰腐蚀了她的意志，把她带入了堕落的金钱享受中去。这份不坚定使她不断地丢弃自己的信念，改变生活的准则，从而陷入悲剧。

---

[1] 亚里士多德．诗学［M］．罗念生，译．北京：人民文学出版社，2002：33.

[2] 张爱玲．张爱玲文集［M］．合肥：安徽文艺出版社，1992：11，15，14.

五、悲剧感受分析

（一）怜悯

张爱玲笔下的女性形象给人以怜悯的悲剧感受。怜悯是看到命运的不公正带给人的痛苦而产生的同情和惋惜，是由一个人遭受不应遭受的厄运而引起的。❶

在张爱玲小说中，命运的不公正是封建制度对于女性的不公平。曹七巧被迫嫁入姜家。婚姻不是女子能够自己左右的。七巧这场不幸的婚姻是哥哥贪图姜家钱财而促成的，她无权选择。白流苏在与范柳原的纠缠中显得小心翼翼，是因传统社会以男权为主。封建制度所规定的“三纲五常”“三从四德”使得女性的生存空间和权力受到压制，她们在生活中不断地放弃自我，以男人为中心。

封建制度对于女性的不公平，使得她们在生活中遭受的痛苦不仅是肉体上的也是精神上的。出生在社会底层的曹七巧嫁到了姜家，身份的差距使得没有人愿意亲近她。她的内心是痛苦和煎熬的，她大声地斥责哥哥不管她的死活，把她推入火坑。婚姻的不幸剥夺了七巧对于情感的正常需求，卑微的身份让她不断压抑自己，残忍而又无情的环境使她变得敏感而又疯狂。不公的命运给七巧所造成的极度痛苦，令人感到同情和惋惜。

（二）恐惧

张爱玲小说中的女性人物带给我们的恐惧感受远远大于怜悯。恐惧是对于操纵人们命运的、不可知的力量的恐惧，也是因为悲剧主人公与我们相似而产生的恐惧。❷

曹七巧扭曲、疯狂的背后，揭示的是封建社会男权压制下女性的悲惨命运，男权的不可抗拒令人深感恐惧。在封建社会中，女性无法摆脱男权的桎梏和奴役。男性在社会关系中处于主导，女性则附庸于男性，这种封建意识约束着女性的精神自由。曹七巧的婚姻，即使她不愿意，也不得不

❶❷ 亚里士多德．诗学［M］．罗念生，译．北京：人民文学出版社，2002：32.

嫁。婚后她必须死心塌地地侍奉骨痨的丈夫，以此在姜家得以生存。在丈夫死后，七巧过度地依赖自己的儿子，也是因“夫死从子”的观念影响。七巧在不自觉中遵循着封建制度。“三十年来，她带着黄金的枷，她用那沉重的枷角劈杀了几个人，没死的也送了半条命。”残酷的封建礼教最终还是毁灭了七巧一生的幸福。婚姻的不幸，情感的不满足，性格的扭曲，欲望的煎熬，封建礼教不可抗拒的力量对七巧造成的这些残害，令人读来不寒而栗。

又如，《金锁记》的结尾写道：“三十年前的月亮早已沉下去，三十年前的人也死了，然而三十年前的故事还没有完——完不了。”❶ 我们都是平常人，就如小说中的女性人物一样，对于物质的诱惑是难以抗拒的，对于美好感情的向往和追寻也面临着生存的考验。在现实生活中，人受欲望的不满足支配着。这些生存困境，让读者在感受这些女性的悲惨和痛苦时，也因可能陷入同样的悲剧命运而深感恐惧。

六、结　语

张爱玲的小说通过对突转性和发现性情节的安排，让读者体会到女性人物悲剧命运的发展演变。因男权的压制、经济的不独立以及自身性格的弱点，女性对于美好生活的向往和对物质的需求使得她们在时代的洪流中承受着无尽的磨难。读着这些女性的故事，我们清晰地感受到生存的压力和欲望的膨胀带给人的痛苦，怜悯着命运对她们的不公，也恐惧着命运的不可抗拒和对人生的毁灭。希望本文从悲剧情节、悲剧命运、悲剧性格和悲剧感受这四方面展开的分析，能使中学老师和学生对悲剧课文的理解更加深入。

【参考文献】

[1] 叶朗．美学原理 [M]．北京：北京大学出版社，2009.

❶ 张爱玲．张爱玲文集 [M]．合肥：安徽文艺出版社，1992：124.

[2] 余斌. 张爱玲传 [M]. 海口：海南出版社，1993.

[3] 宋家宏. 张爱玲的“失落者”心态及其创作 [J]. 文学评论，1998 (1).

[4] 赵顺宏. 张爱玲小说的错位意识 [J]. 华文文学，1990 (2).

[5] 胡孜娴. 论张爱玲小说中的孤独意识 [J]. 湖南第一师范学报，2007 (1).

[6] 毛建勇. 论张爱玲小说的悲剧意识与月亮意象 [J]. 中国文化研究，1998 (21).

外国文化与文化比較

审美的人与理性的人
——从中西美学比较看席勒美学的内在悖论

■ 刘清平　格明福*

【摘　要】 席勒的美学思想包含着一个内在的悖论。一方面，他主张只有“审美的人”亦即“游戏的人”才达到了感性冲动与理性冲动的有机统一，因而是“完全意义上的人”；另一方面，他又认为只有仅仅具有理性冲动的“理性的人”才构成了人的存在的最高目的，而审美的人只是向理性的人过渡的一个中间环节。这一悖论深深地植根于西方哲学传统的“理性”精神，并且与孔子和庄子的观念——在中国哲学传统“情理”精神的主导作用下，把感性的“美乐”之“游”视为人生的最高境界——形成了鲜明的对照。

【关键词】 席勒美学　审美的人　理性的人　内在悖论　中西美学比较

德国美学家席勒逝世已经两百多年了，但他的美学思想尤其是美育思想不仅在西方美学界而且在中国美学界依然具有重大的影响，给今天的人们以种种启迪。本文试图以此为背景，通过中西美学有关观念的比较，对席勒美育思想包含的一个具有深刻意义的内在悖论进行一些分析。

---

* 刘清平，哲学博士，复旦大学教授，复旦大学社会科学高等研究院专职研究人员；格明福，哲学博士，西南大学文化与社会发展学院副教授。

一

在16世纪以来的西方现代（modern）美学史上，席勒可以说是第一次试图超出单纯认识论和心理学的范围，探讨审美在人的存在中所具有的根本性意义。这一点集中表现在：与前人（包括康德）主要把“审美”当作一种感性的认识活动或是心理活动来考察有所不同，席勒首先是从人的存在自身所包含的两种基本冲动——感性冲动与理性冲动——的相互关系出发，深入分析游戏冲动所指向的对象——美，并且因此把“审美”看作是人的存在自身所呈现的一种特定样式或状态（而不仅仅是人所从事的一种主观心理活动）。正是由于这一原因，在他那里才会在“感性的人”“理性的人”之外出现“审美的人”这个新颖的概念。[1] 也正是从这种直接关涉人的存在的本体论角度出发，席勒极大地突显了审美教育在塑造理想的人或完全意义上的人的过程中所发挥的重大作用。

众所周知，在《审美教育书简》中席勒明确主张，在作为“有限存在”的人这里，感性冲动与理性冲动是彼此分开甚至是相互对立的，由此，导致了人的存在陷入片面性的分裂：前者主要指向了感性、变化的物质状态，指向了人的“生存最高的丰富性”；后者主要指向了理性、永恒的人格形式，指向了人的“最大的独立性和自由”。相比之下，以“美”为对象的游戏冲动，却能够把感性冲动与理性冲动有机地结合起来，使之达到完美的统一，从而“使人性的概念完满实现”。所以，席勒强调：

> 人既不仅仅是物质，也不仅仅是精神。因此，美作为人性的完美实现，既不可能是绝对纯粹的生活……也不可能是绝对纯粹的形式……美是两个冲动的共同对象，也就是游戏冲动的对象。……在人的一切状态中，正是游戏而且只有游戏才使人成为完全的人，使人的双重天性一下子发挥出来。……人同美只应是游戏，人只应同美游戏。说到底，只有当人是完全意义上的人，他才游戏；只有当人游戏时，

---

[1] 席勒．审美教育书简［M］．冯至，范大灿，译，上海：上海人民出版社，2003：141，181.

他才完全是人。[1]

这些论述的哲理含义应该说十分清晰，几乎不会产生任何歧义：倘若人们只是拥有感性冲动（物质）或是理性冲动（精神），或者，倘若人们无法把这两种冲动内在地结合起来，那么，人的存在就还是片面有限的，甚至是分裂冲突的；只有通过游戏冲动达到两者的有机结合，在“美”这种“有生命的形式”[2]中充分实现人的双重天性，人的存在才有可能成为完全意义上的存在、理想的存在。

中国的学者无疑很容易理解西方美学家席勒的这些观念，因为在中国的传统美学思想中，也能够发现把“美”或“游”的境界视为人生理想存在的类似主张。例如，孔子认为，曾皙提出的“莫春者，春服既成，冠者五六人，童子六七人，浴乎沂，风乎舞雩，咏而归”的生活理想，远远高于其他弟子所说的有勇、知方、足民、宗庙之事，并因此感叹说：“吾与点也！”（《论语·先进》）表面上看，他在这里赞许的似乎只是某种单纯的“春游”活动，其实，倘若结合孔子“里仁为美”“君子成人之美”等明确肯定“美”是人的存在自身的一种特定状态的论述，以及孔子“知之者不如好之者，好之者不如乐之者”等强调乐以行仁的论述，这段话恰恰表现了孔子对于一种具有儒家特色的人生境界的积极认同——在实现“为政以德”“天下归仁”的社会政治伦理目标的同时，达到人与人、人与自然之间不仅“美”而且“乐”的和谐统一，亦即包含“天人合一”因素在内的“和为贵，先王之道斯为美”。换句话说，孔子在这里肯定的，并不只是一种单纯为审美而审美的观光旅游活动，而是作为人的理想存在、充满“游”的意蕴的“美”的最高境界，因而可以说也是一种以“美”为对象，具有人生本体论意义的“游”。再如，大力推崇“逍遥游”的庄子也指出：“得

[1] 席勒．审美教育书简［M］．冯至，范大灿，译，上海：上海人民出版社，2003：120～124．译文略有改动。

[2] 席勒原文中的“lebendige Gestalt”，通常被译为“有生命的形象”“活的形象”，但这种译解却会造成误读。问题在于，中文里的“形象”一般是指可视可听的感性形象——用席勒自己的话说，就是“一切直接呈现于感官的东西”；但席勒这里说的“Gestalt”，却在本质上是理性冲动亦即形式冲动的对象，并且涉及“事物对思维力的一切关系”，因此与感性的形象正相对立。其哲理根源似乎可以一直追溯到柏拉图提出的充满理性内涵的“Idea”（“理式”或“形式”）那里。有鉴于此，本文将席勒的这一概念译为“有生命的形式”。

至美而游乎至乐，谓之至人。”（《庄子·田子方》）毋庸细言，这一见解更是站在道家的立场上，十分清晰地把“美”“游”“乐”有机地融合成一个内在整体，并进一步从人生本体论的层面上，将它看成是人的存在的最高理想境界——“至人”。[1]就此而言，可以说是近乎完美地证明了所谓的“东圣西圣，心同理同”：孔子、庄子与席勒一样，都把原本只是人们的一种轻松娱乐活动的“游”“游戏”与“美”“审美”内在地联系起来，将其提升到本体论的高度，甚至把它视为人的完美理想存在和最高生活境界。

二

然而，“东圣西圣”之间的这种“心同理同”，很快就会遇到一个令人头痛的深度差异。问题在于，在接下来的论述中，席勒并没有把游戏中的“审美的人”看作是人的最高存在境界，相反，仅仅把它说成是通往人生最终目的的一个中间环节。他反复指出：

> 从感觉的被动状态到思维和意愿的主动状态，只能通过审美自由的中间状态来完成。
>
> 一言以蔽之，要使感性的人成为理性的人，除了首先使他成为审美的人以外，别无其他途径。
>
> 文明最重要的任务之一，是使人在他纯粹的物质生活中也受形式的支配，使人在美的王国能够达到的范围内成为审美的人，因为道德状态只能从审美状态中发展而来，而不能从物质状态中发展而来。[2]

在《审美教育书简》中，类似的话还有不少，因此显然不能理解为席勒的偶然笔误。同时，这些论述的哲理含义应该说同样十分清晰，几乎不会产生任何歧义：具有被动感觉、处于物质状态的“感性的人”，只是人的发展的初级阶段，当然不具有什么理想性；不过，具有游戏冲动，因而达到感性与理性结合的“审美的人”，虽然也能够确立“审美的自由”，但同样无法构成人生的最高目的，因为它不过是从“感性的人”向具有主动思

[1] 刘清平．先秦与古希腊人生境界观之比较［J］．武汉大学学报，1997（3）．

[2] 席勒．审美教育书简［M］．冯至，范大灿，译，上海：上海人民出版社，2003：180，181，183～184．

维、处于道德状态的“理性的人”过渡的一个必要环节。所以，顺理成章的结论自然就是：只有“理性的人”才是人的完美理想存在和最高生活境界。换句话说，在席勒看来，不是把感性冲动与理性冲动统一起来的、具有“完全意义”的“审美的人”，而是仅仅具有形式冲动的“理性的人”，才构成了人的存在的最终目的。

这里，似乎存在某种显而易见的自相矛盾。一方面，席勒明确主张，彼此分开的感性冲动和理性冲动，只会导致人的存在陷入片面性的分裂；唯有游戏冲动才能把二者有机地结合起来，使之达到完美的统一，在“审美的人”中“使人性的概念完满实现”，让人成为完全意义上的人。另一方面，他又断然宣称，仅仅拥有形式冲动，因而处于分裂之中的“理性的人”，才是人的存在旨在达到的最高目的；相比之下，充满游戏冲动的“审美的人”，则不过是通向片面分裂的“理性的人”的一个中介环节。这种自相矛盾在下面这段话中表现得尤为明显：

> 什么地方这两种特性相统一，人在什么地方就会把最大的独立性和自由同生存最高的丰富性结合在一起，人并没有因此消失于世界之中，反倒是把世界及其现象的全部无限带到他的自身内，使其服从他的理性的一体性。❶

前半段话说得很清楚：既然审美的状态能够“把最大的独立性和自由同生存最高的丰富性结合在一起”，它显然应该构成人的存在的最高理想境界；但最后一句话“使其服从他的理性的一体性”，却又画龙点睛地把审美状态说成是一位必须从属于理性主人的谦卑侍女。甚至在《审美教育书简》结尾的第27封信中，席勒在强调单纯的感性冲动和理性冲动只会分裂人、“唯独美的意象使人成为整体”的同时，依旧指出，审美的王国“向上伸展，一直到理性以绝对的必然进行统治，一切物质都不复存在；它向下伸展，一直到自然冲动以盲目的强制进行支配，形式尚未开始”。❷这显然还是把理性王国置于审美王国之上。当代英国美学家特里·伊格尔顿曾清晰地指出了席勒思想中的这个矛盾：如果像席勒所说的那样，“人只有在游戏的

---

❶❷ 席勒．审美教育书简［M］．冯至，范大灿，译，上海：上海人民出版社，2003：105，237～238.

时候他才是完整的人”，那么“审美就必须是人类存在的终极目的，而不是这种目的的过渡阶段”。[1] 结果，席勒在明确地把“审美”与“教育”联系起来的时候，也没有把“美育”本身看成是“教育”旨在达到的最终目的——塑造出能够使“人的双重天性”得以全面、自由发展的“审美的人”，而仅仅看成是“教育”达到理性的最高目的的一个必要手段——经过“审美教育”的中间环节，最终实现具有最大理性自由的“理性的人”。

诚然，也许可以这样一种方式来消解上述的自相矛盾：席勒所说的经过“审美的人”这一中间环节最终实现的“理性的人”，在本质上不同于那种没有经过这一中间环节而实现的“理性的人”——后者是片面的、分裂的，因而无法构成人的存在的最高目的；前者则是全面的、整合的，因而可以成为人的存在的理想境界。不过，这种辩解好像也不足以解决问题。关键在于，经过“审美的人”这一中间环节最终实现的“理性的人”，究竟是仅仅具有理性冲动呢，还是在具有理性冲动的同时又整合了感性冲动，因而成为感性冲动与理性冲动的有机统一？很明显，如果答案是前者，这种“理性的人”依然只能说是片面、分裂的有限存在，不足以说成是“完全意义上的人”；如果答案是后者，这种“理性的人”其实已经具有了把理性冲动与感性冲动结合起来的游戏冲动，因而在本质上已经成为“审美的人”亦即“完全意义上的人”——既然如此，为什么还要把它称作“理性的人”，并且与“审美的人”严格区分开来？

在这一点上，“东圣”似乎远比“西圣”高明，因为孔子和庄子在把“游”之“美”视为人生理想境界的时候，仿佛从来没有陷入过这样的自相矛盾。例如，尽管孔子不像席勒那样十分看重抽象的理性思维，但他同样特别强调“道德状态”的重大意义；然而，与席勒很为不同的是，他很少把充满感性愉悦的“游”之“美”说成是达到道德理想的中介手段，相反，总是把它看作是超越伦理维度的人生最高境界。因此，在“吾与点也”的文本关联中，所谓的“浴乎沂，风乎舞雩，咏而归”，并不是成就“文质彬彬”或是“天下归仁”的中间环节，而是人们在“乐以行仁”中达到“美

---

[1] 特里·伊格尔顿．审美意识形态［M］．王杰，等译，桂林：广西师范大学出版社，2001：101.

乐”理想境界的直接体现。再如，孔子有关“兴于诗，立于礼，成与乐”（《论语·泰伯》）的名言，虽然可以说也涉及审美教育方面的问题，但他显然并没有把诗歌音乐仅仅看成是培养君子品格的手段工具，而是更倾向于认为，它们是构成君子理想存在的、必不可少的内在要素。结果，承续了孔子“道统”的孟子，也没有把“充实之谓美”说成是达到“可欲之谓善”的中介，而是把前者明确看作为比后者更高的人生存在维度，理由恰恰就是：“美”要比“善”更充实、更丰富、更全面（参见《孟子·尽心下》）。与此相似，庄子虽然坚决反对“有为之善”，大力推崇“无为之真”，但同样没有把“至美至乐”看成是实现“无为之真”的工具手段；相反，他总是强调，人只要保持“无为而才自然矣”的纯真本性，“游心于物之初”，就可以达到“至美至乐”的理想状态，所谓“素朴而天下莫能与之争美”（《庄子·天道》），所谓“吾以无为诚乐矣”（《庄子·至乐》）。或许，正是由于这种文化传统的深度影响，20世纪的蔡元培才会明确提出“以美育代宗教”的著名主张。他不是把“美育”视为达到“道德”的或是“宗教”的理想境界的工具手段，而是把“美育”自身就看成是实现人的全面、充分发展的内在目的。这种见解，显然与席勒把“美育”视为达到理性的人的中间环节的观念形成了鲜明的对照。

看来，或许不得不承认：在“东圣西圣，心同理同”的表面现象下，潜藏着的其实是“东圣西圣，心差理异”的深度本质。

三

席勒美学思想的上述自相矛盾难免让人产生一些疑惑：为什么在席勒看来，作为“完全意义上的人”的“审美的人”，并不是人的最高目的？为什么仅仅具有理性冲动的“理性的人”，反倒比兼有感性冲动和理性冲动的“审美的人”更为优越？要解开这些疑惑，还应当从西方哲学传统的“理性”精神谈起。

众所周知，在西方哲学中，所谓“理性”（ratio，reason），首先是指人类凭借逻辑推理认识事物本质、获得客观真理的能力和活动，并且因此与感觉、欲望、情感等感性因素形成了鲜明的区别。[1] 因此，当古希腊哲学把人视为“理性”的动物、确立起在西方哲学传统中长期占据主导地位的“理性”精神时，它便极大地突显了理性高于感性的优越之处，强调只有理性的灵魂才是人的最高贵部分，感性的欲望、激情等与理性相比只是一些粗俗低劣的因素，从而将理性与感性尖锐地对立起来。正是从这种哲理精神出发，柏拉图和亚里士多德明确主张，只有凭借理性能力认识到理式本体的人，才能“成为真正完善的人”；只有追求真理的理性思辨活动，才是人的“最完满的幸福”和“最高美德”（柏拉图：《国家篇》，508e～509a，《斐德罗篇》，249b；亚里士多德：《尼各马可伦理学》，1094a，1177a～1178a）。并由此把人生的最高理想境界归结为一种富有理性因素、缺失感性内容的抽象存在。在禁欲主义倾向十分鲜明的中世纪神学中，古希腊哲学的这种推崇理性、贬抑感性的根本精神得到了进一步发扬光大。进入16世纪以后，虽然在文艺复兴时期人文主义和自然科学注重感性经验的思想倾向的影响下，西方哲学开始逐步承认感性因素在人的整体存在中所具有的积极意义，但在上述“理性”精神的主导作用之下，它依然明确坚持，只有“理性”才是人的本质，只有理性的存在才是人的理想性存在，依然将“理性”凌驾于“感性”之上。例如，德国哲学家鲍姆伽登虽然创立了作为“感性学”的美学，却把它置于“理性”的绝对统辖之下，以致特里·伊格尔顿曾经精辟地指出，“如果说他的《美学》（1750）以改革的姿态开拓了整个感觉领域，它所开拓的实际上是理性的殖民化”，因为在他看来，“美学”只是“理性在感性生活的低层次上的女性类似物”。[2]

席勒美育思想的上述自相矛盾，便深深地植根于西方哲学传统的这种“理性”精神之中。一方面，作为人，尤其是作为有杰出成就的艺术家，席勒从自己的亲身体验中深刻地感受到了诸如感觉、欲望、快感、想象、幻想、激情等感性因素对于人类生活具有的重大意义；另一方面，作为深受西方传统影响的哲学家，他又不得不像他的前辈们那样，特别强调理性因素在人类生活中的绝对主导地位。所以，在谈到自己作为“混血儿”的人

[1] 简明不列颠百科全书·第5卷［M］.北京：中国大百科全书出版社，1986：239.

[2] 特里·伊格尔顿．审美意识形态［M］.王杰，等译，桂林：广西师范大学出版社，2001：3.

生经历时，他曾深刻地揭示了诗与哲学、感觉与理念、情感与法则、想象与思维之间的张力冲突，甚至断言："只要思考，就排斥情感；只要感觉，就排斥思考。"❶正是在这种张力冲突的深层制约下，一方面，席勒明确承认，将感性冲动与理性冲动统一起来的游戏冲动在使人成为"审美的人"的同时，也使人成为"完全意义上的人"；另一方面，他又断然宣称，仅仅具有理性冲动的"理性的人"才构成了人的存在的最终目的，甚至要比那种可以"把最大的独立性和自由同生存最高的丰富性结合在一起"的"完全意义上的人"更为优越，因为这种"理性的人"只以抽象纯正、客观自主的理性真理为目标。事实上，在《审美教育书简》中，席勒曾特别强调：

> 不错，美是自由观赏的作品，我们同它一起进入观念世界——但是必须指出，我们并没有因此而脱离感性世界，就像认识真理时的情况那样。真理是抽象的纯正产物，把一切物质的和偶然的东西都分离了出去；是纯粹客体，其中不可保留任何主体的局限；是一种纯粹的自主性，其中不掺杂任何被动性的成分。❷

显而易见，在他看来，由于审美的自由毕竟还没有完全脱离感性的世界、还掺杂着物质、偶然、被动的成分，因此它在本质上就要低于纯粹自主的理性自由，低于客观纯正的抽象真理，仅仅是一个旨在达到这个最高目标的过渡环节。

就此而言，席勒的上述观念与其说是一种违反形式逻辑的自相矛盾，不如说是源于西方哲学基本精神的一种具有深刻意蕴的内在悖论，所以，它也并非只是在席勒这里才存在的一个个案。例如，尽管康德明确宣称，与具有强制性的感性快适愉悦和善的理性愉悦相比，"惟有对美的鉴赏的愉悦才是一种无利害的和自由的愉悦；因为没有任何利害、既没有感官的利害也没有理性的利害来对赞许加以强迫"，但他并没有因此就把美的愉悦看成是人的最高心理愉悦，相反，却认为实践理性之善高于想象游戏之美，强调美只是令人"喜欢"，善则应该受到"尊敬"。❸ 与此相似，黑格尔虽

---

❶ 朱光潜．西方美学史·下卷［M］．北京：人民文学出版社，1982：438. 席勒．审美教育书简［M］．冯至，范大灿，译，上海：上海人民出版社，2003：208.

❷ 席勒．审美教育书简［M］．冯至，范大灿，译，上海：上海人民出版社，2003：206.

❸ 康德．判断力批判［M］．邓晓芒，译，北京：人民出版社，2002：38～45.

然承认艺术是理念的感性显现，是感性与理性的有机统一，但在绝对精神的发展历程中，处于顶端的并不是具有感性因素的审美艺术，而是旨在达到客观真理的理性哲学。❶ 只不过，他们既没有像席勒那样强调单纯的理性冲动是片面的，也没有宣称只有审美的人才是完全意义上的人，所以在他们那里，这种悖论还不像身兼哲学家和艺术家二职的席勒那样表现得如此鲜明、如此尖锐。诚然，在黑格尔之后，叔本华、尼采、海德格尔等西方哲学家开始强调，只有审美和艺术才真正构成了人生的理想存在境界，具有形而上的终极意义；但是，他们并没有因此消解上述源于西方哲学“理性”精神的内在悖论，因为他们最终只是走向了另一个片面的极端：推崇感性、贬抑理性，乃至要求根本取消审美和艺术中所包含的理性因素，使其仅仅呈现本能欲望的感性冲动。直到今天，后现代主义的思想家们似乎仍然没有突破这一悖论，仍然在感性与理性的张力怪圈之中徘徊打转。

从这个角度看，孔子和庄子在把“美乐”之“游”视为人生理想境界的时候没有陷入这样的自相矛盾或是内在悖论，也就很容易理解了。问题在于，无论是儒家的孔子，还是道家的庄子，从来没有像西方哲学传统那样把人看成是“理性”的动物，更没有试图突显感性与理性之间的张力冲突。当然，他们也很推崇“真”和“善”在人类生活中的重要意义，但他们强调的“真”和“善”并不是西方哲学极力追求的那种认知理性之“真”（客观真理）或是实践理性之“善”（绝对命令），而是源于中国哲学传统所特有的“情理”精神，具有十分丰富的感性情感内容。❷ 例如，孔子推崇的“直”就不是康德哲学意义上的“不能说谎”，而是充满血缘亲情的浓郁意蕴，以致他曾强调：“父为子隐，子为父隐，直在其中矣”（《论语·子路》）；孔子强调的“善”，也不是苏格拉底哲学意义上的“道德理性”，而是以“父慈子孝”为本根基础、以“仁者爱人”为理想目标的一系列富有人际情感因素的伦理规范。❸ 与此相似，庄子注重的“真”也与西方哲学

❶ 黑格尔．美学·第一卷［M］．朱光潜，译，北京：商务印书馆，1991：129~133.

❷ 刘清平．“人为”与“情理”——中国哲学传统的基本特征初探［J］．中国哲学史，1997（3）.

❸ 刘清平．血亲情理与道德理性的鲜明反差——孔子与苏格拉底伦理观之比较［J］．孔子研究，2001（1）.

强调的旨在认识对象世界本质规律的客观真理很为不同，首先是指内心情感的一种没有人为造作痕迹、完全出于天真自然的真诚状态：“真者，精诚之至也。……故强哭者虽悲不哀，强怒者虽严不威，强亲者虽笑不和。真悲无声而哀，真怒未发而威，真亲未笑而和。”（《庄子·渔父》）所以，由于相对缺失西方哲学的“理性”精神，他们就能够顺理成章地把充满感性内涵的“游”之“美”规定为人生的理想境界，而不至于像西方哲学家席勒那样，同时又把仅仅具有片面理性冲动的“理性的人”看成是人的存在的最高目标，从而陷入难以解脱的深度悖论。

应该指出的是，虽然上面的分析可以从一个角度证明“东圣西圣”之间存在的深度的思想差异不能够凭借简单化的“心同理同”予以取消，但并不能由此断言：没有陷入悖论的孔子和庄子思想，就一定要比陷入悖论的席勒思想更为优越或正确。事实上，陷入内在悖论的席勒美育思想，由于以一种独特的方式极大地突显了感性与理性之间的张力冲突，反而要比没有陷入悖论的孔子和庄子思想更为深刻地揭示了人的存在中内在包含的某些很有意义的矛盾对立，因而可以给予我们某些孔子和庄子思想难以提供的深刻启迪。因此，对于我们来说，重要的不是通过比较分析断言孰优孰劣、孰高孰下，而是以此为契机，从不同的角度积极汲取“东圣西圣”各有特色的哲理智慧，在当前的时代背景下，进一步思索如何才能在感性与理性的固有张力中充分实现人的完美存在的根本问题。

论《俄狄浦斯王》的悲剧性

■ 史云娇*

【摘　要】《俄狄浦斯王》是古希腊悲剧的代表作。本文基于亚里士多德的悲剧理论，从情节、命运、人物性格以及悲剧感受四方面来分析《俄狄浦斯王》。在情节方面，亚氏认为悲剧情节应该由好运转向厄运。俄狄浦斯在调查瘟疫原因的过程中陷入杀父娶母的厄运，并使其父母也陷入了厄运。在命运方面，主人公一心想逃离神谕，却恰恰实现了神谕，凸显了命运的不可抗拒。在人物性格方面，主人公因为自己的过失而导致了悲剧的发生。在悲剧感受方面，《俄狄浦斯王》让读者感受到怜悯和恐惧。

【关键词】情节　命运　性格　怜悯　恐惧

一、引　言

《俄狄浦斯王》是古希腊悲剧中的代表作，亚里士多德称其为“十全十美的悲剧”。正因如此，国内外研究《俄狄浦斯王》的学者多不胜数，对它的诠释也不尽相同。现代著名美学家朱光潜曾说：

> 悲剧是比任何文艺形式更能表现出杰出人物在生命最重要关头的最动人的生活。它也比别的任何文艺形式更能使我们感动。[2]

作为当代知名的美学家，朱光潜先生看到了悲剧较之其他文艺形式更特别的方面，即悲剧更能使我们感动。悲剧能引起我们心中的“怜悯”和

---

* 史云娇（1992～），女，四川绵阳人，四川师范大学文学院硕士研究生，研究方向为中国美学。

[2] 朱光潜．悲剧心理学［M］.北京：人民文学出版社，1983：72～80.

“恐惧”之情，并且使这些情绪得到净化。很多学者也表达过相似的观点。南京师范大学的丁亚娟在《从悲剧净化理论看〈俄狄浦斯王〉的悲剧魅力》中说：

> 从本质上讲，观看悲剧是为了激发潜在的怜悯和恐惧的情绪，获得一种感同身受的感觉，与剧作家一起体验情感的激动，从而达到缓和情绪的目的。❶

她用亚里士多德的“净化说”来说明悲剧所具有的净化情绪的独特魅力。但她只说明了悲剧对观众心理的净化作用，没有指明造成悲剧的原因。中南大学外国语学院的侯玲玲在《从〈俄狄浦斯王〉看亚里士多德的悲剧观》中，根据亚里士多德的“净化说”来分析《俄狄浦斯王》对观众所引起的怜悯和恐惧的情绪，并分析了亚里士多德的悲剧情节理论。❷ 湖南工业大学的刘曼在《古希腊悲剧功能的诗学阐释——以〈俄狄浦斯王〉为例》中也表达过类似的观点，认为悲剧主角的遭殃并不是由于罪恶，而是由于某种过失或弱点。

学者们大多从某一个方面而较少从情节、命运、性格、悲剧感受等亚氏悲剧理论所涉及的诸多方面对《俄狄浦斯王》进行较为全面、系统的分析。本文拟从以上四方面对《俄狄浦斯王》进行悲剧分析，为理解悲剧课文提供一个参考。

二、悲剧情节分析——转向厄运

亚里士多德认为，在最完美的悲剧里，情节结构不应该是简单、直截的，而应该是复杂、曲折的；悲剧的情节结构应只有由福转祸这一种，且结局应该是悲惨的。❸

俄狄浦斯的命运正是在情节的推动下转向厄运的。俄狄浦斯破解了谜语而成为新的国王，并娶了先王的寡后为妻。在他的治理下，忒拜城百姓

---

❶ 丁亚娟. 从悲剧净化理论看《俄狄浦斯王》的悲剧魅力 [J]. 新教育时代电子杂志：教师版，2014 (13)：95.

❷ 侯玲玲. 从《俄狄浦斯王》看亚里士多德的悲剧观 [J]. 剑南文学，2012 (7)：71.

❸ 朱光潜. 西方美学史 [M]. 北京：人民文学出版社，1963：84.

安居乐业。随着忒拜城瘟疫的发生，俄狄浦斯逐渐由好运转向了厄运。先知的预言，俄狄浦斯和先知及克瑞翁的争辩，这些情节一步步将俄狄浦斯推向厄运。两个牧人的重逢，则推动整个情节达到高潮。此时，情节已完全转向了厄运。

三、悲剧命运分析——神谕的不可抗拒性

《俄狄浦斯王》的悲剧体现了命运的不可抗拒。由拉伊俄斯不能支配的力量所引起的灾难却要由其自己承担责任，这是不可抗拒的命运造成的悲剧。拉伊俄斯因为没有儿子，所以去请示阿波罗的神谕。阿波罗答应给他一个儿子，却预言他会死在这个孩子的手里。这样的预言始于他间接杀害了珀罗普斯的儿子。克律西波斯一离开家就自杀了。这样出乎意料的结果是因为他拐带克律西波斯而造成的。他并不是做了坏事，而是由于命运的可怕和不可抗拒的力量，导致了自己一家的悲剧命运。拉伊俄斯并没有选择顺从，他选择进行反抗来改变神的预言。于是在俄狄浦斯出生后三天，便将俄狄浦斯丢在了喀泰戎山上，并在他的左右脚跟上钉着一颗钉子。这样，就算这残废的孩子没有死，被人发现了，也不至于将他收养。拉伊俄斯是为了反抗神谕才选择将俄狄浦斯丢弃。他自认为这样便能化解神的预言，却没料想到俄狄浦斯被自己的仆人送给了科林斯国王波吕玻斯的仆人，成了波吕玻斯的儿子。本想反抗神谕的拉伊俄斯所选择的行为，却恰恰为神谕的实现埋下了伏笔。

伊俄卡斯忒本是很敬神的女性，却同样因不可抗拒的神谕而陷入悲剧。在得知阿波罗的神谕时，为了救自己的丈夫，她顺从地抛弃了刚出生的孩子。她的这一行为是为了避免神谕成为现实。而当拉伊俄斯还是死了的时候，她终于明白，即使牺牲掉自己的孩子，也无法救自己的丈夫。这件事使她相信只有天神才能知道未来，而凡人是没有预知的本领的。在伊俄卡斯忒嫁给新王俄狄浦斯时，她认为自己已经避免了神谕，却意想不到，正是因为她为了避免神谕而做出的选择，恰恰使得神谕实现了。命运总是让人毫无准备，猝不及防，会突然让人看到它那可怕而不可抗拒的力量。神谕似乎是一个圈套。当你事先知道了神谕，有意识地去避免它，却恰恰因

你避免神谕的行为而使得神谕实现。伊俄卡斯忒的悲剧正是如此，为了逃避神谕而做出的选择，却使自己陷入了神谕的圈套。

俄狄浦斯的悲剧早已被神谕所预示。在俄狄浦斯刚出生的时候，他就被自己的亲生父母所抛弃。由于心善的仆人不忍心杀害他，将他交给了别人，才使得他不仅没有一出生就死去，而且成了别国的王子。宾客的酒后失言，使得他得知了自己杀父娶母的命运。为了逃避这种命运，他逃往忒拜，却因一时动怒而在三岔路口杀死了忒拜的国王，又因破解了怪兽的谜语成了忒拜新的国王，并娶了先王的王后。俄狄浦斯的命运悲剧正是如此。他为了避免神谕的行为，却恰恰使得神谕得以实现，他也一步步地走上了杀父娶母的不归路。俄狄浦斯之所以陷入这样的厄运，不是因为他犯了罪，而是因为命运的不可抗拒。

四、悲剧人物性格分析——犯有过失的一般人

亚里士多德认为，悲剧的主角并不是坏人，而之所以陷入厄运，并不是因为他做了坏事，而是因为犯了过失，才导致了悲剧的发生。[1] 悲剧人物的过失意味着，一方面，祸不完全由自取；另一方面，祸又有几分由自取。[2] 也就是说，悲剧主角在道德品质和正义上并不是好到极点，他的遭殃并不是由于罪恶而是由于某种过失或弱点。

拉伊俄斯的过失是整个悲剧的起源。拉伊俄斯的悲剧并不完全由其自取，却有几分由其自取。他拐带了珀罗普斯的儿子，却并没有伤害他的意思，可这孩子一离开家就自杀了。虽然这样的结局并不是拉伊俄斯的本意，但这悲惨的结局却是由他间接造成的。他因此而受到了诅咒。具体来看，一方面，他是祸不完全由自取——他只是带了那个孩子离家，并没有想伤害他，孩子的自杀并不是拉伊俄斯的本意；另一个方面，祸又有几分由自取——虽然他并没有杀害珀罗普斯的儿子，但这孩子毕竟是因为他的拐带离家而自杀的，因为拉伊俄斯的过失导致了这个悲剧。

---

[1] 叶朗．美学原理［M］．北京：北京大学出版社，2009：340～341．

[2] 朱光潜．西方美学史［M］．北京：人民文学出版社，1963：30～48．

拉伊俄斯的过失也表现在其遇害的情节中。拉伊俄斯为了知道自己的儿子究竟死了没有、他们的命运有没有改变，特地去向阿波罗请示。不幸的是，拉伊俄斯在三岔路口与俄狄浦斯相遇，因冲突而死在了俄狄浦斯手里。在这里，出现了奇怪的现象：拉伊俄斯作为忒拜城的国王，在远行之时，怎么会只带四人随行呢？既没有贴身保护的侍卫，也没有多余的仆人。我们也可以说这是因为拉伊俄斯对自己有信心，不认为自己会在路途中出现什么意外。不过，这却更让人觉得他性格上存在一些弱点。在拉伊俄斯和俄狄浦斯相遇时，因拉伊俄斯先动手的这一过失，导致了自己被亲生儿子杀死的悲惨结局：

> 俄狄浦斯不能打击那神圣的传令官，便向司车打去。他经过车旁的时候，被拉伊俄斯用刺棍打了一下，他便朝车上冲去，传令官赶快回头来救。俄狄浦斯竟打死了拉伊俄斯、传令官、司车和一个侍从。[1]

拉伊俄斯在道德品质和正义上并不是好到极点，但也不是坏人。他的悲剧是由于他自己的过失行为，使得他和俄狄浦斯发生冲突而发生的。

伊俄卡斯忒是整个悲剧中悲剧色彩较浓的人物，性格上的过失也是她走向悲剧的原因。她是善良温柔的女性，在面对神谕对丈夫的威胁时，顺从了丈夫，以期望达到避免神谕的目的。而在那场灾难中唯一逃回来的仆人，则推进了伊俄卡斯忒的悲剧。因为这个仆人一方面害怕王国里的污染，一方面自觉惭愧，因为他们好几个人竟被一个路人给打败了。因此，他对伊俄卡斯忒说了谎，让她以为他们是被一群盗贼给打败了，从而使伊俄卡斯忒认为神的预言已经被打破了，或者说神的预言根本就是不准确的——因为拉伊俄斯根本没有死在自己儿子手里，而是被一伙盗贼给杀害了。这个时候，她内心认为，自己的儿子被丈夫杀死了，而丈夫又被盗贼杀害了，神的预言并没有实现。所以，当俄狄浦斯战胜了怪兽，成为忒拜城的英雄时，她嫁给了他。至此，被以为完全没有实现的神谕，却因她的选择一步步地成为现实。伊俄卡斯忒并没有犯下什么大错，只是因为她听信了仆人的一面之词，所以导致了嫁给自己的儿子这一悲剧。

主人公俄狄浦斯陷入厄运，也并非由于犯了罪，而是因为过失。由于

---

[1] 罗念生．罗念生全集·第二卷［M］．上海：上海人民出版社，2007：392～393.

他知道了神对他杀父娶母的预言，所以选择离家远游以逃避这个预言的实现。在通向忒拜城的三岔路口上，他和自己的生父拉伊俄斯因让路而发生了冲突，并因自己的过失而杀害了拉伊俄斯，导致了悲剧的发生。俄狄浦斯的悲剧，一方面是祸不完全由自取。因其本意并不想杀害拉伊俄斯，只是因为当时和拉伊俄斯的冲突以及自己的失误造成了悲剧的发生。从另一方面看，俄狄浦斯的悲剧又是祸有几分由自取。虽然他并不想杀害拉伊俄斯，但拉伊俄斯的死毕竟是他造成的。就这件事情的悲剧结局终究是由他的过失所造成的来说，他不能不承担责任。俄狄浦斯的悲剧并非由于他有罪，而是因为他自己的过失行为导致了悲剧的发生。

俄狄浦斯一步步走向娶母的命运，也是因为他自己的过失导致的。当瘟疫蔓延忒拜城时，俄狄浦斯为了解救城民而要找出藏在城里的“污染”。为了找出杀害拉伊俄斯的凶手，俄狄浦斯请了忒瑞西阿斯来解除疑惑。先知早已知道俄狄浦斯便是凶手，为了不让俄狄浦斯痛苦，决意不说出这个秘密。而面对先知善意的隐瞒，正直的俄狄浦斯为了解救城民而质疑并侮辱了先知，并且断言，拉伊俄斯是被忒瑞西阿斯蓄意谋害的。❶ 正是由于俄狄浦斯的这种过失行为，使得原本已决意保持沉默的先知说出了这秘密。这就是亚里士多德所说的祸不完全由自取和祸有几分由自取。请先知说出谁是凶手是为了解救城邦，拯救城民。但面对选择隐瞒的先知时，俄狄浦斯大发雷霆，辱骂先知。因为俄狄浦斯的正直，他才坚决要求先知把自己所隐藏的秘密说出来，这是他爱护忒拜人民的体现。他一心想着为城邦的人民谋利益，希望可以清除城邦里的污染，让大家回到以前快乐幸福的生活，却由于他的过失而使得他和先知的关系恶化，导致先知说出了隐藏了十几年的秘密，使得俄狄浦斯的身世之谜慢慢被揭开。在这里可以看到，俄狄浦斯并没有犯下什么大错，只是因为他正直，所以才会坚持要求先知说出秘密。因为俄狄浦斯对先知的过失行为，导致了悲剧的发生。

俄狄浦斯和普通大众一样，在道德品质和正义上并非好到极点，却也不是坏人。他是出于自卫而杀死了自己的生父，并不是蓄意要害人。可是他既然已经杀了人，手上沾上了血污，就不能不承担责任。他娶母也是出

---

❶ 罗念生．罗念生全集·第二卷［M］.上海：上海人民出版社，2007：348～350，354～355.

于不知不觉的过失。他娶伊俄卡斯忒的时候，并不知道那就是他的生身母亲，所以也是没有罪的。可是他既然已经玷污了母亲的床榻，这后果理应由他负责。可见，俄狄浦斯并不是由于犯了罪而是由于自己的过失行为，才造成了杀父娶母的悲剧。

五、悲剧感受分析——怜悯、恐惧

亚里士多德认为，悲剧“借引起怜悯和恐惧来使这种情绪得到陶冶”。[1]也即是说，悲剧会引起人的“怜悯”和“恐惧”的情绪。

（一）怜悯

怜悯，是在看到命运的不公正带给人的痛苦时而产生的同情和惋惜。[2]

在观赏《俄狄浦斯王》这部悲剧时，我们在看到因命运的不公正带给俄狄浦斯痛苦时会感到同情和惋惜。他为解除瘟疫而让克瑞翁去请示神谕，以及请来先知询问，这都是为了让忒拜城人安居乐业，却因此而揭开了自己的身世之谜，走向了悲剧。俄狄浦斯的悲剧并不是因为犯了什么罪，他的本意是好的。正是因为这样的“不应遭殃而遭殃”，才更让我们同情他，为他而惋惜。

（二）恐惧

恐惧是对于操纵人们命运的、不可知的力量的恐惧。[3]在观赏悲剧时，我们能真切地感受到人物内心的苦痛，这一方面让我们对他们很同情，另一方面也让我们对未知的命运感到恐惧。

剧中人一心想要逃离神谕，却恰好陷入命运的旋涡，这不能不说是命运的不可抗拒。俄狄浦斯的杀父娶母，是由他不能支配的力量所造成的灾难，这让我们深感命运的不可抗拒和恐怖。

---

[1] 亚里士多德．诗学［M］．罗念生，译．北京：商务印书馆，1996：33～50.

[2][3] 叶朗．美学原理［M］．北京：北京大学出版社，2009：348～349.

六、结　语

《俄狄浦斯王》的情节，是由好运转向厄运；造成悲剧的因素，既是不可抗拒的神谕，也是有过失的性格；而悲剧人物的遭殃，并非是罪有应得，这使人心生怜悯；命运的不可抗拒，又令人不寒而栗。以上便是从情节、命运、性格、感受四方面展开的对《俄狄浦斯王》的悲剧性的分析，希望能为悲剧课文的教学以及中学生理解悲剧提供一个参考。

现代传媒与文化

论新媒体与人际传播

■ 刘姿麟*

【摘　要】从 Web 2.0 时代正式开启以来，传播渠道的多样化和传播影响力的广泛化、生动化，使得新媒体从根本上改变并颠覆了传统人际传播的方向和流向，形成了网络人际传播的新模式。这种基于交流、互动的人际传播新模式，有机、高效地推动了各国各名族、各行各业以及个人与个人之间的交流与融合。本文主要探讨新媒体环境下网络人际传播的特点以及影响，提出利用网络媒体发展的人际传播策略和规范方法。

【关键词】新媒体　人际传播　网络人际传播

新媒体是一种媒体形态，是一个相对的概念，指报刊、广播、电视等传统媒体新发展起来的媒体形态，包括网络媒体、手机媒体、数字电视等。相对于报刊、户外、广播、电视四大传统意义上的媒体，新媒体被形象地称为"第五媒体"。美国《连线》杂志对新媒体的定义："所有人对所有人的传播。"

人际传播（Interpersonal Communication）是一种社会化的活动。人们在相互交往中传递并交换知识、意见、情感、愿望、观念等信息，从而产生了人与人之间的互相认知、互相吸引、互相作用的社会关系网络。传统的人际传播渠道有电视、报纸、杂志和广播等。

新媒体中的人际传播，又称网络人际传播（Computer – Mediated Interpersonal Communication，简称 CMIC），指通过计算机网络进行的个人与个人

* 刘姿麟（1988～），女，重庆人，文学硕士，贵州师范学院文学院助教，研究方向为传播学。

之间的信息传播活动，是和传统的面对面的人际传播（Face - to - Face，简称 FTF）相对应的一种传播形式。在新媒体环境下，网络人际传播的平台主要有：（1）社交媒体，如 QQ、微信、微博、博客和播客等；（2）即时通讯，如 QQ、SKYPE、飞信等；（3）电子邮件；（4）BBS 论坛等。

与传统的人际传播模式相比，网络人际传播的优势有以下几点。

（1）从传播手段上讲，网络人际传播是一种以文字交流为主的传播。无论是 E - mail 还是网上聊天，都是以文字为主，以图片、声音、视频为辅的交流方式。在交流过程中，文字便于清楚地表达深刻的思想，加之生动的辅助手段，更有助于加强传播的效果和效率。比如，为了在交流中更好地表达感情，网民们在实践中发明了各种各样独特的网络符号和网络用语，使得网络传播更加的“接地气”和富有娱乐性，如将妹妹称为“美眉”，将上网资历浅的人称为“菜鸟”等。能否熟练地使用网络语言，常常关系到能否在网上顺利地与他人沟通。

（2）从传播影响力上讲，网络人际传播的影响具有广泛性。传统意义上的人际传播一般受到各种因素的限制，相对来说，交流的范围是有限的，主要是在自己认识的圈子中。虽然也存在在旅途中与陌生人交流，或者通过征友的方式与外界交流，但其范围和数量都是有限的。而网络则使人们随时随地处于“旅途”中。人们可以不断地变换交流的对象，这些交流对象的来源也更加广泛，可以说，基本上打破了地域的局限性。这使得不同文化背景、不同年龄层次和不同行业的人通过网络进行人际传播的可能性大大增加。

（3）网络人际传播常常具有偶然性。网上聊天中的一部分交流，具有很强的偶然性。相对来说，萍水相逢的交流对象，需要有一个较长时间的预热期，即在真正交流之前，可能需要用很多无聊的语言来进行试探，这些试探决定他们之间是否有兴趣真正交流下去。

（4）网络人际传播具有匿名性。网络的传播对象往往带有偶然性，同时也具有匿名的特点。这使得个体的表现往往与他在物理世界的表现大相径庭，同时，也使得个体在进行自我表达时较少顾及社会规范的约束，表现出最真实的自我。相对来说，匿名交流是一种更平等更纯粹的交流，它使得交流内容和技巧等的重要性得到凸显。

（5）个体在网络人际传播中具有多重性。一个上网者可以同时与多个对象聊天，或者在不同的时候与不同的对象交流。在不同的交流情境中，他扮演的角色可能是不同的。网络人际交流中角色转换的便利性，也使得一些人可以释放自己在现实生活中被压抑的欲望。

在新媒体这样的大背景之下，信息传播技术的发展速度远远超出了网络环境管理规则的制定。所以，相对于传统的人际传播，网络人际传播也存在很多缺失，以至于对人际传播产生了负面的影响。

（1）传播符号中非语言符号的缺失。例如，手机短信中常用文本符号而忽视了现实中的非语言线索，如面部表情、目光接触、肢体语言、语音语调、身体距离、环境作用等，将对话置于所谓的“社会真空”（social vacuum）中。而非语言符号对语言信息有重要的补偿、替代、强调和重复作用。因此，网络人际传播的直接性受到削弱。同时，由于新媒体对文本操作能力（如打字能力）的要求，也使得传播对象受到一定限制。

（2）传播身份的缺失。我们认可在新媒体中忽略身份对于传播的便利性，但匿名却也默认了虚假的存在。例如，在虚拟社区的交往中便难以判断真假并加以规范化管理。因此，在网络人际传播中，人可以变得更为坦白，也可以进行刻意的伪装。真诚和欺骗这两大潜在可能始终存在。于是，传统的诚信制约机制无法有效实施，最终可能造成普遍的新媒体社会的信任危机。

（3）传播功能中情感满足的缺失。新媒体的出现，在很大程度上是人们对现实生活中人际交流不足的弥补。但在网络人际传播中，这样一种缺乏亲身与人接触、与自然接触的交流，有可能使人在面对庞大而神秘的媒介机器、无法满足其真实的对话欲望时，进一步加剧心理的孤立。所谓的“容器人”便是这样一种情感需求缺失下的产物。个人有可能独坐一室“联络全世界”，却仍然感到“我们的生活疏离淡漠”。

（4）传播内容优质化的缺失。在新媒体相对开放的传播领域内，对传播者的素质要求降低，其传播的主动性又得到鼓励，因而各种信息、内容竞相出现，一时间“乱花渐欲迷人眼”。一些暴力、色情、迷信等传播内容成为污染社会的源头，尤其对缺乏辨别力的青少年产生了极为不良的影响。在网络人际传播中，匿名性往往成为低俗内容的保护伞，可以逃避传播责任而不顾伦理规范，因此在传播内容上出现了良莠不齐的现象。

为了更好地服务社会、服务大众，新媒体网络传播理应走向自觉调适的发展方向，并成为建立在人际性基础之上的社会化传播模式。我们应当趋利避害，对其进行引导，主要从个体、大众媒介、社会秩序三方面入手。

1. 明确个体在新媒体人际传播中的角色定位

（1）从逃避现实压力转向协调身心健康发展。对于个体而言，利用新媒体进行人际传播能比现实世界的人际传播更轻松，并且可以作为紧张的现实生活的一个泄压阀。但是，如果用这种方法作为逃避现实的手段，日久天长，负面效果就会越来越明显，甚至会像是一种毒品，麻醉自己，让自己暂时忘却现实烦恼与痛苦。因此，人们应摆正自己利用新媒体进行人际交流的心态，以缓解现实生活的压力，调节心情。若长时间沉溺于如互联网游戏等令人精神极度亢奋的活动中，往往会影响身心的健康发展。

（2）从多重身份的冲突转向对自我的正确认知。由于新媒体人际传播可采用非面对面的方式，人们能够尝试扮演不同的角色，以不同的身份与陌生人进行交流。当一个人以各种不同的面目出现时，别人对他的认识也就难免失真。反过来，这些来自他人的评价，会使个体对自己的认识更加混沌。这些角色往往与他在现实生活中的角色产生冲突，若到了比较严重的程度，甚至可能导致“人格分裂”。这样，关于自我的认识也就很难正常地建立起来。因此，新媒体人际传播要求培养个体对自身的正确认知，脱离虚拟的多重角色，建立健全人格，从被动接受的无选择性转向明辨是非，扩展良好的人际圈子。

新媒体传播技术的广泛发展，使得人们获取信息的来源大大拓展。一向定位于“受者”的惯性，使得个体往往不是一味地接受滚滚而来的内容，就是被淹没在信息潮流中无从选择。因此，在新媒体人际传播中建立社会协作关系是通过了解他人、让他人了解自己，培养自身对良莠的辨别力，并建立起和谐的人际关系，拥有自己的社交圈子和伙伴，获得与生产、生活有关的信息，满足心理和精神需求。

2. 发挥大众媒介在新媒体人际传播中的积极作用

（1）范围的广泛性使得人际互助行为频繁发生。新媒体技术支持下的大众媒介，其传播范围得以不断扩张。在危难事件发生后，人们借助于新媒体（如手机短信）能够及时了解甚至处理紧急情况。又如，在面对诸如吸毒、家庭暴力、艾滋病以及其他精神的或身体的疾病时，人们会选择比传统方式更为安全的新媒体（如网络）等途径来解决这些着于启齿的难题，施助者和受助者都避免了面对面的尴尬。新媒体能够使人际的互助行为摆脱种种束缚，祛除种种疑虑，为人们之间无论是物质的还是情感的帮助、心理支持，都提供了新的渠道。

（2）手段的多元化使得交流、反馈的质量提高。处于新媒体环境中的大众传播，可以运用常规手法之外的多种手段进行交流与反馈，如 E－mail 或手机短信都是有助于新媒体人际传播的有效方式。鉴于新媒体中存在非语言符号的缺失，人们发明了许多独特的符号作为情感或表情的补充，如网络语言和符号脸谱。因此，可以看到在新媒体中的交流、反馈中，由于"特殊符号"的存在，不仅使得"质"包含了更多内容，而且在"量"上有了大幅度的增加。

（3）权威主体控制主流话语的传播新媒体。人际传播的话题发起者可以是不同主体，但我们还是习惯于倾听某个权威主体更具公信力的声音。所以，大众媒介中的权威主体对于人际交流有着不容忽视的重要意义。而这样的权威认定，往往取决于媒体自身良好的过往记录。如人们常常会引用"今天的晚报上讲了这样一件事……"然后在新媒体中传播开，就具有了相对强的可信度。由此，大众媒介中的权威主体若能很好地控制主流话语的传播，就能在新媒体人际传播中起到正确的引导作用。

3. 规范新媒体人际传播的秩序

（1）对信息"潘多拉盒子"的控制。新媒体打开了信息的"潘多拉盒子"，人们在享受信息的获取方便和无限丰富的同时，也不得不面对更多的信息污染。无论是在数量还是危害程度上，都远远超过了传统的传播方式。当然，也没有必要因噎废食。既然每个个体都可以是传播信息的发起者，那么也应自觉成为信息的管理者。自检、自律、自爱的个人行为与政府相关部门的控制相辅相成，形成独特的"优胜劣汰"信息筛选机制，使新媒体人际传播成为更具建设性的知识聚合与传递方式。

（2）对匿名传播"双刃"效应的处理。匿名传播可以保护个人隐私和言论自由，也使得交流双方不受个人或社会因素的搅扰，更好地交流思想、传递情感。但同时，人们也不再需要为自己的言行承担真实的责任，因此就可能暴露出许多人性的弱点。现在，利用各种技术、法律对新媒体人际传播的变动性进行必要的规范和整治，应当是对这样一种自由规则和秩序的维护。秩序和规则既是自由的成果，也是自由的保证。当然，运用伦理道德等内在的规范，是发挥匿名传播正功能作用的本质约束力量，也是新媒体人际传播所追求的最终理性目标。

【参考文献】

[1] 熊源伟，余明阳．人际传播学［M］．广州：中山大学出版社，1991.

[2] 闵大洪．数字传媒概要［M］．上海：复旦大学出版社，2003.

[3] 张咏华．媒介分析：传播技术神话的解读［M］．上海：复旦大学出版社，2002.

[4] 麦克卢汉．理解媒介——论人的延伸［M］．何道宽，译．北京：商务印书馆，2000.

[5] 彭兰．网络传播学［M］．北京：中国人民大学出版社，2009.

[6] 维克托·迈尔－舍恩伯格，肯尼思·库克耶．大数据时代：生活、工作与思维的大变革［M］．盛阳燕，周涛，译．杭州：浙江人民出版社，2012.

[7] 查尔斯·霍顿·库利．社会组织［M］．英文版．北京：中国传媒大学出版社，2013.

春晚：在娱乐杂耍中癫狂

■ 方英敏*

不知从哪一年开始，春晚成了一个让国人纠结的话题。一方面，主办方明显感觉到了春晚的颓微之势，深切感受到要办一台让13亿国人皆大欢喜的“文艺大餐”不免力不从心；另一方面，出于某些可以推知的原因，春晚似乎又不得不办下去，至少截至目前还没有出台官方意见说，春晚就干脆停办了吧。于是，春晚就陷入了“不办不行，办了又不甚讨好”的尴尬之中。其实依个人之见，直接宣布停办春晚，无论对于央视主办方、导演组还是观众都是一种解脱。对主办方而言，既然这台大年夜的“文艺大餐”太难办了，即便办了也不甚受观众乐捧，那么何苦一年又一年地强撑呢？对观众而言，既然春晚总让人期待而去，失望而归，又何必去承受这种反复被忽悠的欺骗感与心理落差呢？从深层看，停办将是春晚迟早要遭遇的终极结局。春晚确乎是一种很有中国特色的现象，13亿国人曾经居然可以在大年夜心照不宣的同时收看它。它实际上是这个有着悠长农耕文化之民族“四海一家，普天同庆”的大一统心态与乐感心态的产物。伴随着中国向现代社会的急遽转型，春晚的制作初衷和收视诉求与现代社会文化多元、价值多元、趣味多元的民主走势日益相左。在这样一个多元化的民主社会里，再幻想或心理强迫13亿国人在大年夜步调统一地同时收看同一台文艺晚会，并对其中的节目表演都报之以齐刷刷的掌声，这不是荒诞，便是滑稽。所以，从历史理性的高度看，春晚必将毫无悬念地成为一个历史名词。尽管自1983年央视举办首届春晚以来，春晚不知凝聚过多少人的

---

* 方英敏，湖南岳阳人，哲学博士，贵州大学学报编辑部副主任，贵州大学人文学院副教授、硕士生导师，贵州大学美学研究中心副研究员。

欢乐、泪水、忧伤与惆怅；但是无可奈何花落去，它终究会进入历史博物馆，然后化作一团艺术化石，供后人观瞻、研究，藉以了解曾经发生在一个时代、国人生活中的那些故事。总之，就其远者而观之，如果哪一天官方真的正式宣布停办春晚，国人和观众大概可以在平静、理性的心态中接受这一事实。

然而，就其近者而观之，春晚似乎仍须继续，每年耗费着大量的财力、人力和物力，占用了大量的公共资源。天下没有免费的午餐。从这个角度讲，我们完全有理由要求春晚应该办得更好些。事实上，近年来春晚的主办方、导演组也在勉力使用各种招数拯救春晚式微的局面。越来越唯美的舞台设计，歌曲联唱、混搭，启用艺界新人，邀请国际巨星、网络达人、草根明星加盟，等等，都显示出煞费苦心的努力。但令人遗憾的是，如同那条让春晚导演组一筹莫展的、下滑的收视率曲线所显示的那样，这些招数并没有提振观众对春晚的关注度与钟情度。

那么，问题到底在哪里呢？作为连续担任了 2012 ~ 2013 年春晚总导演的哈文曾言："春晚不是人民币，做不到人人喜欢。"这句话如果用来为收视率不高的春晚开脱是勉强可以的，但如果以之为春晚不大受观众欢迎的原因，则是庸医看病，找错病灶了。既然春晚不为人民币，不遵从时下一般电视文艺节目制作的商业利益逻辑，那么它为政治乎？为艺术耶？似乎也未必。若言春晚为政治，但近两年的春晚节目内容未见得有多少宏大、深情的政治叙事；若言春晚为艺术，则不会出现春晚导演们故作呻吟地慨叹所谓"春晚众口难调"的窘境。真正的艺术是超越社会阶层、性别、年龄的，是通达人心的万能语言，甚至可以不分民族、种族地通吃。例如，"床前明月光，疑是地上霜。举头望明月，低头思故乡。"（《静夜思》）这首古往今来脍炙人口的、表达思乡之情的诗歌"众口难调"了吗？

近年来，人们也在思索、探寻春晚状态不佳的原因，既有理论界的冷静分析，也有来自网友们的激愤之言。但真正找到了春晚病灶的人，我以为还是作为春晚第一任导演的黄一鹤先生。黄老在"第八届全国电视戏曲兰花奖暨第十一届全国电视文艺百花奖颁奖活动"的现场曾说：

> 做电视文艺跟古代文人一样，就是要心怀百姓，不能从自我好恶出发，真正了解观众喜欢什么。春晚跟一般的晚会还不同，它是一个

系统工程，里面包含社会学、心理学等。观众累了一年了，全家人围在一起看春节联欢晚会，这里有高兴的心情，也有积攒了一年的烦躁。节目如果全是隔靴搔痒的，他们怎么能喜欢，要从节目上关注他们的心理创伤，跟百姓坐在同一条板凳上，他们才能喜欢。

他还说道：

不找准根本问题，不管是赵本山还是陈佩斯上都没用，别说就一个赵本山，就是再多的赵本山也救不了春晚，什么联唱、什么独唱都不行。

这番话不愧是一位资深的电视文艺工作者的实践与理论总结之肺腑、精辟之言。它所蕴含的为艺情怀与理论深度，是现如今许多没有艺道传统可秉持的新一代电视文艺工作者所难以理解的。电视文艺要扎根生活，心怀百姓。遵从它与否，正是造就曾经的春晚、堪称中国电视文艺的神话，而近年的春晚日渐没落的根本原因。春晚由初创、兴盛转而至如今的越发没人问津，这条抛物线式的发展曲线再次让我们回到一个根本性的老话题：文艺与生活的关系。中外文艺史一再昭示，生活始终是文艺的源泉。如果文艺不能与生活保持血脉联系，文艺工作者如果没有直面生活的勇气，没有善于把握生活本质的本领而流于皮相的生活之中，那么这样的文艺必然是“隔靴搔痒”的，要想百姓喜欢准难。所以，如同黄一鹤先生所认为的那样，如果春晚在“文艺与生活的关系”这个根本问题上认识模糊、认识不深刻或虽有正确认识却没有实践的勇气，那么不管什么节目形式都挽救不了它。

恰恰在这个根本问题上，近年的春晚犯了糊涂或装糊涂，而走向了相反的方向。它们在节目形式的创意上铆足了劲、用尽了功夫，如上述的歌曲联唱、混搭、越发唯美的舞台设计，等等；相反，对节目内容似乎无所谓。然而，如此刻意追求的节目形式却为何未能给春晚加分？因为如此这般华丽的艺术形式，若没有以贴近生活的内容作为支撑，不但收不到给人印象深刻的整体艺术效果，反而适得其反，使整台节目空壳化，给人以浮华、空洞之感。人们普遍感觉，现如今的春晚更像马戏团式的杂耍，无可救药地滑入了波兹曼所谓“娱乐至死”的癫狂与浑噩之中。这未为严苛、厚诬。长达四个半小时的文艺节目，虽华丽富有、声色绚烂，却在观众的一片傻笑、痴笑、憨笑、似笑非笑之后烟消云散，一无所有。说春晚不能有娱乐显然是一个低级的错误。但是春晚与一般逗乐至上的周末、假期版文艺节目实在不同，它作为一台一年一度以国家意志形式出现的文艺晚会在政治性、审美性上都有更高的要求。如同黄一鹤先生所说，春晚应该表达“观众累了一年”后收获的“高兴的心情”和“积攒了一年的烦躁”，“关注他们的心理创伤”，这样的节目才能挠到观众的心坎上。在审美效果上，春晚应该让观众在欢乐与泪水交织的双重情氛中对自己置身其中、爱之恨之的故国、家园和生活起深沉浓烈的恋世之情，为之依恋、为之激动而一往情深，然后伴随着新年钟声的敲响，重整一副容光与心情，再续来年的生活征途。唯有如此，才能真正实现春晚不为人民币而为政治、为审美的制作初衷。

当然，在近年状态不佳的春晚节目中也还有某些节目可圈可点，如2005年的舞蹈《千手观音》、2008年的舞蹈《飞天》、2013年的杂技《火与冰》。这些作品无疑都是当年春晚节目中的明珠，赢得了观众的满堂喝彩与普遍认可。幸亏有了这些作品，才为一片苛责之声中的春晚注入了略可生色的正能量。它们撼人的艺术魅力对于春晚至少有着两方面的美学启示。首先，这些作品的出现显示出在近年来浮躁、喧哗的艺界中那种平心静气地做艺术之心态的难得与可贵。无论是《千手观音》《飞天》还是《火与冰》，都堪称由技入道的炉火纯青之作。若没有澄心静怀、殚精竭虑、衣带渐宽的创作打磨工夫，难臻此境。任何艺术类别的创作都是繁复、精深的系统工程，没有专业精深的注入，最终都可能流为涂鸦式的粗造滥制。缘此，近年的春晚惯于邀请当年的网络达人、草根明星、娱乐明星甚至于一些不耻于搔首弄姿的各类俊男靓女加盟，以制造看点、吸引眼球。这一做法不可不谨慎为之，切勿放大草根娱乐明星的收视效应而陷入草根主义的迷误中。当然，当某些涂鸦式的艺人确乎脱颖而出、登场入室而创造出艺术“经典”时，则另当别论。其次，以《千手观音》为代表的这些作品是一种“绚烂之极归于平淡”“高贵的单纯”“静穆的伟大”之美。它们可谓近年以华丽竞胜的春晚节目主流中的另类。这类作品的大获成功，足以警醒春晚导演组在节目形式上大可走出唯务华丽、绚烂的误区。

进一步看，近年春晚在节目形式上的“煞费心机”归根结底缘于其节目内容的平庸。形式与内容是粘连着的。对于春晚导演组来说，或许因无可奈何于节目内容的乏力，便只好以节目形式上的所谓创意来补救、遮饰，以自救、宽解那丝惶恐不安的自知之明。而节目内容的平庸、乏力归根结底在于春晚与当代中国人的真实生存状态日渐隔阂。当代中国正重临新的历史拐点：有中国特色的社会主义现代化建设已经越过了意气风发、一路凯歌的粗放期，而迈入了需要负力前行的掘进期。伴随着改革的强力、深入推进，每一项现代化建设成果之取得都异常不易。当我们欢欣鼓舞于成就的同时，更需眉头紧锁：各类社会矛盾不断上升，官民冲突此起彼伏，贪官污吏侵吞财产的数额惊人，矿难及各类交通事故死伤惨重，类似"小悦悦事件"的道德沦丧现象时有发生，奢靡之风蔓延……温饱有余的国人，对贪官污吏憎恨，对社会不公平不满，对上涨的消费指数紧张，对前途未来担忧、焦虑……这种憎恨之情、不满之心、担忧之气充斥在华夏大地各个角落，弥漫于国人之间。发展与问题并存，欢欣与痛苦交织，这就是当代中国人目前的真实生存状态。试看近年的春晚却没有深刻捕捉当代中国社会生活的本质，未能从社会变迁的无形潮汐中觉察出各种意味深长的动向；相反，却"沉沦"于一个杂乱、凡俗、琐碎、喧闹、表面的日常生活世界，对诸如"夫妻信任为先"（小品《今天的幸福2》）、"人活着应追求身心健康"（小品《想跳就跳》）这类地球人都知道、无须说教、说教了也没甚用的不痛不痒主题作了最为甜腻不过的发挥。这类作品必然是隔靴搔痒的，老百姓怎么能喜欢呢。文艺创作若脱离真切的社会现实，脱离人的真实生存状态，丧失了投向现实的思考能力、批判能力和表达勇气，以及对人性的悲悯情怀，它就难有大关怀、大感觉和大制作。这样的文艺在精神文明建设中便难有积极作用，更别指望它能重建起人的精神家园。如果它还有一丝尚存的价值的话，那只能是娱乐。

波兹曼在《娱乐至死》一书中引用了赫胥黎的警告：当文化成为一场滑稽戏时，这种文化灭亡的命运就在劫难逃。将这一赫胥黎式的警告移之于言判文艺的命运无疑同样是合适的。倘使春晚能调正自己的制作方向，庶免于赫胥黎式的预言一语成谶。否则，人们只能眼睁睁地看着它在娱乐杂耍中继续癫狂，直到难以为继，自我加速地走向终结。

女性广告形象争议及其化解之道的探讨

■ 吕　菁*

【摘　要】女性形象是广告中的常见符号，其中更是以性感美女、贤妻良母和新女性形象为典型代表。广告业界和学界对女性形象运用的合理性和必要性存在较大的争议。本文通过分析广告业界和学界在女性广告形象上的争议及其理由，讨论女性消费者群体的多元化特点，并以多芬的“真美无界限”广告活动为例论证女性形象争议的化解之道是逆向创意，突破性别刻板印象的陈规，提升广告境界。

【关键词】女性广告形象　争议　消费者

一、女性广告形象的争议

广告是营销传播工具中的一种，与公关、促销等其他手段一起服务于企业的营销目标。既然是为营销服务，为企业赢得利润自是其根本目标。当我们从宏观社会影响的角度对广告有着诸多指责和不满时，广告的逐利的本质告诉我们，其实那都是苛责。但如墙纸一般充盈在视听空间中的广告，如果不对自己所表达的内容负责，谁又该为此负责呢？我们的社会文化和媒介内容的关系是微妙而显著的。现实社会的景象、主流审美观，价值观、世界观会融人广告世界，而广告也会以其遍在效应，反映、影响甚

* 吕菁（1985～），女，贵州贵阳人，文学硕士，贵州师范学院文学院讲师，研究方向为传播学。

至是引领社会文化的发展，这是广告宏观社会效果的体现。

在这个问题上，由于出发点和最终目标不同，广告实务界和广告理论界长期存在争议。其中，广告中的女性形象常常是争议的热点。

女性形象是广告创意程式化运用中的典型元素。将女性和儿童、小动物并列在一起的“3B”原则，意图通过这三种形象元素唤起美好的人类情感，再通过移情效应，将美好情感转移到广告产品当中。因为这种程式化运用的效果是显著有效的，所以广告中的女性形象数量一直居高不下。

为什么是女性形象而不是男性形象？这与人类的天性相关，同时也存在深远的历史文化渊源。在世界范围内，男权文化不约而同地成为多种文化的主流。自由主义女性主义代表人物波伏娃在《第二性》中指出：“男性将自己定义为‘自我’，而将女性定义为‘他者’。”❶ 将女性作为审视和观看的对象是一种文化习惯。这种习惯体现在广告中就形成了稳定的程式化运用原则。

广告实务界从广告的营销目的出发，认为女性广告形象只要有效，且无显著明示的歧视，就是可行的；而广告理论界则从广告的长期、宏观社会效果的角度出发，常常对广告中的女性形象塑造持批判的态度，认为没有性别歧视仅仅是最基本的要求，广告还应该为体现女性的人生价值、建立和谐的性别关系，肩负起更大的社会责任。❷ 双方一直在争论，却始终不能彼此说服。实务界认为理论界的探讨脱离实际且不具备可操作性，而理论界则认为实务界短视且缺乏责任感。于是，女性的广告形象在争议和妥协中不断摇摆，呈现出多元化的状态。

二、多元的女性形象解读

（一）女性广告形象的类型和塑造依据

广告中有三种比较典型女性形象：性感美女、贤妻良母和新女性

---

❶ 李银河．女性主义［M］．济南：山东人民出版社，2005.

❷ 张梅．性别歧视广告：解读冲突与规制整合［J］．中华女子学院学报，2007（2）.

形象。[1]

第一种性感美女是指在广告中出现的，着装存在不同程度的暴露，以眼神、动作或语言等方式传递性感的女性形象。这种女性形象的暴露程度，常常超出其展示特定产品的必要性。比如，为了销售泳装，出现衣着清凉的女性算是合理展示；为了销售汽车，出现性感暴露的车模则没有必然的联系。

第二种贤妻良母形象，就是在广告中以母亲或者妻子的形象出现的，围绕家庭生活，为老人、子女、丈夫的饮食起居、身体健康服务的女性形象。这种女性形象是最深入人心的，所有涉及家用的产品，如药品、食品、日化产品、家用电器、家具、床上用品等，都倾向于用此类女性形象来代言。

第三种新女性形象与前两种有较大的不同，她们自信、独立，精明干练，获得了学业或事业上的一定成功，受到他人的尊重和喜爱。新女性的家庭身份被淡化，广告着重表现这种女性的社会角色和个人价值。

除这三种典型形象之外，还有一些介于三者之间的女性形象，如衣着并不暴露的清纯美女，身处男性权威管辖之下作为秘书、助理、护士等社会角色出现的职业女性等。这些形象无外乎是以上三种典型女性形象之间的过渡形象。

（二）广告实务界的认知方式

效果至上是广告实务领域思考性别形象问题的核心。这几种不同的女性形象是出于不同的考虑塑造出来的。

第一种性感美女形象，突出性吸引。异性相吸是自然规律，所以这种女性形象大多是为吸引男性消费者而设置的。这是广告利用人类的原始本能创造关注点的简单办法。同时，在广告情景设置中，这些美女们犹如花瓶一样，作为观赏的对象，与广告产品一起作为一种符号来证明男性的成功与价值。所以这种形象在汽车、豪宅、酒类、箱包、网络游戏等以男性为主要消费者的产品广告中最为多见。

现代社会中，性感的概念被扩大化了，从人的身体出发延伸出各种联

[1] 贺建平，余志平．建构与认同：电视广告的女性身份解读［J］．电影评介，2007（6）．

想，投射到其他事物上，成为一种表达吸引力的褒义概念。各种产品也被赋予了性感的含义，比如线条柔美的汽车、色彩迷人的化妆品或者温暖舒适的装修风格等。为了更好地传递性感的主题意味，广告商也倾向于用性感女性的整体形象或局部形象来暗示产品特征。在这个意义上，性感美女的形象也可以用来吸引女性消费者。

第二种贤妻良母形象，是最符合传统社会性别观念的女性形象，是女性的刻板印象之代表，如亲切、耐心地照顾小孩的母亲或温柔贤惠的妻子形象等。这种广告形象因为其深入人心，最有说服力，相比在广告中反向设置性别角色（将家务责任划归男性），消费者（无论男女）在理解广告主题上遇到的阻抑最少，认知的过程最为轻松、简便，所以在广告中的运用长盛不衰。在效果至上的原则下，广告商更倾向于考虑大多数消费者的感受。

第三种新女性形象，是广告商专门为受教育程度较高、自主意识和女权意识较强的年轻女性设置的理想女性形象。这种女性形象具备乐观、自信、大方、气质出众、内外兼修的特点，在事业上独当一面，家庭生活不作为主要价值衡量指标。这种新女性形象是女明星出现比例最高的广告形象。明星们的身材、容貌、自信的态度、事业上的成功、受到人追捧和喜爱的程度，都让现实中的女性消费者感到羡慕。广告通过对女性消费心理的理解，故意制造出有距离感的参照群体。借助新女性形象的参照力，形成消费欲望和购物压力，使想成为参照群体中一员的女性消费者顺着广告指明的方向，消费商品所代表的符号意向，从而进入到参照群体中。

（三）广告理论界的批判理由

针对这三种典型的女性形象，广告理论界都有过相应的研究和探讨。在既往的研究中，性感美女的形象是研究得最多，同时也是被批评得最多的。理论界认为，广告利用人的原始本能，通过突出展示女性的性别特征，将女性置于被观赏，被品评的位置；这种典型的性别不平等状态，是对男权传统的强化。而将女性形象符号与商品符号在夸示性消费层面上的含义等同起来，也是将女性“物化”的体现。而泛化的性感观念更将这种不平等的两性关系延伸到其他事物当中。比如，2010 年 12 月推出的新奥迪 TT 的广告，将车灯、轮毂、车标等汽车配件幻化成女性身上的饰品，特写女性的眼神、嘴唇、手指、腿和身体曲线，通过对比来展现汽车的诱惑力。在这种广告中，女性的整体形象被人为地割裂为各个部分，体现出肤浅的审美趣味。这也体现出广告对女性形象的过度消费和对女性人格尊严的漠视。

理论界对于贤妻良母形象的批判也非常普遍。这种广告形象将女性的价值和家庭生活绑定在一起，广告中的女性无一不是将照顾丈夫、老人、子女视为头等大事，将家务视作理所应当承担的责任。然而，随着社会的发展，纯粹的全职主妇已经不多，女性越来越多地走入社会，肩负各种社会职务。女性在完成工作之余还要承担繁重的家务，而男性在家中则相对无所事事，享受女性的劳动成果，这是典型的性别不平等。广告中坚持的“男主外，女主内”、女人的天职在家庭等观点，是脱离实际且严重滞后的。

第三种新女性形象，在提倡女性独立自主、自信自爱方面赢得了理论界的肯定。然而，这种形象也不是十全十美的，在新女性的框架下可以进一步细分为几种类型：第一种是贤妻良母与新女性形象的过渡形象，即将女性的生活空间扩大到社会领域，肯定女性的社会价值，但依然无法摆脱相对依附男性的状态；第二种是悦己型，即淡化传统社会性别意识对女性的影响，认为女性对美的认识方式和对特定生活方式的追求是出于自己的喜好，是为迎合自己而努力奋斗；第三种则试图将女性的解放和性别角色的颠覆表现到极致，如锐步的一则广告将女性表现为强壮、独立而缺乏情感的“花花公主”,[1]“西安弗蕾亚女性理疗空间”打出了一个惊人的户外广告——“爱一个男人不如爱只狗”，以得出女人应该对自己好一点的结论。[2] 通过刻意打造更主动、更有攻击性的大女人形象，反过来压迫男性、仇视男性。新女性形象是专门针对女性消费者设置的，差别化呈现的新女性形象是不同程度的女权意识在广告中的体现。新女性极力地想摆脱性别刻板印象的束缚，所以故意脱离原有的社会关系，表现出叛逆和与众不同的姿态；但又因为尚未建立起全新的、完整的审美标准和价值体系，所以较难赢得社会的普遍共鸣。这种女权意识体现出的不是孤芳自赏，就是过

---

[1] 迈克尔·R·所罗门，南希·J·拉博尔特．消费心理学［M］．王广新，王艳芝，张娥，等译．北京：人民大学出版社，2014：108.

[2] 汪洋．“爱个男人不如爱只狗” 如此广告词惹众怒［N］．华商报，2002－10－06.

犹不及，很难做到适切地表现性别平等的主题。

二、化解之道：寻找最大公约数

（一）对女性消费者的理解

据《广州日报》报道：

2015 年 1 月 14 日，“2014 女性消费大数据”在深圳公布，消费者随手记账后台研究数据显示，“她”消费时代已经来到，女人们成为家庭购买行为的决策者。研究数据发现，一个月中，女性消费在服装、美容和保健、餐饮、娱乐上的开支分别为 738 元、400 元、1 177 元、362 元，月消费额占比分别为 24.45%、13.25%、38.99%、11.99%，餐饮和服装成为支出大头。其中，女性花在“美”（服装 + 美容）上的开支占到了月收入的近四成。❶

在消费社会中，女性自身消费能力的提升和女性对家庭消费活动的掌控能力，使得女性成为消费市场的主体。所以，广告作品的目标受众主体也是女性。女性是重要的消费人群，精明的广告商没有必要去冒犯女性、诋毁女性形象。然而，广告中女性形象的摇摆，与女性群体的女权观念差异是有直接关系的。女性消费者如何看待广告中的女性形象，涉及广告的话语模式与广告的接受预期之间的矛盾。

女性是一个人数众多的复合概念，除了生理方面的共同特征外，女性还共同生存于程度不同的男权制文明社会当中，面对共同的文化境遇与生存压力。波伏娃说过：“女性是后天形成的概念。”是文化赋予了女性所谓的女性气质概念，让女性时刻保持深刻的自省，把自己作为对象来观照和规范。这是男权文化下的性别规则，是一种遍在的生存压力，如同为女性套上的枷锁。凝视在女性身上的眼光，伴随女性的成长与社会化的过程。女孩在形成人生观和价值观的过程中，家人、老师，同伴等会从仪态、谈吐、外表、气质等方面要求女孩要有女孩样，要随时保持自省，将言行控制在适当的范围之内。久而久之，来自外界的凝视等同于具体的要求和期

❶ 刘畅．女性四成工资用于形象工程［N］．广州日报，2015－01－15.

待，转化为女性自我意识当中“客我”的组成部分。内化的目光和外在的目光从双重角度审视着女性，女性以此作为自身行为的参照系，同时也以此来评价其他女性的言行举止。

女性群体本身并不是铁板一块，不同的女性对自己身份角色的定位和认同感各不相同。作为男权社会的歧视和压迫对象，并非人人都有权力意识，受歧视而不自知的现象并不少见。社会中往往存在这样一种现象，女性看待女性的眼光更为严苛，比如婆婆往往比较重男轻女，对儿媳传宗接代的要求更加迫切，更强调女性是否贤惠、勤劳；因为自己（生育男孩）得到了男权文化的奖赏，在家庭中获得的地位和尊重都与此相关，所以希望这种规矩得到延续，以证明自己的价值，从而乐于将自己承受过的压力继续向下传递，变相地成为男权文化的卫道士。也就是说，遵从男权文化并获得奖励的女性群体，更倾向于维护传统性别观念，而其他女性，特别是受过高等教育的女性，对维护传统性别观念就越发淡漠。所以，女性群体当中，观念意识错综复杂。女权观念尚不能被所有女性接受，广告想要讨好所有人几乎是不可能的。

广告创意中的典型女性形象因为具有显著的受众针对性，也就不可能反映女性的整体面貌。有没有一种形象或者诉求可以尽可能地将不同的女性整合在一起，将女性的共同利益最大化呢？多芬进行了有益的尝试。

（二）“真美无界限”——多芬的有益尝试

2004年9月，多芬“真美无界限”主题产品系列广告在全球主要市场粉墨登场，引发了一场世界范围的审美观大讨论。多芬广告中的女性形象，不属于前面所提到的三种女性形象中的任意一种。这些广告中的女性身份各异、容貌各异、身材各异，唯一的共同点就是真实，是现实中最常见的女性形象。这些女性与既往广告中出现的身材标准、容貌无瑕、姿态老练的模特和女演员们形成了鲜明的对比。

多芬的大胆尝试来自于充分的市场调查和对信息的准确解读。

早在2003年，联合利华从一份全球调查报告中读到了一个信息：在被调查的3 200名女性中，只有2%的女性认为自己是漂亮的，76%

的女性希望改变人们对美丽的看法。[1]

原来，媒体营造的美女幻象给现实中的女性带来了如此大的困扰，这是让广告商们始料未及的。“真美无界限”的诉求点与其他广告不同，其他广告是想方设法让消费者对现实不满，产生焦虑之后要依靠广告指明的道路去解决现实问题，通过拥有具体的产品来缓解焦虑感。然而，产品和广告不断地推陈出新，人们的情绪就不断地在焦虑和满足之间摇摆。想获得一种一劳永逸的解决方式、维持一种平和的心境，在消费社会中，是难以企及的梦想。而“真美无界限”广告活动则反其道而行之，用一系列广告告诉人们，现实就是真的美、要接受自己的所有特质，并希望通过广告活动重新构建人们的审美观。多芬广告并不想用这种对比来凸显现实的窘迫，相反，多芬号召大家来感受和认可真实自然的女性美，避免被广泛存在于各种媒体中的、靠图形图像软件、视频软件来矫饰的、充满工业化气息、缺乏真实感的美女形象所误导。

想要颠覆业已形成的审美观绝非易事，需要巨大的勇气、适切的方法和准确的时机。对完美外表的追求是各类广告长期累积的诉求点，已经对社会产生了深远的影响。多芬要否定这种诉求的合理性、引领新的审美价值体系重构，意味着纵向与横向的双重决裂，这将对品牌形象产生重大影响。毋庸置疑，这种审美思维定式，既来自于社会，更来源于广告文化的长期浸染。以广告的形式反对广告形成的思维定式，也是一种反向的创意模式。

多芬的这种知足常乐的广告逻辑，因为无法产生需求压力，理应不能激发消费者对特定产品的需求，然而事实却是：

> 多芬的广告不仅得到了业界的认可，更有市场的数据为证：“真美无界限”系列广告推出两个月之后美国销量上升600%；半年之后，在欧洲的销量上升了700% 。这场营销远远超过公司的期望值，全球销售2004年超过10亿美元。[2]

多芬细心揣摩女性消费心理，以同理之心体会社会中普遍存在的异化的审美观对女性群体的共同压迫，并大胆地为女性喊出“真实自信才是美”

---

[1][2] 王欣红．多芬：平民化的美丽新时代［J/OL］．首席市场官，2007（4）．

的宣言，着实让消费者感动。无论是什么类型的女性，她首先是一个人，理应获得作为人的尊重。女性不应该放低自身的尊严以取悦他人或千方百计地迎合日益严苛的审美观，不应让为难自己成为生活的常态。除了外在的形象，美更应该来自强大而自信的内心。长期被广告质疑外貌不够理想的消费者们，在多芬的广告运动中找到了自信心，自我价值油然而生，从而对多芬产品产生了好感。这恐怕就是多芬在品牌形象和产品销量上取得成功的重要原因。

四、结　语

一直以来，广告通过塑造有距离的参照群体形成购物压力，鼓励消费者向理想的自我形象做出努力。然而物极必反，当理想和现实的距离越来越远，也会使消费者产生审美疲劳，甚至产生自暴自弃的挫败感，或者是对广告信息的愤怒感。为避免这种负面心理压力，消费者会选择拒绝此类广告信息的侵袭，或是对广告持有不信任的态度。

女性消费者群体是多元化的。无论广告将女性划分为贤妻良母、性感美女还是新女性都是从小处着眼，力图通过形象细分抓住一个个子市场，告诉消费者，贤妻良母该是什么样、性感美女该是什么样、新女性又该是什么样。然而无论男女，性别形象规则的重要性应该让位于人的本质属性。如果性别规则损害了人的自我价值的体现，那么这种规则就是本末倒置的。

多芬广告没有执着于性别形象规则的细节问题，而是上升到更高的层面进行探讨。广告活动力图引领人们思考到底什么才是“美”，认为对“美”的追求不应该脱离“真”的前提。女性人格的完整、自信美和内在美第一次在广告中被提到了和外在美同等的高度。塑造真实的自我形象也能产生消费需求。多芬的尝试，有效化解了学界与业界关于女性形象的争议。广告中倡导的普世价值观赢得了最大程度的共鸣，同时也实现了利益的最大化，形成了多方共赢的良好局面。提升广告境界，突破性别刻板印象的局限，将广告的经济效益和长期宏观社会效果有机整合，为促进两性平等、和谐而努力。这些有益的尝试值得广告从业者思考和借鉴。

【参考文献】

［1］马中红．广告女性形象与权力话语关系论［J］．苏州大学学报，2009（7）．

［2］刘兰珍，饶德江．广告传播中女性形象的贬损分析［J］．武汉大学学报，2005（3）．

［3］王沛，孙连荣．广告中性别刻板印象的信息加工方式［J］．心理学报，2005（6）．

［4］杨楠．广告对传统的性别偏见的固化作用——“政治正确”在美国广告业遭到冷遇［J］．新闻记者，2004（1）．

大学生新媒体创业创新训练研究*

■ 娄立原　吕　菁**

【摘　要】开展新媒体创业创新训练研究，目的在于为即将步入社会的大学生在创业机会和创业思想上提供指导性方向。新媒体创业创新的研究、发展，在贵州师范学院广电专业师生中取得了丰硕成果：进行了教学实验大纲改良，成立了校园电视团体“空白映画”工作室，成立了“好人帮”学生创新团队，等等。

【关键词】新媒体　大学生　创新创业训练

一、前　言

2013年，贵州师范学院广电专业师生获得了省级本科教学质量工程中的一项大学生创业创新项目。项目名称为“基于某省百城综合体建设的新媒体发展创新训练”。项目的含义为，在近几年大力建设100个城市综合体的背景下，贵州将由农业省转变为工业大省，居民大多将转为城镇居民。新媒体在城市生活中将发挥重要的作用，其中蕴藏了大量的创业机会和创新方法。通过开展创业创新训练，让在校本科生掌握一些新媒体中的创业技能和创新方法。

---

* 基金项目：贵州省大学生创业创新项目“基于贵州省百城综合体建设的新媒体发展创新训练”(201314223010)。

** 娄立原（1983～），男，贵州贵阳人，教育学硕士，贵州师范学院文学院讲师，研究方向为新闻传播教育；吕菁（1985～），女，贵州贵阳人，文学硕士，贵州师范学院文学院讲师，研究方向为传播学。

二、新媒体中的创业机会和创新思想

（一）城市综合体中的新媒体

城市综合体是以建筑群为基础，融合商业零售、商务办公、酒店餐饮、公寓住宅、综合娱乐五大核心功能于一体的“城中之城”。近年来，我国各大城市修建了不少以“万达广场”为代表的城市综合体，城市综合体的实际上已经成为我国城市的商业中心、娱乐中心、餐饮中心及办公中心。城市生活主要就体现在城市综合体中，也是掌握了新媒体应用软件的年轻一代消费者的聚集地。

目前，城市综合体中新媒体的应用非常广泛。以餐饮行业为例，就有“大众点评网”“美团”“百度糯米”等新媒体应用。这些新媒体工具能够为消费者提供餐饮信息、优惠信息、评价信息等。另外，还有观影指南“时光网”、提供综合信息的“58 同城”及“赶集网”、差旅度假用的“去哪儿”、交通工具“滴滴”和“快的”等应用软件。大多数年轻一代的消费者在进行消费前，都会查看一下相关消费项目的新媒体应用软件，为消费提供更多的信息。

普通的消费者还会使用“新浪微博”和“微信”等即时通信工具。在新媒体时代，这些软件已经不只是单纯地实现通讯功能，而是演变成为个人及群体的信息传播工具。消费者及商家在新浪微博及微信的朋友圈中，一样可以发布一些相关消费信息，引导他人的消费行为。新媒体在城市综合体中的大多数应用都是传播商业信息，引导消费行为。因此，在新媒体的应用中，肯定含有不少的创业机会和创新的方法。

（二）新媒体中的创业机会

“大众点评网”“美团”“58 同城”及“时光网”等新媒体应用软件都是那些专业网络公司开发及推广的。这些新媒体应用软件都具有开发耗资巨大、推广周期长、推广费用大等特点，在初期开发推广阶段耗资在几亿到几百亿美元之巨。一旦该应用获得了大量使用甚至取得垄断地位后，获得的收益也相当可观。这些新媒体应用都经历了从无到有、从有到好的阶段，具有填补市场空白、发展机会极大的特点。这些新媒体应用成为跨国公司、风投基金、上市公司等大集团的创业首选。

近几年来，“微商”发展迅速，很多人在微信朋友圈及微博中销售商品、提供服务等。这些，统称为“C2C”交易，是英语“Customer to Customer”的简写，意为消费者个人与个人之间电子商务。这些“微商”多为草根阶层的打工族、大学生等。这类新媒体应用具有成本极低、能获取一定收入等特点，吸引了大量的普通群众参与其中。我们在2013年申报本项目的时候，在朋友圈中卖商品的人还不多，而今朋友圈中一半以上的人都在卖各种商品和服务。可见，新媒体中的创业机会非常的多。

（三）新媒体中的创新思想

相对于传统媒体，新媒体的特点就是“新”，无论是传播方式、传播途径还是传播范围都与传统媒体不一样。创新是新媒体能够广泛应用的最重要的原因。新媒体中的创新点太多，以下从整合的角度来简单介绍。

新媒体是各类传播形式和媒介平台的整合。在日益更新的信息社会，新媒体更显完整化、个性化、精准化，是各类传播形式和媒介平台的整合。传播形式和媒介多种多样，有纸媒传播、广播传播、电视传播等，每种都有其各自的优缺点。如“纸媒”，虽信息量大、说明性强，但对读者认知要求较高，需要有一定的阅读水平，不够形象化和具象化。再如“广播”，虽对读者的认知要求低，但其覆盖率低且不易随时获取。而新媒体是其进化的产物，它去糟取精，在保留原有传播形式的基础上增加、完善了微博客、网络电视PTV、手机媒体等，凸显出信息获取的更精准化、信息聚合的更个性化、信息流通的更智能化等特点。

新媒体是各类人群的整合。随着新媒体越来越普及，媒介传受关系发生了深刻的变化，受众和媒介逐渐形成了平视的局面。面对新媒介的信息洪流，受众人群的人数及类别也在发生递进变化。在早期，因传播形式的局限性，获取信息的人群多为有一定文化涵养的知识分子，但如今，随着传播形式的多样化演变，受众人群从原本的单一化转为多元化，包含年轻人、中年人、残障人士、老年人、特殊人群等。其中，体现最为明显的就是老年人。现在，老年人在生活中愈加广泛地运用新媒体。如网购，很多老年人学会了在网络平台选购适宜的商品，或将自己的农副产品、具有收藏价值的产品进行交易买卖。这在很大程度上方便了他们的日常生活，增加了商品的流通，扩大了新媒体的受众人群类别。

新媒体是各类行业的整合。行业的发展在近年来呈增长趋势，行业顺应社会的快速发展而增多。新媒体的演变、发展过程中，各个行业都参与其中，并形成了产业链。如“公安局”利用信息网进行人口的录入、查询，对犯罪分子进行摸查、追踪：“银行”对货币流通进行记录、取证，换算汇率、结证；“快递”对包裹的扫码、上传，等等，这些在平常随处可见的事都运用到了新媒体。新媒体时代的到来，成功地将各个行业快捷有序地整合在一起。

三、开展新媒体创业创新训练的一些主要实施过程

（一）将创业创新训练融入本科教学体系中

本项目的立项时间为 2013 年 5 月。立项后的 2013 ~ 2014 级广播电视学、广播电视编导专业结合创业创新训练的精神，对两个专业的本科人才培养方案、课程教学大纲、实验实训大纲进行了修改，将创业创新训练融入本科教学中。

本科人才培养方案是本科学生 4 年学习的内容纲领，它决定了学生在 4 年中要学习哪些课程，开展哪些相关的实践活动。同时，结合学校向应用型本科高校的转变、培养应用型人才的大环境，广播电视学、广播电视编导专业从 2013 年开始，大幅地修改了原有的培养方案。其中，将原《网络传播学》《数字媒体》《舆论与社会》等课程删除，经过整合后开设了《新媒体》《媒介经营学》《广告学概论》等结合创业创新训练的课程。这些课程在授课后，师生反映良好。授课教师认为，这些课程能与现实社会生活结合，授课能结合大量的实例。学生认为，这些课程实用，没有那些理论课的枯燥感觉。在新媒体课程中，老师会教学生如何创建公共号、如何做商业微博等内容。这些，都是与创业创新训练直接相关的内容，是在课堂上完成项目所需的最基本的教学内容。

一些实践性较强的课程如《广播电视技术基础》《新闻摄影》《摄影艺术》《影视动画制作与包装》等，在其课程大纲、实验大纲中增加了“线材

焊接技术”“化妆技术”“摄影棚灯光摄影”“包装经营”等与创业创新训练有关的内容，使学生在掌握基本的专业技能以外也能掌握一些开工作室、进行个体经营时能用到的技巧，拓宽学生的就业方向。同时，这些课程的授课教师也是专门邀请的行业人士，能传授给学生更多的使用技能，为学生的创业创新打下良好的基础。相关的实验也为学生增添了线材、焊接工具、化妆工具、反光板、刻录盘等实验工具及耗材，以提高学生实际操作的能力。

（二）以学生工作室为单位组建学生创业创新团队

在创业创新训练的开展中，还根据项目的安排成立了两个学生工作室，学生也自发地组织了几个创业工作室。以工作室为单位开展创业创新训练，有利于学生形成相互协作、优势互补的意识，有利于学生互相学习。

其中，“空白映画”工作室主要进行视频制作、微博发布、杂志制作。2014年6月，项目组为他们安排了高清演播厅实验室作为活动的基本场地，拥有高清摄像机、切换台、摇臂、滑轨等广电级专业设备，可以为文学院广播电视专业的同学提供实际演播的空间，为“空白映画”工作室录制电视节目和相关的访谈提供舞台。“空白映画”工作室定位为校园电视团队，更明确了我们的方向和目标：做好校园传媒，做好电视文化。

“空白映画”工作室分为制作和营销两个工作组。制作组负责节目的制作，下设执行长、行政专员、设备专员、节目总监、创作总监、品牌主管、策划主管、摄像主管、后期主管和文学主管。营销组负责节目的营销和推广，其品牌中心下设媒资专员、渠道专员和推广专员。工作室创立初期，积极筹备并拍摄了工作室的宣传片——《这个特工有点冷》，映小白传奇第一集《这个特工不太冷》，第二集《这个杀手有点冷》。从前期策划、拍摄到后期剪辑、包装，这算是工作室的经典力作。工作室的新人以黄婉婷的歌曲《沙漏的爱》为背景，拍摄了同名的MV。

每年的开学季，工作室的人员都投身到新生入学工作的拍摄报道和新闻写作中，积极配合学校相关部门的工作。在新生军训过程中，工作室组织拍摄小组，跟随拍摄、报道整个军训过程，展现了新生的军人风采和坚毅的精神风貌。2014年6月，“空白映画”工作室积极组织拍摄的微电影《映画》参加了2015年度“科讯杯”国际大学生影视作品大赛。2014年10

月 18 日，贵州师范学院附属中学——贵州省实验中学 70 周年校庆，工作室人员参与了校庆晚会拍摄录制工作。同年 10 月 24 日，贵州师范学院主持人大赛初赛在高清演播厅实验室举行。2014 年 11 月 3 日，“我的中国梦”贵州电视节目主持新人大赛暨“海峡两岸电视节目主持新人大赛”选拔赛在贵州师范学院演播厅举行，“空白映画”工作室对比赛全程进行了拍摄录制。此外，还承担了部分外接业务，总收入 3 万多元。

“好人帮”影视制作团队是和贵阳电视台“好人帮”栏目共建的学生创新团队，平时主要参与贵阳电视台“好人帮”节目的制作。项目组安排他们在摄影摄像实验室工作，配备了单反相机、反光板、轻型滑轨等简便工具。目前，已经制作出 20 多期“好人帮”节目，在贵阳三频道播放。该团队制作的《有爱无碍》公益电影，获得了全国大学生志愿者银奖。

还有学生成立了一些摄影工作室，如“镜头盖”工作室、“石头”工作室等。他们利用课余时间给同学拍照，获得了一定的收入。

（三）建立激励师生参与创业创新训练的评价体系

在学生的综合量化考评中，对积极参与创业创新训练的同学，以他们在训练中的表现给予相应的加分，也会在相关的课程中给予较高的评分。

在经费上，同时利用其他项目如卓越计划、中央支持地方高校发展计划的经费来支持创业创新训练，使学生们在训练中无须担忧费用问题。另外，还为积极参加本课题的同学提供更好的学习机会，如去先进地区考察、当交换生等。2013 级广电专业的 5 名同学去重庆西南大学进行了一个学期的学习，了解并参与了西南大学“传媒视点”创业创新团队的工作。编导专业的 5 名同学，去浙江传媒学院考察了学生工作坊项目等。

对于参与创业创新训练并表现积极的老师，也会在绩效上给予相应的奖励。在参加应用型教师评定时会有相应的加分，以充分鼓励教师参加指导学生的创业创新项目。

四、教师在创业创新训练中的关键作用

（一）加强自身的学习

创业创新训练虽然是以学生为主体的实践项目，但教师的指导起着关

键的作用。创业创新训练的指导教师是以广播电视学和广播电视编导教研室的师资为主体的，教师们的专业背景和研究方向多为新闻学、广告学、新媒体、传播学、公共关系等。这些专业的应用性较强，注重理论与实践的结合。教师们在指导学生创业创新训练的过程中，也在不断地加强自身学习，努力跳出象牙塔思维，积极向行业靠拢。一些教师亲身参与到新媒体运营实践中，与电视台、网站等单位联系跟岗实践，一些教师参与到手机 APP 的开发和运营当中；还有一些教师，直接从事或者研究微商行业的发展。教师实践的目的就是要全面提升自身的综合能力，让指导能够真正结合实际，避免流于形式。

（二）加强对学生的指导

为更好地指导学生实践，经过反复讨论，教师们从指导形式和内容上做了全面的规划。形式上，结合教师所授专业课程与训练项目的适切性，分项目、分环节、分小组指导，将项目与课堂实践环节相结合，互补共赢。在假期，通过电话、邮件、QQ 等多种方式保持指导不断线。内容上，将专业的技术指导与思想指导相结合。既要指导学生具体的实践内容如微商运营如何“引流”、如何加强客户“黏性”、如何评估“效益”，手机 APP 的转化率、技术问题的处理，微博、微信公众号的运营模式，微电影的拍摄技术等，还要加强思想方面的指导，让学生站在一定的高度上看待创新实践，教会学生协调创业训练与专业学习的关系，尽量做到相互促进。在具体项目上，对学生参与微商运营进行积极引导，教会学生辨别合法与非法的商业运营模式，避免误入传销陷阱，或唯利是图，售卖假货。在微博、微信公众号的运营上，要教会学生进行信息把关，不能光考虑眼球效应，不考虑社会效应。在微电影等内容的拍摄上，也要引导学生提升眼界，在题材和内容上体现思想性。总之，教师在创业创新训练的整体方向把握和具体环节的指导上，起着关键的作用。

五、相关典型成果

（一）社交媒体中的微商创业

广播电视学专业、广播电视编导专业通过自主微博、微信平台进行微商实践活动的学生有50多人，占学生总数的15%。其中，微商涉及产品包括服装、零食、化妆品、装饰品等。有的学生实践微商长达1年以上，在新媒体平台中传播效果良好，能够达到预期效果。同时，还能在实践中灵活运用课堂知识，积累新媒体传播的实践经验。特别是，有的同学主要销售自己家乡的特产，为宣传销售我省的特色产品起到了一定的作用。以下是两个典型的实例（见图1、图2）。

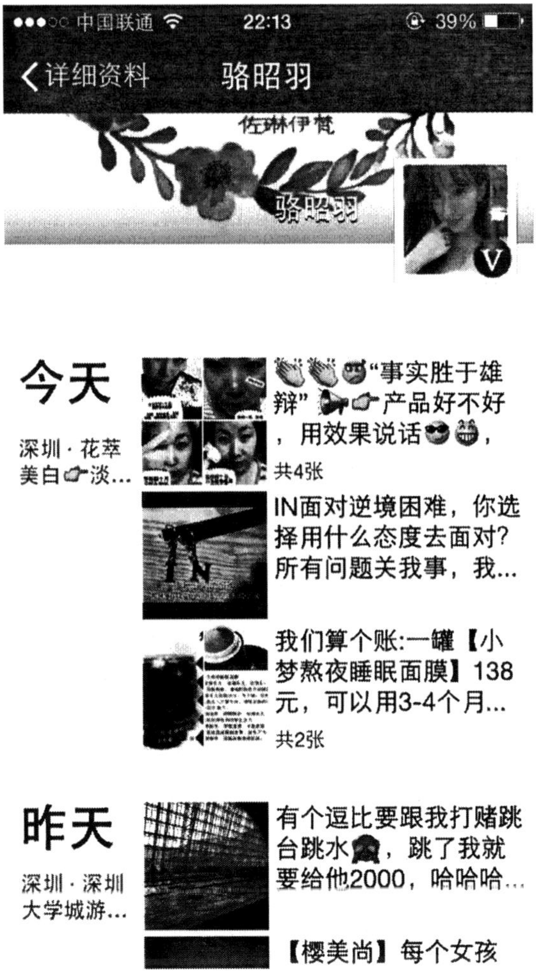

图1 骆昭羽同学的微信号截图

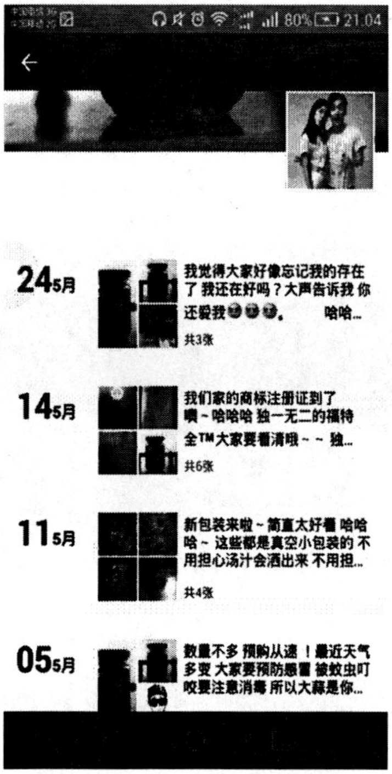

图2　谭熙同学的微信号截图

图1是广电2010级骆昭羽同学的微信号，她主要销售某品牌面膜。由于质量好、性价比高等因素，现在月收入高达几万元。现在她已经辞去工作专职在微信中销售产品，并发展多名同学一起销售。该同学新媒体微商创业已经成功。

图2是编导2013级谭熙同学的微信号，她主要销售自己家公司生产的瓮安特色食品。原来，地方特色产品的销售有很大的局限性，一般只有当地人才买，进入大城市的超市非常困难。她通过创业创新训练，在老师的指导下创建了微信号进行产品销售，目前已经有了1年的微商经验，所发信息已经形成周期性。现在，她每月的销量较稳定，发信息有固定的受众，并且还在继续增加其受众量。通过新媒体，她成功地将自家公司产品的销售范围扩大了，其受众范围也不再受地域的限制。

（二）微博及微信公众号推广创新

通过自主创立微信公众号及微博，进行新媒体创新实践并初有成效的学生有10人。他们都结合了我省的基本情况，结合城市综合体来进行创新。以下是三个实例（见图3、图4）。

图3 “咖啡文化交流”公众号

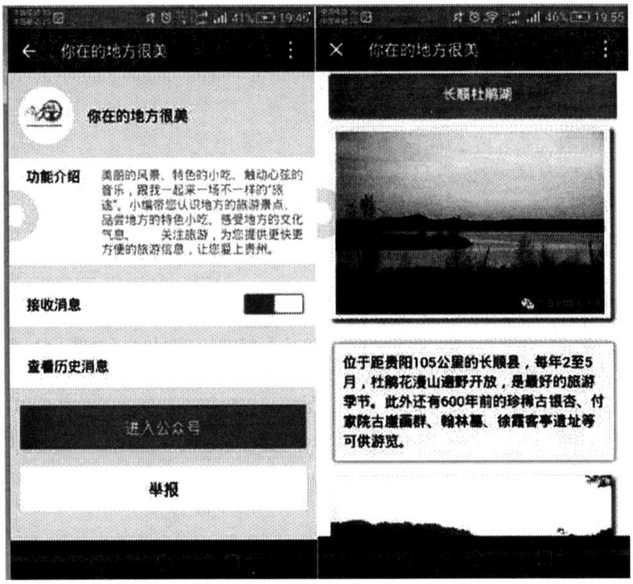

图4 “你在的地方很美”公众号

图3是“咖啡文化交流”公众号及微博。该公众号和微博是游运琦老师指导多名同学进行运营的。该主题是一个针对性很强、针对范围很广的新媒体平台，只交流世界咖啡文化，但内容、形式和体现方式多样，充满创意，吸引眼球。根据咖啡文化打通与咖啡有关的产业，形成了新媒体与产品的融合，二者相辅相成。目前，该微博号已经有83 730位粉丝，发送微博7 000多条；微信号有32 000名关注者，发送订阅号1 000条。已经有多家广告商来投广告，在微信号中发送一条广告的收费为1 500元。现在，每个月推送3条广告，月收入4 500元。

图4是广播电视编导2013级程春德同学运营的旅游公众号“你在的地方很美”。贵州省向来有“公园省”的美誉，是旅游资源、民族文化资源丰富的资源大省。旅游产业目前已经是我省的重要支柱产业。“你在的地方很美”充分利用我省丰富的旅游、民族风俗等人文资源，宣传那些优质但知名度低的旅游景点，为受众提供旅游地的基本信息和旅游攻略、交通线路等信息。当旅行在时代的推动下成为家常便饭时，这个公共号就找到了它存在的价值：将贵州独特的文化推向省外甚至国际。目前，该公众号有订阅者1 000多人，每天推送1条。

（三）微电影及音视频广告的制作创新

微电影和视频广告制作是广播电视学、广播电视编导专业需要掌握的最基本的技能。开展创业创新训练以来，学生以工作室团队的形式制作了不少的微电影和广告。有的是进行拍摄、制作上的创新训练，有的是承接业务，获得了不少的经济收入。

2013年以来，这两个专业的学生参加大学生广告大赛共获得两项全国性的大奖、40项省级奖。学生们的作品创意十足，广告效果好，充分发挥了创新思维，为今后承接广告制作打下了良好的基础（见图5～图7）。

图5　档案局宣传片

图6　微电影《电话事件》剧照

图5为“空白映画”工作室制作的宣传片。该宣传片承接的是贵阳市档案局档案法宣传片的制作业务，利用了静态漫画和人声配音制作。该片制作周期1个月，收入10 000元。

图6为广播电视学2012级吴洪飞、冯艳平等同学承接制作的微电影《电话事件》的剧照。该片为贵州师范学院纪委参加全国高校廉政文化大赛的微电影，制作周期5天，收入3 000元。该片获得了全国高校廉政文化大赛贵州赛区的二等奖。

图7　公益宣传片《有爱无碍》剧照

图7为“好人帮”影视团队制作的公益宣传片《有爱无碍》的剧照。该片是贵州师范学院团委参加全国志愿者大会的汇报片，制作周期5天，收入5 000元。由于该片制作精良，情节感人，获得了全国大学生志愿者活动银奖。

除此以外，学生创业创新团队还承接了贵州地矿局汇报片业务，贵州师范学院组织部“三严三实”视频课件、教务处及各个学院的宣传片、授课录像等的制作工作。每笔业务最少的有几百元收入，多的高达上万元。

（四）DM杂志制作创新

2013年获得项目以后，广播电视学2012级罗思遥等同学就开始制作商业DM。他们结合贵州师范学院学生的兴趣爱好特点，创新性地开发、制作了刊名为《正青春》的商业DM。《正青春》杂志并不完全是商业广告，而是开创性的以校园青春杂志为主体，以贵州师范学院的相关话题、同学投稿的文学作品为主题，吸引大学生来阅读。同时，还紧跟传统媒体向新媒体转型的趋势，同步推出了《正青春》杂志的微博（见图8）。

图 8 《正青春》杂志及微博

六、结　语

创业创新训练是一项有意义的工作，特别是对于我校这种培养应用型人才的应用型高校。两年以来，获得了很多富有成效的成果。以下是一些体会和总结。

（一）创业创新训练要紧跟时代的发展

在两年前申报项目时，觉得这个选题比较具有前瞻性，但是没有想到新媒体的创业创新会如此迅速地发展。项目组及时调整了相关的策略和环节，以适应时代的发展。例如，在两年前的项目计划中有 DM 杂志的编辑、制作、发行的训练，但后来 DM 杂志已经完全被微信公众号和微博替代。在出版、发行了一期 DM 杂志后，经过师生讨论决定不再进行有关杂志的训练，转而进行微信公众号的制作和推广训练。

（二）创业创新训练要纳入本科教学体系中才有良好效果

本项目取得的丰硕的成果主要得益于全专业老师的投入，每个老师都结合自己的专业知识对学生进行了指导。相关训练纳入教学体系后，使创业创新训练、课堂教学、实验实践教学有机地结合在一起，发挥了共赢的效果。利用专业建设的项目经费来支持创业创新训练，并把创业创新训练结合到卓越新闻传播人才教育的培养计划中去，充分地保障了创业创新训练的进行。

【参考文献】

[1] 孙千惠. 严峻就业形势下我国大学生创业创新能力培养研究 [D]. 南京：南京大学，2011.

[2] 许轶群. 城市综合体的功能构成与功能组合模式研究 [D]. 济南：山东建筑大学，2011.

[3] 曹扬. 转变经济发展方式背景下高校创新创业教育问题研究——以吉林省为例 [D]. 长春：东北师范大学，2014.

浅谈印尼华文报刊对增强当地华人民族凝聚力的作用

■ 涂雨秋*

【摘　要】 随着中国经济的飞速发展和国际影响力的日趋强大，世界各国了解中国的愿望也日渐增强。其中的海外华人，是中国梦实现的重要组成部分。印度尼西亚是海外华人最多的国家。其华文报刊的复苏与发展对当地的1 500万华人华侨来说，不仅是了解印尼社会的窗口，而且是中华文化的载体，是中华文化与印尼华人联系的重要纽带。加之印尼的华文媒体在特殊的政治环境下经历了多灾多难的历史，因此，它的复苏与发展对于当地的华人华侨来说就显得更为重要。

【关键词】 印度尼西亚　华文报刊　华人华侨　中国文化　民族认同

近年来，中国与印度尼西亚（简称“印尼”）的关系日益密切，华人的生存环境有了很大改善；特别是中国经济腾飞，国际威望不断提升，不仅使得印尼华人华侨心向祖籍国，就连印尼人都对中国产生了浓厚的兴趣，十分关注中国的发展。这些，都为印尼华文传媒的发展提供了前所未有的良好契机和广阔空间。

从中文报刊在印尼的全面被禁止到现在随处可见的《国际日报》《千岛日报》《好报》等著名华文报刊的崛起，印尼的华文报刊经历了一个从无到有、由小到大的曲折发展历程。华文报刊和华人华侨社团、华文学校一起

* 涂雨秋（1986～），女，贵州遵义人，文学硕士，贵州师范学院讲师，研究方向为新闻学。

被称为华人华侨社区的“三件宝”，是支持海外华人华侨社会存在与延续的三大支柱。❶ 在这个过程中，当地华文媒体总是以传递中国信息、传承中华文明为己任，立足于华人社会，增进当地华人华侨对祖籍国的自豪感，从而在增强广大华人华侨民族认同感方面起到了重要的作用。

一、印尼华文报刊的历史与现状

最早的华文报刊《东西洋考每月统计传》就诞生于马六甲海峡上，由此，东南亚国家开启了华文报刊的源头。现在，华文报刊在东南亚国家的存在是很普遍的。印尼作为东南亚国家之一，是全世界华人最多的国家，华人华侨约有1 500万，约占当地人口的5%。早在1823年，就有西方传教士在巴达维亚（雅加达）出版了中文报刊——《特选撮要每月纪传》。在这样一个有着众多华人华侨聚居的国度里，华文报刊的创办本是极其自然的事情，但由于特殊的社会政治背景，尽管华文报刊在印尼已经有超过百年的历史，发展的道路却十分坎坷、曲折。

印尼华文媒体的复苏与发展有着痛苦的经历。印尼华文报曾盛极一时，1957年发行的华文日报多达20家，是东南亚各国之冠。华文报均由中国籍华侨主办。1965年苏哈托上台后在印尼推行同化政策，当时的13家华文报纸悉数被关闭，华人报业完全消失，甚至进口的华文报也被取缔。此时，印尼的华文传媒开始了它的衰落历程。可以说：“苏哈托时代是华人华文遭到歧视最严重的时期，同时也是印尼新闻自由的黑暗时代。”❷ 继1999年10月瓦希德当选印尼总统之后，连续几任总统相继取消了一些歧视华人的法规，2000年，解除了不准使用华语和进行华文教育的禁令之后，印尼华文报业才获得解禁，华文报才开始复刊，出现了复苏景象。目前，印尼有多份华文报，包括《印尼星洲日报》《国际日报》《印度尼西亚商报》《千岛日报》《讯报》《好报》《印广日报》等。它们主要由印尼华人政党社团或印尼华人独资创办，很多华文报的创办都是出于他们对中华文化的热爱，

---

❶ 郭招金．全球化浪潮中海外华文传媒的定位与角色［J］．对外大传播，2001（5）．

❷ 黄嘉丽．印度尼西亚传媒对华人华文的歧视［J］．（香港）中国传媒报告，2004（4）．

为继承优良的中华文化传统，为促进印尼与中国的文化交流与友好的关系。因此，印尼华文媒体在唤醒华人华侨民族意识、增强其民族凝聚力方面，有着不可替代的作用。

二、对中国社会的全方位报道

印尼华人约占印尼总人口的5%，这也为当地更多的华文媒体诞生和发展准备了重要的物质条件和受众基础。同时，近几年中国的迅速崛起已经使其成为国际舞台上一支不可或缺的重要力量，并且中印尼关系的友好发展，双边经贸往来关系的加强，使得许多中国人到印尼进行商贸投资，华文报刊成为当地华人华侨了解中国信息的主要渠道。虽然印尼华文媒体的所在地域不同、目标定位有别、风格形式迥异，但对于中国国事的关注却表现出了前所未有的一致。因此，对当代中国的客观、真实报道，也越来越成为印尼华文报刊的重要使命。印尼华文媒体积极与中国新闻社、新华社、央视等中国国内主流媒体建立密切的联系，转发他们的稿件，而不再借助于西方媒体的报道，力争向当地华人华侨传播一个真实的中国，让他们了解到全面且权威的中国新闻。

许多华文报刊上专门设有“中国新闻”“两岸四地”的版面，报道中国消息。2008年的汶川大地震、2008年8月的北京奥运会、2010年的上海世博会，还有每年例行的“两会”以及中国的外交等，无不牵着海外华人华侨的心。只要是发生在中国国土上或与中国有关的事件，往往都成为印尼华文媒体报道的重点。2013年10月中国国家主席习近平访问印尼期间，印尼的《国际日报》《好报》《讯报》《印广日报》等媒体都给予了广泛关注，成了各大华文报刊的头版头条，并且还用专版的形式进行了详细的报道。例如，对于近期发生在中国的两大事件——一年一度的“两会”、3月1日晚发生在昆明的“暴恐案”，印尼华文媒体都进行了重点报道。对“两会”的关注，除了在原有的版面中大面积地刊发消息，许多华文报刊还设置了“两会专版”，全方位报道中国，解读两会，让身处海外的华人华侨时刻知晓中国社会的发展与变化，为中国的灾难而悲伤，为中国的成就而喝彩，为中国的强大而自豪。对于昆明“暴恐”事件，除了直接从中新社获取事件发展的最新消息，还不时地传达当地华人华侨的悲痛情绪。这些华文报刊在传递中国声音的同时，也拉近了广大华人与祖国的距离，更增强了这些异乡游子的爱国热情和民族凝聚力。

三、服务华人社会，构建和谐华社

印尼有1 500万华人华侨，他们的祖先都是早期来自中国的各个地方，有着各自不同的经历、爱好和文化背景。他们纷纷组织成立了各种华侨华人社团，形成了具有华侨华人特色的社区，而华人之间、华人社团之间的团结合作、和谐相处比什么都重要。因此，华文报刊在创立之初就牢牢树立“立足华人社区，为华人服务”的宗旨，在报刊上设置了与华社相关的新闻版面。例如，《国际日报》《印尼星洲日报》《印尼商报》《千岛日报》《好报》《讯报》《印广日报》等都开辟了“华社”专版，经常报道华人社会的消息。近几个月来，在苏北省锡纳鹏火山喷发后，各华社纷纷资助受灾地区和当地贫困群体。对于华社参与社会的公益慈善义举，当地华文报刊都不竭余力地进行报道，也促进了各华社之间的了解和联系。

他们特别注重与当地华人社团形成良性互动，经常组织一些活动，让华人社团一起参与。2005年，中国与印尼建交55周年之际，印尼《国际日报》社与香港《文汇报》合作，举办了“纪念中国印尼建交55周年暨中国对外友好交往图片展”开幕式。活动举办之初，《国际日报》社还力邀所有华人社团都来做主办单位。可以说，通过媒体的报道促进了华社间的和谐，增强了广大华人的民族向心力和凝聚力，中国传统得到了发扬光大。

四、构建庞大的话语权，维护民族尊严

话语权是一个民族表达价值观和诉求的基本权利。在苏哈托执政时期，《印度尼西亚日报》是印尼官方出版的唯一华文报纸，但报纸的内容还是受到政府的控制，是印尼当局为了宣扬政府的政策、法规，达到引导华人同化于当地民族的长远目标。长久以来，世界媒体被西方所控制，对于中国的很多报道都存在“妖魔化”的现象，导致印尼本地媒体在报道华人新闻时，

很难保持公正的态度，时常含有歧视。华文媒体的出现，可以让印尼华人华侨拥有充分表达的平台。

一方面，华文报刊积极与中国主流媒体合作，实现信息资源共享。在有关中国外交的报道中，印尼华文媒体也及时地转发中国《人民日报》《环球时报》等主流媒体的社论，旗帜鲜明地传递中国态度，表达中国声音。例如，在有关中国南海主权问题的争议中，印尼的《千岛日报》就刊发了新华社的文章《中国不会拿自己的主权和领土去做交易》。自觉地关注全球时事尤其是与中国和华人密切相关的热点新闻，积极表达共同的立场，形成了强大的华人舆论。

另一方面，印尼华文报刊让当地华人华侨拥有了行使话语权的平台，特别是在涉及污辱华人华侨的民族尊严时，旗帜鲜明地表达他们的立场。2013 年 12 月 14 日，由印尼华裔总会雅加达分会和印华青年部举办的、主题为“揭示中国经济发展的成功秘诀”的座谈会邀请了一位名叫谢田的博士。本来，印华青年部的同仁们不认识“谢田博士”为何人，只是认为，座谈会的主题是好的，让社会人士多了解中国的经济发展现状也是一件好事；岂料这位“谢田博士”竟然借此机会发表了极不负责任的言论，讲的是“扭曲中国经济发展的成功为不可告人的秘密”，从头到尾不断地攻击中国，并接二连三把主讲人提到的“ CHINA”翻译为“TJINA”，结果引起数位听众的抗议，引起众多与会者的愤慨，纷纷愤而离场。随后，印尼的《国际日报》专门就此发表了蓝礼郎的文章《谢田洋博士座谈讲话听后异感》和印尼华裔总会就谢田博士的谬论致社会公开信，《千岛日报》也发表了《谢田“博士”何博之有?》和《有感于“博士”的胡言乱语》等文章，均有力地揭露了假洋博士的谬论。其立论鲜明，批驳严正，令当地华人华侨人心大快，进而形成了一个庞大的话语权影响力。在刚发生不久的“3·1”昆明“暴恐”事件中，针对西方媒体对事件报道的“双重标准”，不少华人华侨积极撰文表达对西方媒体的批评。

这些事实，都让人看到了印尼华文报刊在争取华人权益、维护华族尊严、信誉方面起到了极大的促进作用。

五、积极推广中文，传播中国知识

汉字是世界上最古老的文字之一，有着悠久的历史，在中国文化中具有很大的魅力。由于苏哈托执政期间推行同化政策，几乎所有的华裔都得取印尼名字，不能使用中文名。在同化政策下，华校被关闭，华文刊物被禁止进口，不能在公开场合使用中文。华人则推动了学习母语的机会。政府试图通过禁止使用中文砍断华人的根，从而在文化上达到同化华人的目的。而不懂中文也就意味着失去华人最基本的特征。自2000年1月印尼政府宣布改变对华人传统文化的政策后，印尼1 500万华人重获使用及学习中文的权利，掀起了新一波中文热，改变了20世纪60年代以来中文被禁30多年的命运。

当然，30多年禁用中文也带来了严重的问题。印尼华人中40岁以下的几乎都不会说汉语，很少的年轻华人能够说流利的普通话。能够读汉字、写汉字的人就更少了。这一代的印尼华人被形容为“夹心的一代”，他们生活在会华文的爷爷奶奶与不会华文的爸爸妈妈之间。随着中国的发展壮大，中文再也不能被视为边缘化的文字，它在全球的文化版图中占有重要的位置。在全球掀起中文热的浪潮中，有着同根同源的印尼华人更应该重视对中文的学习。

华文报刊在复兴的同时，也面临着印尼华人社会存在的严重问题。因此，在报道新闻的同时，华文媒体对中文的推广与传播有着义不容辞的责任。他们试图通过报刊来复兴汉语文化，普及中国知识，在报纸上设立了与汉语学习有关的版面，如《千岛日报》开办“汉字溯源”“拼音学儿歌”栏目、《印尼星洲日报》有“学汉语”版、《国际日报》有“师生园地”“儒学/教育”版。很多中文报刊都有介绍中国知识的副刊，以宣扬中国语言文化为宗旨。2011年9月27日，印尼《千岛日报》的副刊上刊出了“汉风语韵”专栏，这是印尼玛琅国立大学孔子学院结合当地实际积极开展中国文化推介活动的一个新尝试。栏目里设诗词散文、古诗欣赏、民间故事、文化长廊、经典名言、常用格式、流行口语、词语用法、你问我答、趣味汉语、书法作品等主题，培养读者对华文的认知与兴趣，使之成为印尼华人和其他汉语学习者品味中国语言文化的一个重要的园地。

有的报刊还根据年龄特征开设了小栏目，有的放矢地培养读者。印尼《讯报》就创办了第一份青少年华文报纸——《青讯报》。他们认识到，要将中华文化的薪火代代相传，必须从小学生做起。还有一些报刊经常刊登读者来稿，反映他们的生活和成长历程，以鼓励读者学习汉语的积极性及对华文媒体的关注。其宗旨是提供更多资讯、促进华文教育的发展。

六、积极报道华人节日，推广中华文化

印尼苏哈托政府执政期间，除了对中文全面禁止外，还下令对中国文化进行封锁，同时强制同化印尼华裔，禁止华人华侨公开举行中国宗教和传统习俗的节日活动。中华文化基本上已遭到了灭绝。2000 年，印尼总统瓦希德撤销禁止庆祝华人节日的禁令，使他们可以保持自己的传统文化和习俗，使过去濒临灭绝的中华文化又得以在印尼的土地上重新获得生机。因此，印尼华人开始努力找回失去的文化命脉，热烈庆祝传统节日。尤其是在 2003 年春节成为公休日后，每逢春节期间，对于各华社团体举行的庆祝春节的活动，华文媒体都不遏余力、大篇幅大版面地进行报道。

除了报道印尼华人欢度佳节的喜乐氛围，很多华文媒体还发表评论说，印尼华族有意识地在春节活动中注入了奉献爱心、回馈社会的内容，使春节成为名副其实的、促进各族团结一致、相互关怀、相互支持的民族节日。除了春节，对于元宵节、中秋节、端午节、清明节等中国传统节日，媒体都给予了关注和报道。随着华文报刊对中国传统节日报道的加强，华人文化变成一种时尚，华人节日获得了盛大的庆祝，大有文化复兴的趋势。更重要的是，这让华人后代了解了祖籍国文化，形成了强烈的民族认同感。印尼华人也充分抓住庆祝节日的机会，来表现民族自信心的增加和民族凝聚力的增强。可见，印尼华文报刊在弘扬中华文化方面做出了重要贡献。

七、结　语

由于共同的文化传统和一脉相承的历史渊源，印尼许多华文报刊的创

办人都有着强烈的办报热情。他们立足于印尼华人社区，传播中国文化，有着深厚的中国情和热忱的中国心，致力于弘扬中华民族的优秀传统文化，促进民族大家庭的和谐相处。

“一种语言报刊的前途不仅取决于报刊所传承的文化能否与时俱进，而且还取决于这种文化背后的经济实力。”可以预见，随着中国经济的日益崛起，中国和印尼双边贸易往来的日益紧密也将成为印尼华文报刊蓬勃发展的持久动力。虽然在发展的过程中有着很多的困难，但印尼的华文报刊必将会逐步繁荣、兴盛，在维系和增强当地广大华人民族凝聚力方面发挥更重要的作用。

《文化论丛》征稿

文化作为人类生存样式及其产品的总和是一个外延极广的概念，而文化研究也正在成为一个被越来越多学者所关注的人文与社会众多学科共建的开放性学术领域。鉴于此，贵州师范学院文学院、贵州民族审美文化研究所推出一份以文化研究为主题的学术刊物——《文化论丛》。

《文化论丛》秉持“追求真理，交流创新”的学术理念，确立“特色学科与多学科共建”的学术定位，以文化研究为主题，设立“黔地文化”“民族民间文化”“中国传统文化”“外国文化与文化比较”“现代文学与文化”“现代传媒与文化”“理论前沿与文化热点”等栏目。

本刊突出贵州地方文化研究，设有专栏“黔地文化”。该栏目下设三个子栏目（“文学研究”“民族艺术与审美文化研究”“民俗研究”），以彰显本刊在民族文化和地方文化研究方面的特色。欢迎广大学界同仁不吝赐稿。

本刊接受的稿件可以是研究论文、评论论文、研究纪要，也可以是田野调查报告、结合理论诠释与评论的影像论文、重要学术思想或人物的专题访谈、书评、影评、社会热点问题或重大事件评论等。

来稿请将邮件主题命名为“作者姓名 + 文章题目”，发送至邮箱：wenhualunc@163.com

投稿注意事项：

一、紧扣本刊主题，观点明确，文字精练，遵循学术规范，具有创新性。文责自负，严禁抄袭。

二、为方便编辑，来稿请一律采用 Word 格式电子文档，通过电子邮件以附件形式发送到本刊邮箱。

三、稿件应包括：题目、作者、摘要、关键词、正文、注释等。文后请附作者简介，包括姓名、出生年月、性别、民族、籍贯、单位、职称、学位、研究方向。

四、文章具体排版格式请参考附件 1，参考文献一律列于文后。

五、本刊将视情况对文稿进行修改，如不同意修改，请在来稿时注明。因编辑工作量较大，请作者自留底稿，恕不退稿。

附件1：《文化论丛》征稿稿件格式

论××××××××××××*

张　三　李雷雷**

【摘　要】在中国当代文学史上，××××……

【关键词】××　×××　××××……

一、××××

汪××❶的作品数量不多，××××……（正文，五号，其他层级请作相应调整）

（一）××××

他有着深厚的中国古代文化和民间文学的修养……

1. ×××的影响

（二）××××

……

二、××××

……

五、结　语

……

注释格式（文中注释一律采用脚注形式），如：

①毛峡，丁玉宽．图像的情感特征分析及其和谐感评价［J］. 电子学报，2001（12）：55.

②刘国钧，王连成．图书馆史研究［M］. 张三，译．北京：高等教育出版社，1979：65.

③张和生．地质力学系统理论［D］. 太原：太原理工大学，1998：42.

……

---

* 项目说明（若无，则本项从略）。如：贵州省哲学社会科学一般项目（项目号：××××）。

** 张三（19**～），男，贵州贵阳人，文学硕士，贵州师范学院文学院教授，研究方向为当代文学。

❶ 汪××，当代作家……。